기사를
엿으로
바꿔먹다뇨?

기사를 엿으로 바꿔먹다뇨?

초판 1쇄 찍음 2008년 5월 19일 • 초판 1쇄 펴냄 2008년 5월 26일 • 지은이 박주현 • 펴낸이 강준우 • 기획편집 홍석봉, 정지희, 김윤곤, 김수현, 이지선 • 교정교열 심종섭 • 디자인 이은혜, 최진영 • 마케팅 이태준, 최현수 • 관리 김수연 • 펴낸곳 인물과사상사 • 출판등록 제17-204호 1998년 3월 11일 • 주소 (134-850) 서울시 강동구 성내1동 533-1 영우빌딩 301호 • 전화 02-471-4439 • 팩스 02-474-1413 • 우편 (134-600) 서울시 강동구 강동우체국 사서함 164호 • www.inmul.co.kr • insa@ inmul.co.kr • ISBN 978-89-5906-083-2 03300 • 값 12,000원 *이 저작물의 내용을 쓰고자 할 때는 저작자와 인물과사상사의 허락을 받아야 합니다. 파손된 책은 바꾸어 드립니다.

기사를 엿으로 바꿔 먹다뇨?

박주현 지음

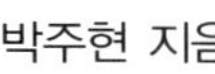

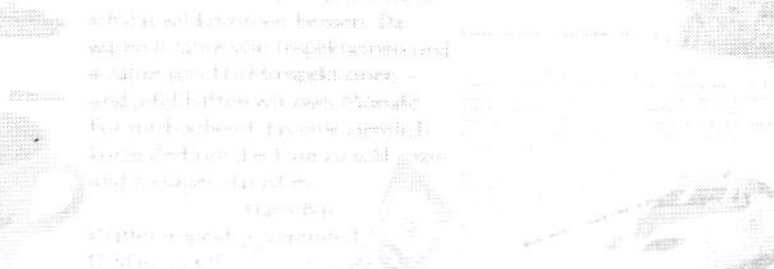

우리나라 매스커뮤니케이션의 서울 중심적 소통채널
은 참으로 유별나다. 서울로 불리는 중심에서 한참
밀려난 지방은, 제 아무리 '지역'이란 대칭 개념으로
부른다고 하더라도 여전히 변방이다.

인물과
사상사

나는 어쩌다 '지역언론 별곡'을 부르게 되었는가?

우리나라 매스커뮤니케이션의 서울 중심적 소통 채널은 참으로 유별나다. 서울로 불리는 중심에서 한참 밀려난 지방은, 제 아무리 '지역'이란 대칭 개념으로 부른다고 하더라도 여전히 변방이다.

'지방'이 '지역'으로 개념을 대체하면 뭔가 달라질 것이라는 생각은 애초부터 잘못된 것 같다. '지방언론'을 '지역언론'이라고 부르고, '쌍방향 커뮤니케이션시대에 서울 중심적 소통 채널은 이제 원시적인 방식'이라고 제 아무리 노래를 불러도 메아리는 쉬이 돌아오지 않는다. 아무리 소리쳐도 돌아오지 않는 메아리는 내 마음과 눈을 슬프게 한다. 어쩌면 "그걸 아는 사람이 줄기차게 '지역언론 별곡'을 부르는 이유는 뭔가?"라는 반문도 만만치 않을 것이다.

단도직입적으로 말해서 그건 억설(臆說)이 아닌, 지방에서 태어나고 지방에서 자란, 그리고 지방에서 살아가고 있는 사람으로서 지방에 대해 품을 수밖에 없는 사랑과 애정의 산물임을 미리 고백해 둔다. 지방을 사랑할 필요는 없지만 때론 지방을 이해할 필요가 있다. 그래야 '역지사지의 소통'이 가능해지기 때문이다. 또 그래야 나라가 건강하고 국민이 건강해질 수 있다.

사실 처음부터 '지역언론 별곡' 을 염두에 두고 글을 쓰기 시작한 건 아니었다. 그러나 '누구나 시민기자가 될 수 있다' 고 말하는 오마이뉴스란 별난 매체(?)가 지역언론에 종사하는 나의 자괴감과 고독감에 불을 지폈다. 미디어시장에서 주인공이 되지 않으면 못 견뎌하는 과점 보수 신문들의 '주연강박증' 을 지적하여 꿈에서 깨어나게 하고 싶다는 생각을 했던 것도 같다. 답답한 현실에 대한 우문현답(愚問賢答)을 스스로 던져보기로 결심했다. 순전히 쌍방향 커뮤니케이션이라는 '별미' 를 제공한 오마이뉴스 때문이다. 십수 년간 지역신문 기자생활을 해오면서 느낀 것들을 2005년 2월 22일부터 오마이뉴스에 연재했다. '지역언론 별곡' 을 부르기 시작한 것은 그때부터였다.

초기엔 댓글과 휴대전화 문자 메시지를 통해 이루어지는 쌍방향 즉석 대화에 당혹감을 느꼈다. 기사 하단에 달린 수많은 의견들 중에는 나와 같은 지역소재 일간지에 근무하는 후배기자라며 '못난 선배들 때문에 뼈아픈 현실을 대물림 당해야 하는 분함' 을 호소하거나 선배의 책임론을 제기하는 의견도 있었다. 게다가 홧김에서였을까? 심지어는 욕설도 올라왔다. 처음에는 황당하고 화도 났지만 그때문에 연재를 중단하는 일은 없었다. 일단은 모든 것이 흥미로웠고 나는 시간이 갈수록 쌍방향 미디어가 주는 매력에 빠져들고 있었다.

그러나 고백적인 성격의 나의 글이 지방신문 기자들이 안고 있는 고질적인 문제에 접근하면 할수록 비난과 충고, 멸시의 강도는 점점 높아만 갔다. "그러는 당신은 뭐가 잘나서 그러느냐?" "이토록 지방신문이

피폐해진 것은 모두 당신 같이 못난 선배들 때문이다”라며 흥분을 감추지 못한 댓글들도 있었다.

사실 초기엔 그저 장난 섞인 독자들과 사주입장을 표방한 신문기자들의 반응 정도로 인식했다. 그러나 댓글에 대한 나의 대꾸가 없자 노골적으로 이메일이나 핸드폰을 통해 “선배님 이제 그만하시죠, 도대체 누굴 위한 글입니까?”라든지 “저희들더러 도대체 어찌 살라고 그런 부끄러운 자화상을 낱낱이 고백하는 겁니까?” 등의 메시지가 도착했다. 내 머릿속은 점점 혼란스러워지기 시작했다. 그러더니 ‘지역언론 별곡’을 쓰기 시작한 지 한 달쯤 됐을까. 장문의 글이 팩스로 전달됐다.

“백주 대낮, 맨 정신으론 선배님을 만나 뵐 수 없어서 글로 대신했다”로 시작된 글은 “정말 기자가 하고 싶어서 지방신문 기자생활을 시작한 지 1년도 안됐다”며 지역신문 기자로 살아가는 답답함을 토로했다. “지방의 언론환경이 이렇게 열악할 줄은 전혀 예상 못했다”는 것이다. 그리고는 나를 꾸짖었다. “선과 악을 구별하지 못하고 악을 일순간 회피하려는 것 같은 행동에는 도무지 선배로 여길 만한 값어치가 없다”며 호되게 질책했다. 그것도 혼자가 아니라 두 명의 공동서명으로 날아든 ‘투서’ 성격의 편지였다.

‘내가 그들의 자존심을 너무 긁었나 보다’ 하는 생각이 들었다. 그 순간부터 글이 무뎌지기 시작했다. 제왕적인 사주와 이에 빌붙어 아부하기 바쁜 몇몇 간부들의 편집독재 때문에 펜이 무뎌진 적은 있었지만 후배들에 의해 용기가 무너지고 글발이 둔해진 것은 처음 있는 일이었다.

도무지 믿기질 않았다. 내 깐엔 용기를 내어 무지막지한 상황하에서 온갖 고초를 감내해야만 하는 그들을 위해 내 나름대로 개선의 빌미를 던진다고 노력했건만 그들에겐 오히려 그게 더 불편했던 모양이다. 감동적이지 못한 글 솜씨도 물론 단초를 제공했겠지만.

이해 못할 일은 또 발생했다. 팩스충격이 가라앉은 며칠 후 몇몇 후배들과의 저녁모임 자리에서 전해들은 말은 더 큰 충격이었다. 지금도 기억에 생생하다.

"급여가 몇 개월째 나오지 않은 후발 신문사 기자들이 미련없이 빠져나와 보수조건이 약간 나은 일간지로 이동했다"며 "백기를 들고 투항하듯 계속되는 이동현상은 일차적으로 선배들의 책임이 크다"는 게 그들의 일차적인 항변이었다. 물론 개중에는 "무기력한 선배들과 경영진의 횡포를 개선시키기 위한 계기로 모두가 받아들여야 할 때다. 그런 측면에서 일종의 경고를 울려준 것 같아 좋은 점도 있었다"는 겸손한 지적(?)도 더러 있었지만 쓴소리가 주류였다. 정말 의외였다. 이처럼 귀에 거슬리는 충고를 하는 이가 그동안 내가 가까이서 챙기지 못했던 20~30대의 젊고 패기에 찬 후배들이라는 점이 더 의외였다.

'수박 겉핥기 식'의 지역언론 실태보고에 실망한 것인지, 지역언론의 실태를 제대로 경험해 보지 못한 이들 후배기자들이 그간 간직해왔던 언론에 대한 환상을 아직은 깨고 싶지 않아서 그러는 것인지 쉽게 정리가 되질 않았다.

집에서도 이러한 나의 쌍방향 커뮤니케이션이라는 위험한 별미(?)는 가족들의 표적이 됐다. '지역언론 별곡'을 통해 언론계 안팎의 사건들과 지역언론 종사자들의 일상사를 담론형태로 기사화하는 나를 지켜보던 아내는 늘 걱정 어린 얼굴을 감추지 못했다. 구태(舊態)를 타파하기 위함이지만 사주들의 부도덕성과 대선배들의 그릇된 취재관행까지 고발하면서 거대담론 형태로 확대되는 듯하자 남편의 기사가 또 채택되면 어쩌나 하는 불안감을 나타내 보이기도 했다. '혹 이 기사가 채택되지 않으면 어쩌나?' 하는 내 마음과는 정반대로 아내는 '남편이 쓴 글로 인해 무슨 문제라도 생기지 않나?' 하면서 불안해했던 것이다. 그러나 아내는 회사에 출근하면 늘 내가 올린 글을 조심스레 확인했다. 채택돼 메인면 톱에 오르기라도 하면 휴대전화로 축하의 문자 메시지를 보내기도 했다. 그런 면에서 아내는 내가 좋아서 쓰는 글에 유일하게 응원을 해주는 사람이었다. 물론 가끔은 정색을 하고 따지듯 쏘아대는 날도 있었다. 사주에 찍히고, 선후배들에게 찍혀서 영영 고립무원(孤立無援)의 처지가 될 남편이 아무래도 걱정됐던 모양이다.

사실 나 스스로가 지역언론에 몸담고 있는 태생적 한계를 극복하지 못하면서 무슨 주장과 고발이 있을 수 있겠는가 하는 반성은 여전히 남아 있다. "지역언론에 몸담고 있으면서 무슨 고발……." 지역언론 실태 고발의 태생적 한계를 지적하는 댓글이 자꾸만 머리를 맴도는 것도 그 때문이다. 이제라도 지역언론 환경을 개선하는 데 일조할 수 있는 실질적인 일을 만들어 나가야겠다는 생각이 앞선다.

물론 정의의 모서리가 살아남아 있는 후배들이 있기에 아직 가능성은 충분해 보인다. 대부분 지역신문 중견기자들이 권력과 자본의 무지막지한 망치질에 '정의와 용기의 모서리'를 두들겨 맞아 둥글둥글해져 버렸지만, 그래도 후배들에겐 희망과 비전의 모서리가 남아 있다는 것으로 위안을 삼아본다. 아직 권력과 자본 앞에 굴복하지 않은 그들이 자신을 지켜 여전히 울퉁불퉁한 모서리를 유지해야 할 텐데. 이젠 노파심부터 앞선다.

이 책은 오마이뉴스에 2005년부터 2007년까지 실었던 '지역언론 실태'와 '지역언론 별곡', 그리고 지역신문 기자로 몸담아 17년 넘게 일해 왔던 곳 중 새전북신문, 전라일보 등에 게재됐던 글을 모은 것이다. 그간 많은 글을 써왔지만, 그 가운데 '지역언론' 또는 '지역문제'라는 주제에 맞는 글만 선별하여 분류했다. 시의성이 강한 내용은 사건 이후의 상황을 추가로 덧붙였다. 비록 이 책이 여러 가지로 부족할망정 독자들에게 한번만이라도 애정 어린 눈으로 지역언론을 바라보고 성찰하는 계기가 됐으면 하는 바람뿐이다.

서점에서 가장 팔리지 않는 브랜드가 지방, 그리고 언론이라고 하는데 이 책에는 모두가 다 포함돼 있다. 그러니 내용을 선별하고 포장하느라 인물과 사상의 편집진이 얼마나 많은 고민을 했겠는가? 많은 글을 선별·정리해내느라 애쓴 편집진의 수고에 감사의 마음을 전한다. 더불어 흩어져 있던 글들이 책이 되어 나오기까지 부단한 각오와 오기의 불씨를 지펴주신 강준만 전북대 신문방송학과 교수님과 인물과 사상, 그리고 '지역언론 별곡'을 덤덤하게 풀어준 오마이뉴스 가족들에게 깊은 감사를 드린다.

2008년 5월,

박주현 올림

3장.
그래도 우리는 나아간다:
변화하는 지역언론의 얼굴

4장.

해외에서 배운다:
해외 지역언론 현황

5장.

그땐 그랬지:
초창기 지역신문의 얼굴

1장

복마전 혹은 아수라장?

지역언론의 현황과 보도양태

경력기자 스카우트전쟁, 무엇이 문제인가 ▪ 지방신문사에는 명문대 출신이 소수자? ▪ 잇따라 터지는 주재기자 비리 ▪ 지역언론 종사자들에게도 희망은 있는가 ▪ 눈덩이와 나비효과, 그리고 '특별법 저널리즘' ▪ "취재해 갔는데 왜 기사는 안 나오죠?" ▪ 지역신문 윤리의식 실종, 사주 책임 크다 ▪ "약탈적 판촉행위에 혈세까지 퍼부어?" ▪ "언론의 파시즘이 부른 끔찍한 결말?" ▪ 박봉에 허덕이고, 소송에 휘둘리고

경력기자 스카우트 전쟁,
무엇이 문제인가

언론사별 인력채용 바람이 거세다. 특히 방송사와 신문사, 통신사 등 매체 구분 없이 일고 있는 경력기자 모집 경쟁은 도미노 현상을 방불케 한다. 정보통신 기술이 제 아무리 발달했다고 하지만 뉴스를 현장에서 직접 생산해내는 가장 기초적인 자원은 사람이기 때문이다. 그런데 하필 취재현장에서 한창 물이 오른 3~5년차 경력기자들이 스카우트의 주된 타깃이 되고 있으니 문제가 발생하는 것은 당연한 일이다.

한두 명의 경력기자를 채용하는 과정에서 방송사와 신문사, 신문사와 신문사 간의 신경전이 펼쳐지는 일은 이제 다반사가 됐다. 빼내가는 입장에선 '본인의 결정'이라며 따가운 시선을 애써 회피하고 있지만, 많은 시간과 비용을 투자하여 키워낸 인재를 빼앗기는 입장에선 '침탈당한 자존심'에 비유하며 극심한 자괴감에 휩싸이기 일쑤다.

최근 SBS 경력기자 공채시험에 합격한 경력기자는 모두 3명. 그러나 이들은 연합뉴스와 한국일보, 한국경제TV에서 경력을 쌓은 기자들로 밝혀졌다. 이에 앞서 지난 4월 동아일보 경력기자 공채에선 경인일보, 경향신문, 서울신문, 전자신문, 한국경제 출신 기자들이 대거 합격했다. 동아일보는 당시 취재기자에 경인일보, 경향신문, 전자신문, 한국경제 출신 기자를 각 1명씩 선발했으며, 서울신문 출신은 3명이나 합격자 명단에 올렸다.

서울신문은 동아일보가 2006년 5월 경력기자 공채 때에도 4명의 자사 기자를 선발한 데 이어 올해도 3명의 취재기자를 합격시키자 불편한 심기를 감추지 못했다. 내부에서는 "후배들에게 더 좋은 직장을 만들어 주지 못한 것이 잘못"이라며 자기반성을 했지만 한편으로는 "동업자의 입장에서 보더라도 두 번씩이나 다수의 취재기자를 한 신문사에서 선발한 것은 문제"라며 항의의 뜻을 전달해 보기도 했다. 그러나 언론사 스카우트전은 언제나 냉혹하기만 하다. 경력기자를 빼앗기는 언론사 입장에서는 내부 동요와 술렁임으로 조직원들의 사기가 꺾이는 것은 물론 밖으로는 '기자사관학교'란 소릴 듣게 됨으로써 여러 손실을 감내해야 하기 때문에 볼 멘 소리가 그치기 어렵다.

중앙에서의 인력 스카우트 전쟁으로 인한 불똥은 지역에까지 미친다. 방송사와 통신사, 서울의 일간지들이 지역신문 경력기자들을 채용하고 나면 후유증은 고스란히 지역신문사들의 몫으로 되돌아오고야 만다. 한쪽이 공백을 메우기 위해 다른 한쪽의 비슷한 경력기자를 채용하고 나면 또 다른 쪽에서 공백이 발생하는 악순환이 되풀이되고 있는 것이다. 최근 전북 도내에서는 뺏고 빼앗기는 인력전쟁이 심화되는 바람에 취재는 물론이고 편집까지 인력난에 시달리고 있다. 특히 1명의 편집기자가 3판 또는 4판까지 편집을 해야 하는 열악한 실정이다 보니 지역신문 내 경력기자 관리는 갈수록 중요한 문제로 대두되고 있다.

이런 가운데 전북 도내에서는 웃지 못할 일들마저 벌어지고 있다. 한 신문사 사주가 얼마나 거센 항의세례를 받았던지, 경력기자 모집공고를 내고 면접을 거쳐 최종 합격자를 확정해 놓고도 "특정 신문사 출신 기자만은 채용하지 말자"고 간부회의에서 아예 못을 박았단다. 그런가 하면 최종 합격자를 결정하는 순간에 다른 경력기자들이 방송사로 빠져나가는 바람에 다시 모집공고를 내는 해프닝도 발생했다.

이런 일이 반복적으로 발생하자 아예 연중 공채를 실시하는 곳마저 생겼다. 실제로 대구·경북지역 조간신문인 영남일보와 대구일보는 연중 공채로 인재를 찾고 있다. 연중 공채는 마감시한 없이 일상적으로 원서를 접수해 적격자가 있으면 뽑는 방식이다. 조선일보를 비롯한 일부 전국 단위 일간지가 이 같은 방식을 쓰고 있지만 지역신문사 가운데는 이들이 처음이다. "신문사 내부의 '기수 문화' 때문에 다소 애매한 부분이 있기는 하지만, 역량 있는 경력자들이 들어오면 편집국에도 새로운 자극이 되지 않겠느냐"는 게 연중 공채를 실시하는 신문사들의 논리다.

타사의 고급인력을 스카우트해가는 과정에서 최소한의 상도의는 지켜야 한다는 주장도 흘러나오고 있지만 경력기자 스카우트 전쟁은 계속될 전망이다.

그러나 수습인력을 육성하여 고급재원으로 활용하는 것이야말로 언론사의 가장 큰 밑거름이자 경쟁력으로 볼 수 있다. 인력에 관한 중장기 계획과 투자를 아끼지 않아야 한다는 자성의 목소리가 비등한 이유도 바로 여기에 있다.

2007년 9월 9일

평생 스카우트 시대 활짝

1961년 5·16혁명 직후 언론사 일제정비로 등록이 취소된 신문과 통신은 일간지 76(중앙 49, 지방 27)개, 통신 305(중앙 241, 지방 64)개, 주간 453(중앙 324, 지방 129)개였고, 발행이 허용된 신문은 일간지 39개, 주간지 32개, 통신 11개만 남게 되었다. 1980년에는 정부의 정기간행물 대규모 등록취소 이후 언론기관의 통폐합이 단행되었다. ① 통신사의 통합과 단일화, ② 지방지의 1도 1사 원칙, ③ 신문과 방송의 경영분리 및 방송의 공영화, ④ 중앙일간지의 정비 및 재편 등이 골자였다.

그러나 1987년의 6·29선언으로 정기간행물의 등록이 자유로워지자 일간지를 비롯한 주간지·월간지 등이 크게 늘어났다. 양적으로 풍성해진 언론시장의 확장에 발맞추어 지역신문시장 역시 많은 신규 저널리스트들을 필요로 했고, 1990년대 초반까지 많은 수의 기자들이 언론계로 들어왔다. 이제 그들은 중견으로 성장했지만, 이들의 후배 세대는 상대적으로 두텁지 못하다. IMF 환란 후폭풍으로 인한 채용 동결과 감원의 칼바람으로 젊은 후배들은 필요보다 숫자가 적어 신문사 인력구조가 항아리처럼 기형적 구조를 나타내기 시작했기 때문이다.

2000년대 들어서면서 서울일간지들의 파상적인 증면 경쟁은 신문 시장에 경력기자 스카우트 전쟁으로 이어졌다. 그러나 이러한 스카우트전은 지역신문사들에게는 IMF 칼바람 그 이상의 혹독한 시련으로 다가왔다. 수습 딱지가 떨어지기 무섭게 더 나은 보수조건을 찾아 이리저리 이동하는 기자들의 필사적인 이동 도미노 현상은 감히 그 누구도 제어할 수 없었다. 박봉에 혼자서 2~3인의 역할을 감내해야만 하는 후배기자들에겐 '적당한 배고픔'과 '전지전능' '인내'만을 강요하는 선배들의 충고 따위가 통할 리 만무한 일이다. 지방 마이너 신문에서 지방 메이저 신문으로, 지방 메이저 신문에서 서울의 신문사 또는 방송사로의 이동은 마치 철새들의 이동 경로처럼 정형화되고 말았다.

서울과 지방의 일간지들이 경력기자 채용을 상시화하고 있는 것은 이런 이유 때문이다. 실력 있는 기자라면 어디서든 데려와 자사의 미디어 콘텐츠를 빛나게 하겠다는 고상한 취지지만 부끄러운 내부 자화상은 감춰져 있다. 뉴미디어 시대, 스카우트전은 온·오프를 넘나드는 새로운 전쟁으로 탈바꿈하고 있다. 기자들의 평생 스카우트 시대가 활짝 열린 것이다.

지방신문사에는
명문대 출신이 소수자?

지역신문 수습기자 채용은 주로 영어와 상식 그리고 논술 등의 필기시험을 거쳐 면접을 통해 치러진다. 물론 급할 때는 서류전형과 구술면접을 거쳐 곧바로 채용하는 경우도 있다.

그런데 최근 들어 신문사들이 늘어나고 있는 지역에서 기이한 현상이 자주 목격된다. 일단 채용공고를 1~2개월 전부터 자사 지면을 통해 정성 들여 내고 있기는 어디나 마찬가지다. '새 언론지평을 열 우수인재를 모십니다' 또는 '지방언론을 선도해 나갈 참신한 인재 모집' 등 그럴싸한 제목만 봐도 명문대건 지방대건 구분 없이 언론에 뜻이 있는 사람에게라면 누구나 응시할 수 있는 기회를 폭넓게 개방해 놓은 것처럼 보인다.

그러나 최종 합격자를 선정하는 과정은 가히 코미디를 방불케 한다.

합격선에 든 명문대 출신을 채용해야 할 것인지를 놓고 지역신문사 간부들은 심각한 고민에 빠져들기 일쑤다. 명문대 출신인데다 시험도 잘 치른, 분명한 합격자를 놓고 고민한다는 것도 이채롭지만, 그 과정에서 오가는 말들도 재미있다.

"명문대 출신이라고 덥석 뽑았다가 또 중도에 포기하고 나가 버리면 어떡해?" "수습도 끝나기 전에 그만두면 또 1면에 사고를 내야 하는데 그러면 독자들로부터 신뢰감을 잃게 되잖아."

최종 합격자 선정을 앞두고 벌어진 웃지 못할 임원회의는 심각하기만 하다. 결론을 못 내리고 다시 편집국 간부회의 석상에까지 오르는 예도 종종 발생한다. 그러나 "오히려 실력 있는 기자 지망생을 떨어뜨리면 그게 더 큰 손실이고 자칫 문제라도 제기했다간 더 나쁜 부메랑이 될 것이 뻔하다"며 논리적으로 설득하려는 편집국 부장들의 말은 도무지 먹혀들지 않는다. 결국 결정은 사주의 뜻에 달려 있는 경우가 많기 때문이다.

3~4년 전 일이지만 원칙론을 들먹였다가 한 임원으로부터 혼이 난 적이 있는데 지금도 기억에 생생하다. 아무리 우수한 인재를 후배로 맞이하고 싶어도 사주의 마음에 따라 결국 합격선이 좌우되는 기막힌 실상 앞에서 한심하다는 생각은 둘째치고 '나도 저런 절차를 거쳐 입사하지 않았나' 하는 자괴감이 들기도 했다.

이런저런 불만이 내부적으로 팽배하다는 보고를 받았는지 그해 합격자 3명 중 1명이 명문대 출신이라는 소문이 나돌았다. 비상한 관심과 함께 그의 행보에 시선이 모인 것은 당연한 일이었다. 그러나, 아니나 다를까. 수습과정을 시작한 지 불과 한 달도 채 안 돼 그는 포기하고 말았다.

대기업이나 다른 중앙언론사에 비해 열악한 환경에 익숙지 않은 탓도 있었을 것이다. 그런데 무엇보다 경찰청이나 시청 등을 출입하는 선배들을 따라다니다 보면 다른 방송사나 중앙지 선배들로부터 자존심 상하는 직언을 듣게 되고 그로 인해 결국엔 포기하는 경우가 다반사다.

"복지 수준이 생각했던 것보다 너무 낮다"는 것이 일차적인 사퇴의 변이고, "명문대 출신이라는 점 때문에 사내에서 왕따 당하는 게 너무 힘들다"는 게 주된 이유였다. 한두 차례 이런 유사한 일이 발생하자 '명문대 출신 사절'이라는 표현을 내놓고 적시하진 않지만 신문사 내에서는 공공연한 비밀 또는 암묵적인 모집원칙으로 통용되고 있다.

이직이 잦은 지역신문사들은 부족한 기자를 충원하기 위해 1면 사고에 모집공고를 자주 낸다. 물론 내용 어디에도 '명문대 출신 사절'이라는 문구는 찾아볼 수 없다. 이때문에 간혹 그럴듯한 채용공고 문구만을 보고 서류를 냈다가 탈락한 명문대 출신들은 "내 실력이 모자라서 그런 건가?" 혹은 "나보다 더 나은 대학과 대학원을 나온 사람들이 많아서 그런 걸까?"라며 편집국 또는 총무국에 재문의를 하기도 한다. 몇 년 전 서울 소재 명문대를 졸업했다는 한 여성 지원자는 면접을 앞두고 "지방대 출신 못지않게 열심히 일할 자신이 있으니 꼭 뽑아 달라"고 애원했지만 결국 미역국을 마시고 말았다. 당시의 이야기는 지금도 가끔 회자된다. 혹시 그녀는 이런 내막을 알고 있었던 것일까?

2005년 5월 28일

잇따라 터지는 주재기자 비리

"돈에 눈먼 전·현직기자 영장"

"전북 기자들, 비리로 잇단 사법처리"

"연이어 터지는 '주재기자 비리' 지역신문사가 자정 나서야"

"지역 주재기자 제도의 근본적인 개선대책을 마련할 때"

눈덩이효과(Snowball Effect)를 방불케 한다. 4월부터 불거지기 시작한 전북지역 언론계 비리수사가 강도를 더해 가면서 눈덩이만 하던 관심은 어느덧 집채만큼 불어났다. 중앙언론사들과 인터넷 대안매체의 기사, 시민단체의 성명에서 묻어난다. '전북지역 일간지 주재기자들의 사법처리' 관련 기사와 시민단체의 비난성명은 통제 불가능한 인터넷미디어의 영향력을 발휘하기라도 하듯 순식간에 포털 사이트를 도배하는 형국이다.

이 가운데 연합뉴스는 지난 5월 23일 「전북 기자들, 비리로 잇단 사법 처리」의 기사에서 "도내에 10여 개가 넘는 지방지가 난립하고 있는 현실 에서 일부 언론사 사주는 자신의 이권을 챙기는 데 언론사를 악용하는 등 그동안 꾸준히 제기돼 온 지역언론의 고질적인 병폐가 수면 위로 드 러났다"고 보도해 시선을 끌었다. 그런가 하면 전북 도내 각 언론사들, 특히 신문사들은 검찰의 수사 향배에 민감한 반응을 보이면서 보도를 극도로 자제하는 분위기다. 불똥이 어디로 튈지 모르기 때문이다. 언론 계 비리수사가 착수될 때마다 그랬듯이 자사의 유·불리에 촉각을 곤두 세운 채 정보 파악에 신경을 곤두세우고 있다. "작은 사건 하나가 엄청 난 결과를 불러오는 꼴"이라며 불만을 제기하는 목소리도 나오고 있지 만, 내재돼왔던 불합리한 관행과 구조적인 문제점 때문에 도내 일간지 가운데 어느 한 곳도 자유롭지 못하다는 자성과 비판 또한 만만치 않다.

한 달 동안 전북 도내 언론인 6명 비리로 입건

전국에서 인구 대비 가장 많은 일간지가 분포된 지역이란 점, 신문사 근 무환경과 취재 시스템이 타 지역에 비해 열악하다는 점 등이 비리수사 가속화의 요인으로 작용할 소지가 높다는 지적도 조심스럽게 흘러나오 고 있다. 대체 이 파장은 어디까지 이어질 것인가.

최근 장수군의 S-APC(거점산지유통센터) 건설 공사과정에서 불거진 불 씨는 전북 도내 언론계 전반으로 번지는 양상이다. 장수, 진안군 등 동부권 지역 기초자치단체에 대한 검찰 수사가 활발히 진행되는 가운데 파생된 불씨라는 점에서, 검찰 출입기자들은 수사의 방향이 과연 어디로 향할지 모르는 일이라며 촉각을 곤두세우고 있다. 이성윤 부장검사가 지휘하는 전주지검 형사3부는 지난 7일 장수군 S-APC 건설 공사의 문제점을 기사화하겠다고 협박해 돈을 받은 혐의(공갈)로 도내 일간지 기자 A씨(57)와 또 다른 신문사 소속 기자인 B씨(62)에 대해 사전구속영장을 청구했다. 이들은 장수군 (주)S-APC 관계자에게 공사와 관련한 문제점을 기사로 쓰겠다고 협박해 광고비 명목으로 700만 원을 받아 챙긴 혐의를 받고 있다.

전북지역에서 취재활동 중인 현직기자들이 구속된 것은 지난 5월에 이어 2개월 만이다. 지난 5월 23일에도 전주지검 형사3부는 보조금 편취 사실을 기사화하겠다며 협박해 돈을 뜯은 혐의(공갈)로 중앙언론사 소속 완주 주재기자 C(52)씨 등 2명을 구속했다. 지난 5월 2일 S사 대표에게 "돈을 주지 않으면 보조금 편취 사실을 기사화하고 직접 검찰에 고발하겠다"고 협박해 1,500만 원을 받은 혐의다. 이성윤 부장검사가 이끄는 전주지검 형사3부에 기자들의 이목이 집중될 만도 하다.

장수군 건은 이에 비해 금액은 적지만 S-APC가 국내 1호로 설립된 거점농산물산지유통센터로, 최근 이 업체 간부 등이 국가 지원금 일부를 빼돌렸다는 의혹과 관련한 조사를 받는 과정에서 일부 주재기자들의 금품갈취 혐의가 드러난 것이라 파장이 쉽게 가라앉지 않을 전망이다. 특히 검찰이 2명의 주재기자를 구속하려는 사유가 크게 증거인멸과 도주 우려 때문이라고 하지만, 아무런 노력이나 대가도 없이 부당한 이익을 취하는 일부 사이비 기자들을 엄벌하기 위한 강력한 의지를 내보인 것과 무관치 않다는 분석이다. 이런 분위기는 올 들어 진행돼온 검찰의 지역언론계 비리수사 상황에서도 감지된다.

지난 4월 김제시 관급공사 비리와 관련해 김제시 비리 커넥션을 수사 중이던 전주지검 형사3부는 김제 산림조합으로부터 금품을 받은 정황을 포착하고 도내 한 일간지를 압수 수색한 데 이어 이 회사 간부와 기자 등 6명을 피내사자 신분으로 소환해 조사를 벌였다. 이밖에도 같은 달 광고를 주지 않으면 공사비리 사실을 폭로하겠다며 건설업자를 협박해 9,000여 만 원을 받은 혐의로 지역신문 군산 주재기자 D(62)씨가 구속되는 등 5월 한 달 동안 도내 전·현직기자와 언론사 관계자 6명이 검찰에 입건되는 초유의 사태가 발생했다.

경남도민일보, 강도 높은 자구책 눈길

다른 지역도 이 같은 유형의 비리가 발생하고 있지만 전북 도내에서처럼 연거푸 발생하고 있지는 않다. 물론 주재기자 비리문제가 심심치 않게 도마에 오르내리고 있다는 점에서 상황은 같다.

전남지역에서는 지난 2월 군수 비서실장을 폭행한 혐의로 문제를 야기한 광주의 한 일간지 기자에 대해, 해당 신문사가 직위해제를 결정한 사건이 발생했다. 이 신문은 인사위원회를 열어, 해당 기자를 직위해제하고 법원 판결 때까지 대기발령했다. 그러나 폭행을 당했다고 주장한 군수 비서실장은 해당 신문사의 조치와 무관하게 법원의 판결을 구할 것이라고 밝혀 파문이 확산됐다. 해당 기자는 자신의 보도내용에 항의한 데 앙심을 품고 군수 비서실장을 폭행한 혐의를 받아왔다.

이와 관련해 광주·전남 민주언론시민연합(이하 민언련)은 성명을 통해 "얼마나 더 부끄러운 주재기자의 모습을 보일 것인가?"라고 운을 뗀 뒤 "그간 주재기자에 의한 비리와 범법행위들이 속속 드러나면서 주재기자 제도의 폐단을 각계각층에서 지적하고, 이를 해결하기 위한 언론사들과 기자들의 적극적인 노력과 자정운동을 요구했지만 주재기자문제를 언론사 내부의 문제로 치부해 버리는 형태가 반복되고 있다"고 강도 높게 비난했다.

충청지역에서도 일간지 주재기자가 건설업자에게 사업을 알선해 주고 금품을 수수해 구속됐다. 2006년 10월 충청지역의 한 일간지 주재기자가 건설업자의 골재채취권을 알선해 준 뒤 5,000만 원을 받은 혐의다.

경남지역에서도 올 들어 지난 6월 도민주주로 만들어진 지역일간지에서 비리사건이 발생했다. 경남도민일보 부산지역 주재기자가 수입중고차 매매업 허가를 얻어 주겠다며 부산시청 공무원을 소개시켜 주고, 그 대가로 건설업자로부터 현금 1,000만 원과 향응을 제공받은 혐의(알선수재)로 부산 동부경찰서에 구속되어 그 파장과 후유증이 컸다.

그러나 이 신문은 즉각 「주주·독자님들께 엎드려 사죄드립니다」라는 제목의 사과문을 홈페이지와 지면에 실어 눈길을 끌었다. 이 신문은 사과문을 통해 "6,300여 도민주주의 언론개혁 열망을 담아 창간한 경남도민일보에서 도저히 있어서는 안 될 일이 발생했다"면서 "경남도민일보의 양심을 믿고 기꺼이 살점을 떼어 준 주주·독자 여러분께 무릎 꿇고 사죄드린다”고 했다. 더욱이 경남도민일보는 사건을 인지한 직후 노사 공동으로 인사윤리위원회를 열어 해당 기자를 해고키로 결정하였고, 지역신문협회 공동대표를 맡고 있는 허정도 사장이 대표직을 사퇴하고 지역신문협회 사무국 운영을 맡아 왔던 노조도 손을 떼기로 하는 등 강도 높은 자구책을 내놓았다. 또한 경력기자 위주로 파견했던 주재기자를 본사기자 순환근무제로 전환키로 한 점도 주목할 대목이다. 비리사건이 발생하면 어물쩍 사건을 은폐하거나 침묵하려는 전북지역 내 언론사들과는 대조적인 모습을 보여준 것이어서 깊이 새길 만하다.

시민단체, “지역 주재기자 제도 전면 개선을”

한편, 연이은 지역 주재기자의 구속 사태에 대해 전북 민언련은 주재기자 제도 전반에 대한 손질의 필요성을 제기하고 나섰다. 전북 민언련은 지난 10일 ‘지역 주재기자 제도의 근본적인 개선대책을 마련할 때다’ 라는 제목의 성명에서 “연이은 기자의 구속 앞에서 우리는 착잡함과 침통함을 금할 수 없다” 며 “주재기자의 부정부패와 비리문제는 어제 오늘의 일이 아니지만, 이러한 문제를 해결하기 위한 지역신문 스스로의 변화 노력이 보이지 않기 때문” 이라고 지적했다. 지역 주재기자가 꼭 필요하다면, 현재의 채용방식 대신 공채를 통해 기자로서의 직업정신이 살아 숨 쉬는 인재들을 선발해야 한다는 것이다.

전북 민언련 김환표 사무차장은 “순환근무 제도의 도입과 지역 주재기자들의 평가 시스템을 구축하는 등 지역 주재기자들이 실질적인 언론인으로 활동할 수 있는 환경을 조성하는 일도 진지하게 고려해야 한다"
며 "지역 주재기자 제도의 잘못된 관행과 문제를 해결하는 일은 지역언
론의 존재 이유를 스스로 입증하는 행위이자 잃어버린 전북도민의 신뢰
와 애정을 회복하는 리트머스 시험지"라고 주장했다.

참여자치전북시민연대 김남규 사무국장도 한 언론과의 인터뷰에서
"기자 비리를 기자 개인 양심의 문제로만 바라볼 게 아니라 지역언론의
구조적 측면을 따져 봐야 한다"며 "사주가 지역 내에서 자신의 이권을
챙기는 데 언론을 이용하고 기자들에게 월급도 거의 주지 않는 현실에
서는 이런 문제가 계속될 수밖에 없다"고 지적했다.

언론계 내부비리가 불러오는 여러 부작용들이 있지만 그중 사건이 발
생할 때마다 가장 큰 피해자는 역시 지역언론계 종사자들이라는 내부
목소리가 비등하다. 비리사건이 터질 때마다 어려운 환경에서도 묵묵히
정론의 길을 걷는 다수의 지역언론인들이 자존심과 명예에 큰 상처를
입게 된다는 것이다.

2007년 8월 19일

지역언론계 비리수사 단골 메뉴

지역언론계 비리수사에도 단골 메뉴는 있기 마련. 터졌다 하면 공갈죄와 함께 주요 범죄유형으로 지목되는 것이 '업무상 횡령'이다. 이는 말 그대로 '배달사고'를 의미한다. 주로 주재기자들이 각종 연감 판매수입이나 지대수입을 회사로 입금시키지 않고 착복했을 경우 적용된다. 다음으로 많은 유형이 '민원처리 대가 금품수수' 행위다. 상대방의 약점을 잡아 협박을 하면 공갈죄가 성립되지만 사기죄는 '호의적인 거래'가 강조되는 개념이다. 수사선상에 오른 일부 기자들 중에는 공무원이나 기타 취재원에게 돈을 빌렸다가 안 갚은 사례도 적지 않다. 공갈이나 횡령이 업무수행 과정에서 벌어진 일이라면 사기나 변호사법 위반은 개인적인 이익을 취하기 위한 성격이 더 강하다. 특히 변호사법 위반은 자치단체의 인허가나 경찰의 수사과정에 개입해 '돈을 주면 일이 잘 처리되도록 해 주겠다'는 등의 명목으로 민원인으로부터 금품을 수수하는 경우에 주로 적용된다. 변호사법은 변호사가 아닌 사람이 법률적 대리행위를 할 수 없도록 하고 있다. 때문에 공무원, 경찰 등 '힘 있는 사람'들과 접촉할 수 있는 기자의 특권(?)을 이용해 개인의 사리사욕을 채웠다가는 곧바로 이 법에 적용될 수 있다.

지역언론 종사자들에게도 희망은 있는가

'38세 남자, 체감정년 52.5세, 운동 횟수 1주일에 1~2번, 하루 평균 근무시간 10.8시간, 평균 수면시간 6시간, 음주 횟수 1주 2회, 한 번에 소주 한 병 반(술자리 10번 중 다섯 번은 폭탄주).'

30대 남자들이 잠도 안 자며 폭탄주를 즐겨 마시는 직종. 그러면서도 하루 근무시간이 10시간을 넘는 직종이라니. 고개를 갸웃거리는 사람이 많을 것이다. 도대체 무슨 직업이기에?

'대한민국 기자들의 평균적인 상'이란다. 그것도 전통적 오프라인 매체에 종사하는 기자들의 평균적인 모델이 방대한 조사결과 이처럼 도식화됐다. 그러나 분명히 알고 넘어가야 할 것은 이 또한 하나의 평균치에 불과하다는 사실이다.

　　실상을 들여다보면 지역별 또는 매체별로 격차가 심하다. 특히 서울과 지역, 지역과 또 다른 지역 간 격차가 좀처럼 좁혀지지 않고 있음을 드러내는 분석결과가 나왔다. 한국언론재단(이사장 정남기)이 한국 언론인의 가치와 태도, 윤리의식, 전문성, 업무환경 등을 실증적으로 조사 · 분석한 『2007 한국의 언론인』과 전국 415개 언론사를 대상으로 조사한 『2007 한국신문방송연감』을 보면 알 수 있다.

통계조사에 묻어난 '격차'

올해로 10회째를 맞는 언론인 의식조사는 1989년 이후 격년 단위로 실시하고 있는 언론재단의 중요한 조사연구 사업이다. 전국 현업 언론인들의 언론활동과 직업의식, 근무환경 등의 현황과 변화 추이를 체계적으로 분석한 내용을 두 권의 책에 담고 있다.

　　2007년 4월 11일부터 5월 25일까지 전국의 신문, 방송, 통신사 기자 907명과 온라인매체 기자 60명을 대상으로 분석한 이번 조사는 (주)한국리서치가 담당했다. 오프라인매체 기자의 최대 허용 표본오차는 95퍼센트 신뢰 수준에서 ±3.3퍼센트이며, 온라인매체 기자 표본은 370명의 모집단에서 60명을 계통 · 추출했다. 최근 논란이 거세게 일고 있는 취재지원 시스템과 출입처 취재문제를 비롯해 국내 언론 전반에 대한 평가와 만족도 수준이 담겨 있다.

　　그중에서도 지역언론에 관한 문제점과 왜소 현상은 수치상으로 확연히 드러났다. 매체 수는 서울보다 지방이 월등히 많지만 매출과 당기순이익의 서울 편중현상은 여전히 극심하다. 이러한 쏠림현상은 종사자들의 만족도와 근무환경 평가에서도 여실히 드러나고 있다.

올 4월 6일 현재 등록된 일간신문의 예를 보자. 모두 203개사 중 서울에서 발행되는 신문은 일반일간지와 특수일간지, 외국어일간지를 포함 98개사에 해당하며 나머지 105개사가 지역에 고루 분포돼 있다. 지역에서는 경기(20개사), 광주·전남(16개사), 전북(11개사) 등의 순으로 나타났다.

그러나 전체 종사자 수는 서울이 많다. 신문의 경우 평균 종사자 수가 전국지의 경우 443명인 데 반해 지역지는 98명으로 무려 4배의 차이가 난다. 이번 조사 대상 언론사 415개사(신문, 방송, 통신, 케이블, 위성TV 등)의 총 종사자는 4만 2,946명. 이 가운데 서울지역 종사자는 전체의 61퍼센트인 2만 6,444명인 데 반해 나머지 지역 종사자는 1만 6,502명(38.4퍼센트)으로 나타났다.

지역언론사들의 평균 종사자 수도 서울과는 큰 차이가 있다. 규모의 영세성과 근무환경의 열악함이 얼마나 심각한지를 알 수 있는 대목이다. 이러한 차이는 경영 지표에서도 나타난다.

지역신문 전체 매출규모 능가하는 조·중·동

신문기업들의 매출규모 면에서 전국지의 경우 지난 한 해 1조 7,700억 원으로 지역지 전체 매출규모인 2,600억 원에 비해 무려 6배가량 차이가 발생했다. 1년 전에 비해 매출규모가 10억 원 정도 감소했다고는 하나 조선일보의 경우 가장 많은 3,888억 원으로 전체 지역지보다 많은 수준을 기록했다. 조선일보의 뒤를 이어 중앙일보는 3,336억 원, 동아일보는 2,841억 원으로 역시 전체 지역지 매출 합계를 능가했다.

그러나 당기순이익 규모에서는 다소 순위가 달랐다. 전국지의 경우 세계일보가 563억 원으로 가장 높고, 다음으로 한국일보 418억 원, 조선일보 220억 원 등의 순으로 나타났다.

지역에선 광주일보가 9억 5,000만 원으로 가장 높았고, 다음으로 영남일보 8억 4,000만 원, 경인일보 5억 원 등의 순으로 나타났다. 전국지의 지난 한 해 평균 당기순이익 규모는 93억 7,000만 원인 데 비해 지역지 평균 당기순이익은 마이너스 12억 8,000만 원이었다. 부산일보, 국제신문, 대전일보 등 지역신문업계에서 내로라하는 지역지들이 지난해 당기순손실을 기록함으로써 신문시장의 부익부 빈익빈, 서울의 집중화, 쏠림현상이 경영 수치에서 드러났다.

신문과 달리 방송은 대조적인 현상을 보였다. 지난해 KBS가 1조 3,355억 원의 매출액으로 전년 대비 5퍼센트, 서울MBC의 매출 규모는 7,200억 원으로 전년 대비 9퍼센트, SBS는 6,595억 원으로 전년 대비 8퍼센트의 성장률을 기록했다. 그러나 외형적 매출규모와 달리 당기순이익은 KBS가 58퍼센트 감소하고 서울MBC도 전년 대비 20퍼센트 감소한 반면, SBS는 44퍼센트의 성장률을 보였다.

특히 지역민방들 중 울산방송은 전년 대비 164퍼센트의 성장률을 기록하는 등 대구, 광주, 제주, 대전, 전주방송도 40억 원 이상의 당기순이익을 나타냈다. 그러나 계속적인 순이익 성장률은 지역민방별로 큰 차이가 있으며, 부채 비율 상승과 성장 둔화 현상이 지역에서 주로 나타나고 있음을 각종 수치를 통해 읽을 수 있었다.

이러한 현상을 반영이라도 하듯 언론인 의식조사 결과 '언론의 자유를 직·간접적으로 제한하는 요인'을 묻는 질문에 오프라인과 온라인 언론인들 모두 광고주를 가장 높게 꼽았다. 오프라인의 경우 61퍼센트, 온라인은 이보다 높은 68.3퍼센트가 광고주를 언론 자유의 직·간접적 제한 요인으로 지적했다.

서울과 지역 격차, 무엇이 이토록 크게 한 걸까

'신문발전위원회(이하 신문위)의 신문산업 진흥 기여도' 조사에서도 전국지와 지역지 종사자들의 차이가 두드러지게 나타났다. 전국지 종사자들의 경우 가장 많은 42.9퍼센트의 응답자가 '별로 기여하지 못한다'고 응답했고, 지역지 종사자들 중에는 가장 많은 52.2퍼센트가 '어느 정도 기여할 것이다' 라고 응답했다.

'지역신문발전위원회(이하 지발위)의 지역신문 발전 기반조성 기여도'에 관한 조사 역시 마찬가지. 전국지 종사자들 중 가장 많은 42.9퍼센트의 응답자들은 '별로 기여하지 못한다'고 응답했으나 지역지 종사자들 중 가장 많은 58.8퍼센트는 '어느 정도 기여할 것이다' 라고 응답, 지역지 종사자들이 신문위와 지발위에 긍정적인 기대를 갖고 있는 것으로 나타났다.

'대선에서 언론사의 특정후보 공개지지의 필요성' 에 관한 질문에 전

매체 종사자들이 '대체로 필요하다' 고 가장 많이 응답했다. 전국지의 경우 36.5퍼센트, 지역지 35.4퍼센트, 중앙방송사 34.5퍼센트, 지역방송사 38.8퍼센트, 온라인매체 40.0퍼센트가 '대체로 필요하다' 고 각각 응답했다.

소속 매체별 '언론사 이외의 타 직장으로의 전직 의사' 에 관한 질문에 가장 민감하게 반응한 쪽은 지역일간지와 스포츠지 종사자들로 나타났다. '타 직장으로 전직 의사가 있느냐' 는 질문에 서울에 소재한 전국지 종사자들은 '그저 그렇다' 37.9퍼센트, '별로 없는 편' 25.9퍼센트 등의 순으로 응답했으나 지역지는 달랐다.

지역일간지 종사들 중에는 '그저 그렇다' 36.9퍼센트와 '대체로 많은 편' 21.5퍼센트, '매우 그렇다' 9.1퍼센트 등으로 응답했으며, 스포츠지 종사자들 중에선 가장 많은 41.2퍼센트가 '대체로 많은 편' 에, 다음으로 '매우 많다' 에는 23.5퍼센트가 응답했다.

경제수준, 식사습관, 스트레스도 각각 달라

소속 매체별 '사회경제적 계층' 에 관한 설문에서도 차이가 났다. 서울일간지, 즉 전국지 종사자들 중 가장 많은 48.7퍼센트는 자신의 경제수준이 '중의 상' 이라고 응답했으나 지역일간지 종사들은 가장 많은 50.0퍼센트의 응답자가 '중의 하' 라고 응답했다. 지역일간지 종사들 중에는 가장 낮은 '하의 하' 수준이라고 응답한 비율도 4.1퍼센트에 달했다. 반면 중앙방송사와 지역방송사 종사들은 모두 70퍼센트 이상이 '중의 상'

수준이라고 응답했다.

식사습관에서도 매체별, 지역별 차이가 발생했다. 전국지의 경우 69.6퍼센트가 '거의 규칙적으로 한다'거나 '규칙적인 편이다'라고 응답한 반면, 지역지의 경우 가장 많은 52.9퍼센트가 '규칙적이지 않다'라고 응답했다.

같은 언론 종사자들이지만 직업현장에서 느끼는 직무 스트레스도 다르다. 소속 매체별로 보면 전국지 기자와 스포츠지 기자들은 '현저하게 증가된 업무량'에서 특히 스트레스를 많이 받고, 경제지 기자들은 10점 만점에 '창의력(3.14점)'과 '높은 지식수준 요구(2.89점)'와 같이 업무성격으로 인한 스트레스가 많은 것으로 나타났다.

그러나 지역일간지 기자들은 '회사가 불안하여 미래가 불확실한 점(2.59점)'으로 인해 받는 스트레스가 많았다. 반면에 중앙방송사 기자들은 '업무량과 스케줄을 스스로 조절하기 어려운 점(2.73점)' 등과 같이 비교적 부담이 덜한 스트레스를 많이 받았다.

최근 1년간 건강에 이상을 느낀 경험을 묻는 질문에는 공통적인 현상을 나타냈다. 전국지 종사들 가운데 가장 많은 56.7퍼센트가 '매우 심각한 이상을 느낀 적이 있다', 또는 '다소 심각한 이상을 느낀 적이 있다'고 응답했다.

지역일간지와 지역방송 종사자들 역시 가장 많은 49.3퍼센트, 46.3퍼센트의 응답자가 각각 '다소 심각한 이상을 느낀 적이 있다'고 응답했다. 또 스포츠지와 중앙방송사 종사자들 중 가장 많은 54.5퍼센트가 각각 '다소 심각한 이상을 느낀 적이 있다'고 응답했다.

홍보 시스템, 전국지-정부부처 출입기자가 더 부정적

한편, 기자들은 참여정부 정책홍보 시스템 전반에 대해 10점 만점에 4.71이라는 비교적 낮은 평가를 내렸다. 소속 매체별로는 전국지(3.81) 기자들이 가장 낮게 평가했으며 중앙방송사(4.25)와 경제지(4.30) 기자들도 평균 이하로 낮게 평가했다. 그에 반해 인터넷매체 기자들은 6점 이상의 비교적 후한 점수를 줬으며, 지역방송사와 지역일간지 기자들도 평균보다 높은 점수를 부여했다.

특히 참여정부 홍보 시스템을 직접 경험한 정부부처 출입기자(3.52)들이 더 낮게 평가하는 특징을 보였다. 쟁점이 되는 취재지원 시스템 항목들 중에서 개선 필요성의 정도가 가장 높게 나온 것은 '공직자들의 언론에 대한 인식 변화(7.69)' 였으며, 이어서 '공식 발표자료 외 배경정보 제공(7.50)' '사무실 방문 취재 및 공무원과 비공식 접촉금지(7.43)' 등의 순으로 나타났다.

출입처별로는 정부부처 출입기자가 '사무실 방문 취재 및 공무원 접촉금지 개선(8.21)' 을 가장 강하게 요구했으며 '공식 발표자료 외 배경정보 제공의 필요성(7.90)' 도 높다고 응답했다.

이처럼 한국 기자들의 의식은 지역별로, 또는 매체별로 큰 차이가 있음을 알 수 있다. 그러나 이번 조사결과에도 '평균적인 기자들의 상에도 못 미치는 열악한 지역언론 종사자들에게 과연 희망은 있는 걸까' 란 화두는 깊숙이 내재돼 있다.

2007년 9월 7일

눈덩이와 나비효과, 그리고 '특별법 저널리즘'

눈 쌓인 언덕에서 눈을 주먹만 하게 뭉쳐 아래로 굴리면 밑으로 내려갈수록 점점 더 커지기 마련이다. 작은 눈덩이만 하던 특별법에 대한 관심이 어느덧 집채만큼 불어났다. 온통 '내 지역 특별법'에만 초점을 모으고 있는 지역언론의 보도 태도는 눈덩이효과(Snowball Effect)를 불러왔다.

특히 정치권의 특별법 관련 움직임에 민감한 언론들은 정치권의 미세한 반응도 자기 지역의 유·불리에 촉각을 곤두세우며 확대 해석하고 있다. 지역개발특별법 의존성이 이미 그 도를 넘어섰다는 점에서 우려를 표하는 일부 언론사들도 있지만, 이제 지역언론의 보도양태는 작은 사건 하나가 엄청난 결과를 불러온다는 나비효과(Butterfly Effect)가 연상될 정도다. 어느 한 지역의 현상이 아무런 상관도 없어 보이는 먼 곳의 자연과 인간의 삶에 커다란 영향을 미친다는 나비효과는 특별법 제정에 총력을 기울이는 전국 지자체와 해당 지역언론사들의 민감한 반응에서도 엿볼 수 있다.

지역은 지금 특별법 전쟁 중

각 자치단체들마다 서로 다른 특별법에 목매는 모습은 동 · 서 · 남 3면의 바다를 권역으로 나누어 전쟁을 치르는 형국이다. 대선을 앞두고 지역개발특별법을 놓고 지역 간 신경전은 갈수록 팽팽해지고 있다. 이는 지역마다 초점이 다른 언론의 보도에서 묻어난다.

'우리 지역 특별법이 왜 다른 지역 특별법에 뒤지느냐' '특별법도 옥석을 가리자' '우리 지역 특별법이 우선' 등 의제가 온통 '특별법'에 집중돼 있다. 참여정부 들어 지방분권특별법 등 균형발전 3대 특별법에 이어 동서남북으로 갈려 특별법 전쟁을 치르는 모습은 특별법공화국을 떠오르게 할 정도다.

현재 진행되고 있는 특별법은 서남권지역을 명실상부한 관광 · 레저 단지로 조성하기 위한 서남권개발특별법과 남해안특별법, 새만금특별법, 경주역사문화도시조성특별법과 동해안광역권개발지원특별법 등으로 즐비하다. 참여정부가 들어서면서 지난 2003년 이후 현재까지 새로 시행됐거나 논의 중인 개발특별법만 20여 개에 육박하고 있는 것으로 파악되고 있다. 개발특별법 난립으로 오히려 균형발전의 발목을 잡을 수 있다는 지적도 나오고 있지만 지역언론의 보도에서 드러난 특별법 제정에 대한 시각은 낙후 지역 개발에 꼭 필요하다는 당위성이 지배적이다.

광주 · 전남지역, 서남권특별법 차질 우려

광주 · 전남지역 언론은 서남권특별법이 비슷한 성격의 법안들과 함께 심의될 예정이어서 차질이 예상된다며 촉각을 곤두세우고 있다. 국회 건설교통위원회 법안심사소위가 지난 6일 전남 · 경남도 · 부산시가 공동 제출한 '남해안발전특별법'과 경북 · 강원지역에서 제안한 '동해안 광역권 개발지원특별법'을 '남 · 동해안 연안광역권 발전지원법안(남동해안특별법)'으로 묶어 심사키로 합의한 데 대해 지역언론들은 일제히 우려를 표하고 있다.

대부분 지역일간지들은 "전국에서 가장 낙후된 전남 · 서남부지역의 획기적인 발전을 위해 추진 중인 서남권특별법이 남동해안특별법과 섞여 논의될 경우 특별법 지위 상실과 함께 시기도 크게 늦춰질 것으로 보인다"며 촉각을 곤두세우고 있다.

"노무현 대통령의 특별지시에 따라 올 상반기 제정 목표로 추진되고 있는 서남권특별법안을 3월 중 국회에 제출한다는 방침이지만 법조문 초안 작성 등 현재 진행 단계로는 무리라는 분석이 나오고 있는데다 남동해안특별법안에 묻혀 흐지부지될 공산도 커지고 있다"는 보도가 눈에 띈다.

강원 · 경북지역, 동해안특별법에 촉각

그러나 동해안을 낀 지역은 다르다. 경북지역 언론은 동해안특별법이 남해안발전특별법안과 통합안으로 합쳐지는 과정에서 동해안특별법의 주요 내용이 누락되거나 삭제돼 '속 빈 강정'이라는 지적을 받고 있다며 다른 속사정을 내비치고 있다.

경북일보 등 지역일간지들은 동해안특별법의 회기 내 통과가 불투명할 전망이라며 우려를 표하는 내용의 기사를 연일 보도하고 있는데, 강원지역도 예외는 아니다. 강원지역 언론들도 '동해안개발 관련 특별법을 강원도 단독으로 성사시키려 했지만, 이것이 쉽지 않아 경북 · 울산시 등과 더불어 국회 건교위를 방문하여 요청하는' 등의 소식을 경쟁적으로 보도하고 있기는 마찬가지다.

강원도민일보는 7일자 사설에서 "사뭇 치열한 경쟁 양상이 벌어지는 이 사안에 정말 철저한 자세로 임할 필요가 있을 것"이라며 "그렇지 않아도 현 정권에 들어와서 서 · 남해안권에 대한 관심이 특별히 고조돼 온 느낌을 지울 수 없다"고 전했다.

"제주를 제주특별자치도로 도명을 바꾸면서까지 그야말로 특별한 도로 취급해 세계에 얼굴을 내놓는 전략을 편 것이 이 정부"라는 이 사설은 "전라도를 중심으로 하는 이른바 J프로젝트가 진행 중이고, 이를 비롯해 한반도를 J자형으로 개발하려는 기본 계획이 동해를 포함한 U자형 개발 계획으로 전환되기를 요구하는데도 이렇다 할 방안을 내놓지 못하는 정황"이라고 했다.

이들 지역일간지들은 사설에서 지역의 역량을 최대로 모아야 한다고 한결같이 주문하고 있다.

부산 · 경남 지역, 남해안특별법 찬반 논란

부산 · 경남지역 언론사들은 경남도와 경남지역 국회의원 등이 배수진을 치며 법안 제정을 추진 중인 남해안특별법이 갈수록 첩첩산중이라며 우려를 금치 못하는 분위기다.

경남일보는 최근 "노무현 대통령도 본보와 서면 인터뷰에서 '풍부한 관광 및 문화자원을 가지고 있는 남해안지역을 동북아의 새로운 경제권 및 국제적 관광지로 발전시키는 법률 취지에 전적으로 공감한다'고 밝혀 '남해안 시대 프로젝트'의 당위성과 필요성을 인정하고 있다"며 "그런데도 중앙정부와 일부 국회의원들은 국가 전체의 이익보다는 정치적 이해관계에 따라 발목잡기에 나서고 있어 한심스럽기 그지없다"고 비판했다.

그러나 남해안특별법은 지역언론사들 간에 시각차가 약간 있다. 국제신문은 7일자 사설「'해안 그린벨트' 대규모 해제 괜찮나」에서 "해안 지역의 대대적인 개발을 위한 조치들이 잇따라 난개발 우려를 낳고 있다"고 지적한다.

"'남 · 동해안 연안광역권 발전지원법안' 등으로 '해안 그린벨트' 해제지역이 너무 광범위해질 수 있다며 계획이 현실화되면 남해안의 난개발은 걷잡을 수 없게 된다"는 이 사설은 "이미 시행된 제주도특별법에 이어 서해안특별법안을 추진함으로써 남 · 동해안발전법안까지 입안하게 됐기 때문에 이번 일은 정부가 부추긴 측면이 강하다는 점에서 반성할 여지가 많다"고 했다. "정부는 낙후된 해안지역의 경제 활성화를 추진하되 환경훼손이 없는 개발만 허용해야 한다"고 뼈 있는 지적도 빼놓지 않았다.

경남도민일보도 이날 사설 「남·동해안특별법안은 악법」에서 "남·동해안 통합개발법안이 국회에 상정되면서 좋지 않은 이면이 구체화되고 있다"며 "가장 중대한 개발 부작용은 국립공원이 원형을 잃을 것"이라는 점을 들었다. 즉, "남해안의 중심 대상은 한려해상공원"이라며 "동해안에는 설악산과 오대산 국립공원이 포함돼 있어 개발의 손이 미치게 되면 자연경관이나 환경이 훼손되는 것은 시간문제"라고 꼬집었다.

전북지역, 새만금특별법 한목소리

전북지역 언론사들은 새만금특별법에 온갖 초점을 다 모으고 있다. 전북일보는 6일 "그동안 전폭적인 지원의사를 밝혀 왔던 한나라당 주요 당직자들이 막상 특별법안 제정작업이 추진되자 한 발짝 물러서고 있어 도민 비난을 자초하게 됐다"며 한나라당을 비난하는 기사를 내보냈다.

그런가 하면 전북도민일보는 "김완주 전북도지사가 7일 한나라당 의원들이 주장하는 태권도공원특별법과 경주 역사문화도시특별법 연계처리 등 이른바 '특별법 빅딜' 주장에 반대한다는 입장을 확고히 했다"며 "태권도공원특별법은 국회 법사위가 지난 6일 열기로 한 소위를 열지 못해 이번 임시국회 처리가 어려워진 상태"라고 아쉬워했다.

이밖에 제주지역도 예외는 아니다. 지역언론사들은 제주특별자치도특별법 개정안의 밑그림을 확정짓기 위한 제주특별자치도지원위원회에 관심을 모으고 있다. 제주 4·3 희생자 유족들이 처우 개선을 위한 특별법 개정 및 정책수립을 국회와 정부에 촉구했다는 기사와 함께 오는 14일 열릴 것으로 전망되는 위원회에서 제주 4·3사건 명예회복위원회 등의 대외 일정을 소화할 것이라는 보도가 눈에 띈다.

이처럼 문민정부와 국민의 정부 시절에는 개발을 위한 특별법 제정이 거의 이뤄지지 않은 반면 참여정부에서는 이와 정반대의 현상이 벌어지고 있다. 행정도시 등 참여정부가 의욕적으로 추진 중인 대형 국책사업이 한결같이 특별법 제정을 통해 이뤄지고 있기 때문이다.

그러나 특별법 제정을 통한 개발은 벌써부터 후유증을 예고하고 있다. 막대한 예산이 수반되거니와 개발특별법이 남용됨에 따라 야기될 환경문제가 크다. 특별법이 홍수를 이루고 있지만 원론적이고 선언적인 것에 머물 공산이 크다는 지적도 있다. 그런 상황에서도 여전히 지역적 관점에서 특별법을 부채질하고 있는 지역언론들의 보도 태도는 지나친 감이 없지 않다.

2007년 3월 8일

지역개발 특별법이 뭐기에

특정한 사람·물건·행위 또는 지역에 적용하는 법을 특별법이라고 한다. 2006년 10월, 노무현 정부가 출범한 지 3년 6개월이 자나는 동안 개발과 관련해 국회에서 처리된 특별법안은 모두 7건이다. '행정중심 복합도시특별법' '혁신도시법' '기업도시특별법' '폐광지특별법' 등이다. 그러더니 1년 후인 2007년 10월에는 참여정부 마지막 정기국회를 앞두고 지방자치단체마다 각종 지역개발을 위한 특별법의 국회통과에 목을 맸다.

특별법이란 형식은 가장 빠르게 낙후된 지역 개발을 촉진하고 새로운 발전 동력을 일으킬 수 있는 근거가 될 수 있다고 판단했기 때문이다. 전남도는 F1특별법과 서남해안특별법, 전북도는 새만금특별법, 부산·경남은 남해안특별법, 경북과 강원도는 동해안연안권특별법 등을 추진하기 위해 해당 지자체 간부들은 국회는 물론 일선 정치인을 만날 기회가 되면 특별법의 배경과 내용을 설명하기에 바빴다.

문민정부 시절에 개발특별법이 제정된 경우는 한 번도 없었으며, 국민의 정부 시절 역시 개발을 위한 특별법은 제정되지 않은 것과 대조를 이룬다. 다만 국민의 정부 시절 현재 기업도시특별법의 모체가 되는 민간투자법이 제정된 경우는 있다. 오로지 참여정부가 들어선 후 개발특별법이 양산됐다.

"취재해 갔는데
왜 기사는 안 나오죠?"

"이진영 아나운서를 원직에 복직시켜라!"
"비정규직의 비참한 현실을 아는가!"

지난 2007년 2월 8일 오전 10시 30분 전북지방경찰청 기자실. 전북지역 26개 시민사회단체들이 이례적으로 지역언론사를 겨냥한 기자회견을 열고 그 현장에서 쏟아낸 말들이다.

이날 기자회견은 경찰청 출입기자들 앞에서 시민사회단체 관계자와 이진영 전 전주MBC 아나운서 등이 참석한 가운데 1시간가량 진지하게 진행됐다. 이진영 전 아나운서가 마이크 앞에 앉는 대신 자신이 다니던 회사를 향해 '공영방송답게 비정규직 고용안정과 차별해소를 위한 대

책을 수립하라' 는 구호가 새겨진 피켓을 들고 거리로 나선 지 꼭 한 달만
이다.

이들 단체가 주장한 내용은 크게 세 가지로 요약된다. 첫째는 '전주
MBC는 이진영 아나운서를 즉각 원직에 복직시키라' 는 것이다. 또 '전주
MBC는 성차별 발언 관련 이진영 아나운서에게 사과하고, 공영방송답게
비정규직 고용안정과 차별해소를 위한 대책을 수립하라' 는 내용이다.

경찰청 기자실은 주로 1~5년차의 날카롭고 빛나는 눈을 가진 사회부
기자들이 포진해 있는 곳이다. 그 어떤 권력과 돈보다 펜이 강하다는 자
부심을 지니고 있을 연차들이다. 상식적으로 놓칠 리 없는 뉴스 소스였
다.

그런데 다음날, 그 많던 기자들의 글발과 음성은 지면과 영상에서 사
라지고 말았다. 늘 차가운 머리보다 뜨거운 가슴으로 영혼이 담긴 기사
를 쓰라던 선배들의 마음에 차지 않은 때문일까. 평소 같으면 사진과 함
께 큼지막하게 전달됐을 메시지였건만, 이날 20개가 넘는 시민사회단체
들의 공동기자회견 내용을 다룬 기사는 어디에서도 찾아볼 수 없었다.

10개가 넘는 지역일간지들과 방송사들은 1단기사로도 다루지 않았
다. 이에 대해 당사자인 이진영 전 아나운서는 물론 시민사회단체 관계
자들은 "예상은 했지만 어느 한 곳도 기사를 내보내지 않은 게 오히려
민망할 정도"라고 말한다.

가지 많은 신문사가 방송사에 보험을?

"기자회견 당시 자리를 함께했던 많은 기자들이 사진도 찍고 취재도 했는데 기사는 눈 씻고 찾아봐도 단 한 줄도 보이질 않았다"며 참여단체 관계자들은 허탈한 심경을 토로했다. 심지어 "엿(광고나 촌지)으로 바꿔 먹을 기사거리도 아닌데 어디로 사라진 걸까"라며 의아했다.

두 부류다. 내부 게이트 키핑 과정에서 기사가 원천 봉쇄된 경우. 또 하나는 회사 차원의 보류조치다. 소위 보험에 가입한 것이다. 당시 기자회견에 참석했던 한 지역일간지 기자는 "분명히 취재를 했고 편집회의 전에 기사 메모도 냈는데 기사화되지 않았다"며 "데스크에서 기사를 뺐거나 모종의 압력이 개입됐을 소지가 크다"고 불만을 표출했다.

또 다른 신문사 기자는 "비정규직 문제가 방송사 아나운서에 국한돼 공론화되는 것이 마뜩치 않았을 것"이라며 "방송사 이미지를 조금이라도 훼손시키는 기사를 빼줬으니까 다음엔 우리 신문사나 모기업이 잘못해도 봐 주겠지 하는 모종의 보험심리가 작용했을 것"이라고 해석했다. '가지 많은 신문사에 강풍이 언제 불어 닥칠 지 모르니 미리 대비하자'는 해괴한 논리다. 기사가 빠진 것이 내심 기분은 나쁘지만 막내다 보니 강력하게 항변을 못하는 처지임을 못내 아쉬워하는 기자도 있다.

이진영 전 전주MBC 아나운서가 언론사의 비정규직 문제를 공론화하기 위해 거리로 나선 지 한 달이 넘었지만 시민단체와 당사자 그리고 그들에 의해 알려진 시민들 외엔 정작 언론은 관심이 없다.

언론의 '침묵 카르텔', 영원할까?

이른바 '대안언론' 또는 '독립언론'을 지향하는 인터넷과 월간 지역매체들이 이 문제에 초점을 맞추고 있을 뿐 대부분의 지역일간지와 방송사들의 침묵은 계속되고 있다. '지역인터넷 대안신문'을 표방하고 있는 참소리와 '독립언론'을 기치로 내건 월간 『열린전북』이 이진영 전 아나운서의 문제를 특집으로 다뤄 오히려 눈길을 끈다.

스스로 '부끄러운 일'이라고 하면서도 언론계 내부의 고착화된 침묵의 카르텔은 누가 알려 주지 않아도 자연히 체득하고 만다. 동종업계 비판에 대해서만큼은 철저하게 무뎌지는 습성이 아비투스(Habitus, 습속)와도 같다. 부르디외는 행위자들이 가지는 취향을 선천적으로 물려받은 어떤 것이 아니라 행위자들이 스스로의 경험과 생활 속에서 획득한 후천적인 것으로 보았다.

오늘날 지역언론계의 현실은 사회학의 중심 개념 가운데 하나인 아비투스의 변화된 또 다른 메커니즘과도 같다. 언론비판 기능이 다양화되고 채널이 점점 확산되면서 언론사들끼리 상호비판을 금기시하는 '침묵의 카르텔'이 해체돼가고 있지만, 중앙이나 지역이나 기득권을 고수하려는 주류 매체들 간에 상존하는 카르텔은 습속과 같은 수준이다.

최근 『시사저널』이 외로운 투쟁을 계속하고 있지만 그토록 언론의 자유를 외치던 조·중·동을 비롯한 주요언론사들은 꿀 먹은 듯 아무 말도 없다. 이른바 재벌권력에 길들여진 탓이다.

언론이 악의적인 침묵으로 일관하는 까닭은 무엇일까. 이론세계에서 귀한 대접을 받는 언론비판이 현실세계에선 전혀 적용되지 않는 경우가

있으니 그게 바로 동종언론사 간에 부르짖는 역지사지(易地思之)라는 걸
독자나 시청자들이 모를 리 없다.

닭 잡는 칼로 소 잡으려니 무섭나?

쉽게 말하면 "같은 처지에서 누가 누굴 욕하고 때릴 수 있겠는가?"라며
침묵하는 경우지만, 따지고 보면 참으로 고약하고 얄궂은 처지에서 이
같은 관행이 통용되고 있음은 불행이 아닐 수 없다. 이는 매우 우호적인
언행 같지만 실제론 독자와 시청자들의 눈과 귀를 멀게 하고 나아가 언
론의 본질을 훼손시키는 업보가 될 수 있다.

정치인과 관청을 때리는 일은 곧잘 하면서 왜 동종 언론을 비판하는
일은 어렵고 무섭게 생각하는 걸까? 닭 잡는 칼로 소 잡으려니 일단 두려
워서 못하겠고, 그래서 늘 지역은 당해도 싸다는 소릴 듣는 건 아닐까?
'소통불능' 상태가 한 개인이나 소수집단의 문제라기보다는 언론계 내
부의 문제는 아닐까? 지역언론 개혁의 '뇌관'은 바로 '침묵의 카르텔'이
아닌지 곰곰이 성찰해 볼 때다.

그나마 지역의 시민사회단체들이 릴레이 성명과 피켓시위를 통해 길
거리로 내몰린 여성 아나운서와 비정규직 종사자들에게 희망과 용기를
불어넣고 있다. 이들은 특히 전주MBC에 성의 있는 대화 자세를 요구하
고 있지만 전주MBC를 비롯한 지역의 주류 언론매체들은 굳게 입을 다
물고 있다. 무려 한 달 동안이나, 마치 '기자 이전에 침묵하는 인간이 되
어라' 라는 주술에 걸린 것처럼.

"네가 무슨 독립군이냐? 이런 문제가 어제 오늘의 일이냐?"라고 뻔히 욕먹을 줄 알면서도 이 글을 쓴 이유는 후배들 보기에 너무도 부끄럽고 자괴스러워서이다. 정작 언론계 내부에서 일어나고 있는 현상은 보지 못하고 사회적 현상만을 나무라고 훈계하고만 있으니 얼마나 손가락질 하겠는가.

2007년 2월 13일

방송도 예외없는 여성, 비정규직문제

지난 2003년 4월 전주MBC 공채로 입사해 〈뉴스투데이〉 〈얼쑤 우리가락〉 〈시사전북 오늘〉 등을 진행했던 이진영 아나운서는 2006년 7월 회사로부터 '재계약 불가' 공지를 받았다. 계약직이었고 입사 당시 2006년 12월 31일까지 일하기로 돼 있었지만, 앞서 입사한 선배들이 계약 기간이 만료된 후에도 재계약을 통해 계속 일을 했기 때문에 별다른 걱정을 하지 않았다. 80대 1의 경쟁률을 뚫고 입사했으므로 자부심도 있었다. 하지만 그의 기대는 보기 좋게(?) 빗나갔다.

'아나운서'라는 폼 나는 이름도 '여성'과 '비정규직'이라는 노동시장의 거대한 문제 앞에서는 아무 소용이 없었다. 회사는 지난해 "장기적 계획의 일환"이라며 계약 만기와 함께 재계약 불가 방침을 밝혀왔다. 그러면서 이씨에게 프리랜서로 전환할 것을 제안했다. 평소 같이

일하던 간부급 선배들도 "결혼도 했는데, 남편이 벌지 않느냐"며 사직
을 권했다. 무의식중에 나온 선배들의 '충고'였지만, 2007년 4월 결혼
한 이씨는 아나운서로서 일한 자신의 존재감이 한 순간에 없어지는 것
같아 얼굴이 화끈거렸다.

　이씨는 결국 3년 10개월 동안 일한 방송사 앞에서 1인 시위를 시작
했다. 그가 요구한 것은 '정규직 전환'이 아니라 '복직'이었다. 매일
오전 8시부터 '비정규직 양산하는 전주MBC 각성하라'고 적힌 피켓을
들고 정문 앞을 지켜 섰다. 보다 못한 각종 사회·시민단체가 이진영
전 아나운서의 복직문제를 두고 공동기자회견까지 열며 방송사의 잘
못된 행태를 지적했지만 그의 문제에 주목한 언론은 없었다.

지역신문 윤리의식 실종,
사주 책임 크다

1위: 광주 · 전남, 14개

2위: 경기, 12개

3위: 부산 · 경남, 11개

4위: 전북, 10개

5위: 대구 · 경북, 8개

자랑스러운 금메달 획득 순위가 아니다. 지역일간지 난립 순위다. 지발위가 발표한 지역신문사 리스트를 보면 '동고서저'의 국내 지리학적 형태가, 신문사 분포도 면에서는 '서고동저(서쪽이 많고 동쪽이 적음)'로 나타난다.

한 지역에 10개가 넘는 지역일간지 분포도를 자세히 들여다보면 인구 대비 가장 많은 신문사가 난립한 곳은 동쪽보다는 서쪽이 두드러지고 있음을 알 수 있다. 인구 180만 명에 10개의 지역일간지가 난립한 전북 지역은 도민 18만 명당 1개의 일간지를 보유한 셈이다. 그러나 따지고 보면 문제는 더 심각하다. 10개 지역일간지 모두가 인구 60만에 가까운 전주시에 올망졸망 자리하여 힘겨운 경쟁을 벌이고 있기 때문이다. 사실 6만 명당 1개의 일간지가 분포된 곳으로 보아도 무방하다.

'서고동저' 현상 뚜렷, 경쟁 심화로 역기능 초래

수년 전 폐간됐던 전주일보가 다시 속간됨에 따라 이곳 전북지역의 일간지가 9개에서 기어코 10개를 채웠지만, 동시에 전주매일은 인력 부족과 자금난에 봉착하면서 일시 폐간됐다.

광주광역시도 상황은 비슷하다. 광역도시이긴 하지만 인구 150만이 채 못 되는 이곳은 12개의 일간지들이 난립한 양상이다. 이곳에 비하면 인구수가 2배가 넘는(360만 명) 부산광역시는 3개의 일간지(인구 120만 명당 1개꼴)로 큰 대조를 이룬다. 250만 명이 넘는 대구시도 4개의 일간지가 본사를 두고 있어 분포도에서 난립지역과 대별되기는 마찬가지다.

지발위가 지난 3월 8일 내놓은 '지역신문 구독자 조사현황'은 지역신문의 바로미터다. 열악한 신문시장에서 지역일간지들의 난립과 생존 몸부림은 더욱 치열해져만 가는 상황이다. 전국지를 구독하는 가구는 전체의 41.5퍼센트인 데 반해, 지역신문을 구독하는 가구는 5.8퍼센트에 불과한 것으로 나타났다.

조·중·동 등 서울지역에서 발행되는 전국 단위 일간지가 지역시장을 점령하는 냉혹한 현실 앞에서 지역신문들의 올 50회째 신문의 날은 어느 때보다 침울한 분위기였다. 재정자립도나 지역 내 총생산 등 경제력을 감안하면 신문사 분포도가 조밀한 지역은 다양한 정보욕구 충족이라는 순기능적 측면보다 시장에서의 생존경쟁이 상대적으로 치열하다는 어려움이 더 커 보인다. 이에 따른 병폐도 적지 않다.

지난 3월 16일과 24일 전북 민언련은 "지역언론의 도덕불감증이 위험수위를 넘었다"라고 지역언론의 비윤리적 행태를 지적하며 자성을 촉구하고 지면의 사유화와 신문사 소유구조의 한계를 비판해 주목을 끌었다.

지역언론인들 도덕불감증 위험수위, 사주와 무관치 않아

신문사가 난립하면서 열악한 경영난을 타개할 목적으로 기자 또는 지면을 사유화하는 지역언론사들의 병폐를 지적하기 위함이지만 사실 이는 빙산의 일각에 불과하다.

지난 10일 광주·전남 민언련이 낸 '언론이기 포기한 지역일간지 회장은 퇴진하라' 는 성명은 더 큰 폐단이 내재돼 있음을 보여준다. 4월 8일 광주지역에서 발생한 인터넷신문 시민의소리 기자 폭행사건은, 지역언론계의 복합적인 불합리가 내재된, 비윤리적이고 충격적인 사건이다. 지역인터넷신문사 사무실에 지역일간지 대한일보 회장을 비롯한 신문사 관계자들이 찾아가 기자를 폭행한 것이다. 그 파장은 현재 일파만파 확대되고 있다. 전국 각 지역의 인터넷신문들이 일제히 분개하는 등 언론·시민단체들의 진상규명과 사법처벌 요구가 빗발치고 있다.

광주·전남 민언련은 지난 10일 성명을 통해 "이번 폭행사건은 최소한의 윤리의식도 없는, 언론인이라는 이름으로 난동을 부린 어처구니없는 일"이라며 "지방언론의 존재에 먹칠하는 충격적인 사건이 아닐 수 없다"고 개탄했다.

민언련은 이어 "광주지역에서 그 이름조차 생소하고 발행 여부조차 알 수 없는 일간지들이 무려 10여 개를 넘어가고 있다"며 "이런 상황에서 이번 대한일보 폭행사건은 어찌 보면 예정된 일인지도 모른다"고 지적, 그간 지역언론계 내부가 예사롭지 않았음을 넌지시 드러냈다. "지역의 방송사와 신문사들도 동업자 봐주기로 일관한다면 대한일보와 하나도 다를 게 없다는 비난에 직면하게 될 것이며, 땅에 떨어진 지역언론의 명예는 영원히 회복할 수 없을 것"이라는 경고도 이어졌다.

그러나 '법적 대응'을 의식해서인지 지역언론사들의 보도 태도는 변죽만 울리고 말았다.

폭행사건, 동종 언론사보다 시민단체가 더 큰 관심

고소, 성명 등 사건의 흐름을 단순 중계하는 식의 보도 외에 문제점을 심층 분석한 기사나 언론계 내부의 반성의 목소리는 거의 찾아볼 수 없다. 오히려 시민단체들이 더 흥분하는 양상이다.

"지역언론을 둘러싼 부패 의혹이 어느 정도인지를 단적으로 보여주는 비상식적이고 충격적 사건"이라며 민언련과 광주YWCA 등 시민단체들은 진상규명 요구와 함께 해당 신문사 회장의 퇴진운동을 확대해 나갈 계획이어서 관심을 모은다. 이들 시민단체는 18일 오후 2시부터 대한일보 앞에서 이 신문사 회장의 퇴진을 촉구하는 시민기자회견을 갖기로 했다. 언론사 사주의 타사 기자 폭행사건이 시민들 사이에 뜨거운 화두로 부각되고 있는 것이다.

광주·전남 민언련은 이날 기자회견을 갖고 폭행 물의를 빚은 일간지 사주의 사퇴 촉구와 함께 엄정한 검찰수사를 요구하기로 하고 지난 11일 관할 경찰서에 집회신고를 냈다. 언론 및 시민단체들은 "사태가 난 지 일주일이 지났지만 여전히 반성이나 사과 한마디 하고 있지 않아 시민사회가 나서서 문제점을 바로 잡아 독자들의 알권리와 언론의 사명을 지켜내야 한다"는 주장이다.

또 이들은 "이번 인터넷 신문기자 폭행사건과 동구청장 업무추진비 의혹이 얽혀 있고 언론사와 관공서 간의 유착 의혹이 제기된 만큼 관련 당사자들이 사태에 대해 책임을 져야 한다는 데에 생각이 모아졌다"고 말하고, "사태의 진상규명을 원하는 시민단체와 함께 행동에 나설 것"이라고 밝혀 파문이 쉽게 가라앉지 않을 전망이다.

토착기업에 점령당한 신문사 도덕성 '도마 위'로

한편, 이번 폭행사건이 발생한 이후 시민의소리는 「대한일보 회장, 본지 기자 폭행」「침탈과 테러사건에 대한 우리의 입장」「공론의 장이 무너진다」 등의 제목과 함께 사건 관련 뉴스를 연일 머리기사로 보도하면서, 기자협회와 민언련 및 시민단체 등의 성명 내용과 사법 당국의 수사착수 소식 등을 소개하고 있다.

이와 관련해 대한일보는 11일 「최근 일련의 본사와 관련된 언론보도에 대한 우리의 입장」을 통해 "시민의소리 왜곡보도 중지해야, 반복된 악의적 보도 좌시 안할 것"이라며 "이번 사태가 본질과는 다르게 왜곡 전달되고 있는 것에 안타까움을 금할 수가 없다"고 전제했다.

"이번 사건의 발단이 된 모 구청장 업무추진비 의혹과 관련 본지가 사실 확인이 미흡해 보완 취재를 하고 있던 바, 시민의소리는 이를 마치 본보가 해당 구청과 무슨 커넥션이 있어 고의적으로 보도하지 않은 것처럼 몰아갔다"면서 "상황이 이러한데도 시민의소리는 마치 자사 기자가 일방적으로 폭행을 당한 것처럼 언론을 호도하고 있다"고 반박했다.

여기에 그치지 않고 대한일보는 12일 「악의적 보도 법적 대응 그릇된 관행 경종 울려」라는 기사를 통해 자사 입장을 다시 밝혔다. "의도적으로 악의적인 보도를 일삼는 일부 언론에 대해 강력한 법적 대응에 나설 것"이라며 "향후 본사와 관련된 일체의 보도에 대해 실체적 진실의 유무를 가려 그에 합당한 민형사상 조치를 강구해 나갈 것"이라고 경고했다.

그럼에도 언론단체와 시민단체 또는 정당(민주노동당)까지 가세한 진상규명과 사법처벌 요구는 수그러들지 않고 있다. 이 같은 언론사 간의 진실공방 논란에도 불구하고 "진실 접근을 가로막는 언론사의 폭력행위는 용납할 수 없는 범죄행위로 다스려져야 할 것"이라는 여론이 비등하다.

가지 많은 나무에 바람 잘 날 없다더니, 지역신문의 난립은 종사자들의 잇단 비리 연루와 사주들의 부도덕성으로 여론의 도마에 오르내리느라 바쁘다.

"세간에 추한 형태를 드러내는 지역언론 종사자들의 비윤리적인 사례들은 건설사 등 지역 토착기업의 대주주들에 점령돼 있는 지역신문사 사주들의 도덕성과 늘 맞물려 거론되고 있음이 문제"라는 지적이 높다. 지역신문 종사자들의 도덕성은 사주의 윤리의식과 결부되어 있음을 알 수 있게 하는 대목이다.

2006년 4월 17일

'시민의소리' 기자 폭행사건 그 후

시민의소리 기자 폭행사건 다음날인 2006년 4월 9일 오후 시민의소리 측은 광주지검 당직실에 대한일보 박만건 회장 외 5인을 폭력행위와 업무방해혐의로 고소했다.

그런가 하면 대한일보 측도 허위사실과 명예훼손 등의 이유로 시민의 소리를 고소했다. 고소장에서 대한일보 측은 "시민의소리가 4월 8일 본지 이국언 기자의 폭행 이후 여러 차례 허위사실을 담은 기사를 인터넷에 게재하여 대한일보 박만건 회장과 김정 사장을 비방하고 명예를 훼손했다"고 고소 이유를 밝혔다.[1]

이와 관련해 시민의소리 측은 "대한일보 측의 고소는 적반하장 격으로, 법의 심판을 호도하기 위해 일부러 맞고소라는 방식을 동원한 것"이라며 "참으로 이해하기 어렵다"고 심경을 밝히기도 했다.

결국 시민의소리 기자 폭행사건 등으로 2006년 6월 말 구속됐던 대한일보 박 회장은 구속 한 달만인 2006년 7월 28일 오후 보석으로 풀려났다. 그리고 2006년 12월 8일 광주지법 제2형사부(재판장 강신중)는 사기, 폭력행위 등 처벌에 관한 법률위반, 상해 등의 혐의로 기소돼 1심에서 징역 1년(사기), 징역 4월(폭행상해), 집행유예 2년, 보호관찰 1년을 선고받고 항소한 대한일보 박 회장에게 기각 판결을 내리고 원심대로 형을 유지했다. 수사기관에 자신에게 불리한 진술을 했다는 이유로 박 모(42) 씨를 폭행한 데 이어, 4월 8일 광주 동구청 업무추진비 '카드깡' 의혹 보도와 관련해 시민의소리를 찾아가 손 모씨 등과 함께 기자를 폭행한 박 회장의 혐의가 법정에서 확인된 셈이다.

사건 이후 일체의 사과 한 번 없었던 박 회장은 항소심 선고를 앞두고 또 다른 피해자 박씨와 시민의소리 이 기자에게 감형을 바라는 탄원서 형식의 합의서 작성을 종용하는 몰염치를 보이기도 했다.[2]

1) 시민의소리, 2006년 7월 29일.
2) 시민의소리, 2006년 12월 9일.

"약탈적 판촉행위에
혈세까지 퍼부어?"

방상훈 조선일보 사장이 언감생심 내뱉은 말이 생뚱맞다. 그는 1월 11일 자사 노조와의 신년 인터뷰에서 중앙일보의 경품 판촉에 대해 "독자 매수는 신문의 품질에 자신이 없기 때문에 벌이는 행위로 해당 신문은 스스로가 자신을 싸구려 전단이라며 인정하는 꼴"이라고 밝혔다.

방 사장은 또 "일부 신문은 아파트 관리사무소에 부스를 설치해 '구독신청을 하면 자매지를 몽땅 준다'며 시장을 교란하기도 한다"면서 "이런 행태는 사실상 독자들을 돈으로 매수하는 것"이라고 지적하기도 했다.

조선일보는 판매시장에서 불공정거래를 인정하지 않는다는 것인지, 불공정 신문판매는 조선일보만이 지닌 특권이라는 것인지 도무지 헷갈

리게 하는 대목이다.

알게 모르게 전국 각 지국에서 자행해온 불공정 신문판매행위는 그렇다 치자. 공정거래위원회(이하 공정위)가 신문판매고시를 위반한 신문사 지국을 발표할 때마다 조선일보는 약방의 감초처럼 꼭 끼어들지 않았던가.

2005년 11월 1일 공정위가 발표한 신문판매고시 위반사례를 우선 보자. 독자들에게 과도한 무가지와 상품권, 전화기, 선풍기 등의 경품을 제공하여 법위반 정도가 심한 208개의 신문 지국 중 조선일보는 단연 선두를 고수했다.

당시 조선일보는 60개 지국이 신문판매고시를 위반하여 1억 8,000여 만 원의 과징금을 부과받았고, 중앙일보는 59개 지국에 1억 8,000여 만 원, 동아일보는 52개 지국에 1억 6,000여 만 원이 각각 부과됐음은 잘 알려진 사실이다. 조 · 중 · 동 3대 과점신문들의 과징금 액수가 전체의 91.6퍼센트를 차지한 것이다.

앞서 2005년 4월 신문판매고시를 위반한 신문사에 대한 신고포상금제 도입 이후 처음으로 공개된 위반사례에서도 결과는 마찬가지였다. 신고포상금제가 도입되고 3개월 만인 지난해 7월 공정위가 발표한 10개의 신문사 지국 위반사례 중 동아일보는 4곳, 조선일보와 중앙일보는 각각 2곳으로 역시 대부분을 차지했다. 이를 신고한 10명에게 공정위는 1,189만 원의 신고포상금을 지급했다. 혈세가 이들 과점신문들로 인해 덤으로 낭비된 셈이다.

올 2월 1일 공정위가 내놓은 신문고시 위반사례도 별반 다르지 않다.

과도한 경품과 무가지를 제공한 신문 지국이 시민들에 의해 또 3건 적발됐다. 동아일보가 2건, 조선일보가 1건이었다.

동아일보 공주, 신관 지국은 독자들에게 선풍기나 토스트기를 지급하고 2~5개월 동안 무가지를 제공해 과징금을 부과받았고, 조선일보 용문 지국(경기 양평)은 선풍기와 함께 2개월분 무가지를 제공하다 덜미를 잡혔다. 공정위는 이 같은 신문판매고시 위반 행위를 신고한 3명에게 역시 588만 8,000원의 포상금을 지급키로 결정했다. 조선일보 방 사장이 "경품판촉은 싸구려"라고 한 지 불과 한 달도 채 안 돼 벌어진 일이다. 왜곡된 신문시장이 낳은 어느 지국장의 자살사건이 발생한 지 두 달도 되지 않은 시점이기도 하다. 지국 판촉에 끌어다 쓴 빚을 감당하지 못하고 급기야 신용불량자로 낙인찍힌 한 신문사 지국장의 자살사건은 국내 신문 판매시장이 얼마나 왜곡되었는지를 극명하게 드러냈었다. 신문전쟁에서 살아남기 위해 감당하기 힘든 돈을 쓴 지국장이 비단 그뿐이겠는가.

지역일간지들은 거대한 자본력과 무모한 경품, 무가지 살포 등 위법을 앞세운 이들 과점신문들 때문에 "도저히 어찌해 볼 재간이 없다"고 푸념을 늘어놓기 일쑤다. 어제 오늘 일이 아니다. 오죽하면 "범죄집단으로 남을 것인가? 신문사로서 기본을 지킬 것인가?"라는 언론노조위원장의 경고장이 나왔겠는가.

조선일보와 중앙일보 두 신문사 지국에서 설을 앞두고 돌린 '구독무기'가 화근이 됐다. 무료구독권과 백화점 상품권이 하필 신학림 전국언론노조위원장 집에 날아들어 딱 걸린 것이다.

신 위원장은 최근 노조 홈페이지에 공개한 '약탈적 판매행위로 신문시장을 파괴하고 있는 조선일보, 중앙일보에 대한 경고장'에서 비판과 대안을 제시해 주목을 끌었다. 조선일보의 방상훈 사장과 중앙일보의 송필호 사장, 사주인 홍석현 전 회장에게 쓴 편지 형식의 경고장엔 많은 메시지가 함축돼 있다.

그는 한마디로 "중앙일보가 신문시장에서 차지하고 있는 높은 점유율은 지난 10여 년 동안의 물량 공세를 통한 시장 파괴와 약탈적 판매행위에서 기인한 것"으로 못 박았다.

신 위원장은 조선일보의 불공정 판매행태 또한 함께 지적하며, 지난 1월 방 사장이 자사 노조와의 신년 인터뷰에서 내뱉은 말을 고스란히 돌려줬다. "독자 매수는 신문의 품질에 자신이 없기 때문이라고 말한 그가 스스로 (조선일보를) 싸구려 전단이라고 인정하는 꼴이 됐다"고 신랄하게 비판했다.

신 위원장은 "10퍼센트밖에 안 되는 구독료 수입과 90퍼센트 정도의 광고수입에 의존하는 구조로 도대체 언제까지 버틸 수 있다고 보느냐"고 물은 뒤 불법, 탈법, 약탈적 판촉행위를 통해 구독료 수입을 무시하고 광고 싹쓸이를 통한 또 다른 신문시장 초토화 작전을 경계해야 함을 강조했다.

그는 "정공법을 택해 신문시장 정상화를 위해 불법 판촉행위를 중단하고 공정한 경쟁을 통해 독자들이 스스로 신문을 선택하도록 해야 한다"고 주장하면서 "제작비를 보충하기 위해서라도 구독료를 차라리 단계적으로 인상하라"고 주문하기도 했다.

"불법 판촉행위를 당장 그만두라"는 그의 마지막 경고였지만 공정위

신고포상금제를 비웃고 있는 과점신문 사주들은 이를 어떻게 받아들일지, 두고 볼 일이다.

이런 상황을 지켜보는 지역신문 종사자들의 마음은 착잡하기만 하다는 반응이다. "너 죽고 나 죽자는 식의 중앙일간지들의 마케팅 방식이 사라지지 않는 한 더 이상 버틸 재간이 없다"는 것이다.

일각에서 제기되는 수백억 원의 경품 판촉비용도 들지 않고 공동 배달로 비용도 줄일 수 있는 신문유통원의 참여확대 방안에 촉각을 곤두세우면서도 중앙의 과점신문들의 판매시장 교란전을 그저 바라만 봐야 하는 현실 앞에 자괴할 따름이다.

2006년 2월 4일

과거엔 조·중·동 경품공세에 어떻게 대처했을까?

지난 2003년 2월 3일로 거슬러 올라가 당시 민언련이 발표한 성명을 보면 정답은 아니지만 이 물음에 대한 어느 정도의 갈증은 해소할 수 있다. 신문사 자전거 경품에 대한 공정위 조사를 촉구하는 이 성명의 제목은 '공정위는 즉각 조사에 나서라'이다. 내용은 다음과 같다.

"공정거래위원회가 신문사들의 자전거 경품제공행위에 대해 '타인 사업방해 혐의' 여부를 조사할 것인지 검토 중이라고 한다. 3일 한겨레의 보도에 따르면, 지난달 28일 자전거 대리점 운영자들이 '신문사들의 자전거 경품 제공으로 피해를 입었다'는 내용의 진정서를 제출함에 따라 공정위가 조사를 검토하게 되었다는 것이다. 본회는 공정위의 때늦은 '조사 검토'에 반가움보다는 안타까움이 앞선다.

본회를 포함한 언론운동단체들은 공정위가 나서 신문시장의 파행을 시급히 해결하라고 누차 요구해 왔다. 신문 불공정판매행위의 부작용은 신문시장 왜곡의 문제를 넘어 과당경쟁 과정에서의 인명 피해 등 심각한 수준으로 확대될 것이라고 경고하기도 했다. 그러나 공정위는 이와 같은 경고를 외면하고 적극적인 규제에 나서지 않았다. 사실상 신문시장 파행에 대해 직무유기를 범해왔던 것이다. 그리고 공정위의 직무유기가 지속되는 과정에서 신문사들의 불법판매행위는 엉뚱한 피해자를 낳았다.

지난해 연말부터 몇몇 언론운동단체에는 신문사들의 자전거 경품으로 인해 생계를 위협받고 있다는 자전거 판매상들의 호소가 이어졌다. 본회를 포함한 언론운동단체의 관계자들이 공정위를 방문해 이들의 절박한 상황을 알리고, 대책 마련을 촉구하기도 했다.

　그럼에도 공정위는 자전거 판매상들이 규제를 요구하는 진정서까지 제출하고, 그에 따라 신문사들의 경품제공에 대한 비판 여론이 확산되고서야 '타인사업방해 혐의'를 '조사 검토' 하겠다고 한다. 우리는 그동안 이 같은 사실을 모르지 않았던 공정위가 조·중·동을 중심으로 한 신문사들의 눈치를 살핀 것이라고 판단할 수밖에 없다. 아울러 정당한 규제 권한을 가진 국가기관마저 거대언론의 눈치를 살펴야 하는 현실에 서글픔마저 느낀다.

　우리는 공정위에 다시 한번 강력하게 요구한다. 신문사들의 자전거 경품제공행위에 대해 즉각적인 조사를 실시하라. 이번에도 공정위가 조사 여부를 '검토'만 하고 실행에 옮기지 않는다면 공정위에 대한 사회적 불신은 회복할 수 없을 지경에 이를 것이다. 또한 공정위는 자신들의 직무유기가 신문 불법판매행위로 인한 제2, 제3의 피해자를 낳을 수 있음을 명심해야 할 것이다. 공정위가 시장의 질서를 세우고 불공정거래로 인한 피해자들을 구제하지는 못할망정 또 다른 피해자를 양산해서야 되겠는가."

　그러나 과연, 지금은 얼마나 달라졌을까?

"언론의 파시즘이 부른 끔찍한 결말?"

대한민국 생명공학의 새 장을 열었다던 황우석 신화가 논란 끝에 몰락했다. 이성과 진실의 편에서 언론이 제 기능을 다 수행했는지 냉철하게 반추하며 뼈아픈 자성을 할 수 있도록 계기를 만들어 주었다는 점에서 그나마 위안을 삼는다면 지나친 유추일까.

황우석 신화의 몰락은 저널리즘의 본연을 다시 한번 평가하고 반성할 수 있는 계기를 가져다주었다. 곧 진실이 가려지려는 찰나였음에도 언론은 광기와 홍분의 도가니에서 마지막 순간까지 의제설정권의 헤게모니를 놓치지 않으려고 발버둥치는 구태를 다시 한번 보여 호된 비난의 화살을 받았다.

들끓었다가 곧 식어 버리는 냄비근성을 믿고 금세 요리하려는 '냄비 저널리즘'의 관행이 아직도 언론계 내부를 지배하고 있음이 이번 황 교수 사태에서 다시 나타났다. 일부 건강한 언론매체들이 이를 묵과하지 않았기에 망정이지 추악한 저널리즘과 온갖 센세이셔널리즘이 동원될 뻔했다. 참으로 부끄러운 일이 아닐 수 없다.

특히 보수신문들은 언론사의 방향성에 따라 같은 사건을 달리 틀 짓고 쉽게 흥분하며 요란을 떨다가 정책을 비판하며 슬그머니 발톱을 감추는 식의 보도행태를 유감없이 보였다는 비판을 면치 못하게 됐다.

초기 황 교수 팀의 연구성과를 앞다퉈 보도했던 '발표 저널리즘'은 과열된 속보경쟁으로 '경마 저널리즘'으로 치달았다. '국민적 영웅' 혹은 '황우석 신화' 만들기 경쟁은 급기야 일거수일투족을 미화시킴으로써 '치어리더 저널리즘'의 형태로 변했다.

이런 가운데 과점 보수신문들은 MBC 〈PD수첩〉이 취재윤리 문제로 수세에 몰리게 되자 일제히 발톱을 세우며 한 언론사를 집단 공격하기도 했다. '린치 저널리즘' 또는 '하이에나 저널리즘'까지 보여준 셈이다. '생명과 윤리문제는 인기나 포퓰리즘으로 덮을 문제가 아니다'라는 신중론이 언론계 내부에서 나왔음에도 불구하고 한 방송사를 거냥한 비이성적인 비난과 한 교수에 대한 맹목적 지지는 영락없는 '갈퀴 저널리즘'을 보는 듯했다.

"우리나라의 좌파 매체와 좌파 성향의 인사들은 한결같이 MBC 〈PD수첩〉을 옹호하거나 더 나아가 황우석 깎아내리기에 동조하고 있다"며 오마이뉴스와 서프라이즈, 프레시안 등 특정 매체를 지칭하면서 '보통 사람들에 대한 마녀사냥꾼'으로 폄훼했던 조선일보의 칼럼은 누구라도 한번 걸렸다 하면 가차 없이 뭇매를 가하면서 여론의 적으로 만들고자 하는 '가차 저널리즘' 적인 단면까지 내비쳤다.

아직도 '황우석 보도'에 많은 지면을 할애하면서도 고비마다 초점을 흐리고 말았다는 언론단체의 비판을 받아온 조·중·동은 소극적으로 사태의 결론을 내리려 하고 있다는 측면에서 또 다른 비난을 사고 있다.

그런가 하면 경향신문은 24일 「언론의 본연을 되새긴다」의 사설에서 "우리 신문은 과연 이성과 진실의 편에 제대로 서고자 성찰했던가. 우리는 그렇지 않았다고 답할 수가 없다"며 자성을 다짐해 대별되었다.

황우석 교수의 줄기세포 논란이 최근 한 달여 동안 집중조명을 받아오면서 무엇이 진실이고 거짓인지 수시로 논란이 반전되었지만 논조는 마치 색깔을 드러내듯 천차만별을 이뤄왔음을 알 수 있다.

이런 와중에 지역의 일부 종이신문들은 중앙 주류 매체들의 의제를 쫓다가 낭패를 당하기도 했다. '영웅과 우상' '파천황적 성과' '노벨상에 근접한 세계적인 과학자'라며 황 교수의 일거수일투족을 사설에 담아 신화 만들기에 주력해온 중앙의 보수신문들과 마찬가지로 일부 지역 일간지들은 이제 와선 애써 독자적인 결론을 내리려 하고 있다. '왜 그랬을까?'라며 꼬리를 내리며 광기를 자제하려는 중앙의 보수신문들과 크게 다를 바 없어 보인다.

'황우석 보도'가 중앙에선 보수와 진보, 주류 매체와 인터넷 매체로 크게 대별된 가운데 지역에서도 부산, 대구, 광주, 대전 등 대규모 광역도시에서 발행되는 일간지들은 적극적으로 의제를 다뤄왔다. 반면 군소도시 지역일간지들은 소극적인 자세로 관망해왔다. 또 시시각각 의제가 돌변하거나 사태의 본질을 흐리는 언론의 보도행태를 비판하는 인터넷 신문도 있었다.

황우석 교수와 관련된 보도를 지속적으로 다뤄왔던 지역일간지들 가운데 부산일보는 24일 「황우석 충격 딛고 다시 일어서야 한다」는 사설에서 "참담한 심정이라는 말 말고는 뭐라고 달리 우리들의 마음을 표현할 길이 없다"고 표현했다. "의혹이 다 밝혀진 것은 아니지만 이럴수록 생명공학에 대한 우리의 관심과 지원이 줄어들어선 안 된다"며 여운을 남겼다.

국제신문도 이날 사설 「황 교수 사건, 생살을 도려내더라도」에서 "허탈하고 통분하다"며 "정부와 학계, 언론을 포함한 한국사회 전체가 이 사태에 부끄러움을 느껴야 한다"고 애써 결론지음으로써 그동안과는 다른 모습을 내비쳤다.

영남일보도 사설 「황우석 신화의 몰락이 남긴 교훈」에서 "어떻게 이런 일이 일어났는지 어리둥절할 뿐"이라며 "황 교수 사태를 우리 사회가 한 단계 도약하는 계기로 삼아야 한다"고 주장했다.

매일신문은 사설 대신 「교수사회 논문표절 도용 전에도 많아」라는 스트레이트 기사를 통해 지역 학계의 논문표절 도용 사례를 들며 왜 이 같은 일이 반복되는지에 관심을 돌렸다.

그동안 황우석 사태와 관련한 의제를 사설에서 많이 다룬 광주일보 역시 23일 「한국의 생명공학 후퇴해선 안 된다」는 사설에서 "비록 황 교수는 몰락했지만 연구를 계속해 생명공학이 후퇴하는 일은 없어야 한다"며 아쉬움을 남겼다.

황 교수 고향인 대전·충남 지역 일간지들의 아쉬움과 미련은 사설에서 더욱 절절해 보였다. 대전일보는 24일 사설 「줄기세포 사태가 황 교수 혼자 책임인가」에서 "비록 논문 문제가 발생했지만 황 교수의 젓가락 손 기술은 아직도 국제 과학계가 인정하고 있다"면서 "잘잘못은 당연히 짚어야 하지만 이번 사태를 황 교수 혼자만의 잘못으로 치부하려 해선 안 된다"고 지적했다.

중도일보 역시 이날 사설 「그래도 연구는 계속돼야 한다」에서 "노벨상에 근접한 세계적 과학자가 과학을 더럽힌 거짓말쟁이로 추락하는 오늘은 비통하고 참담하다"며 그러나 "꾸준한 지원으로 세계가 찬탄할 연구성과를 내도록 하는 것만이 논문조작 파문이 몰고온 패닉 상태를 치유하고 신뢰를 회복할 수 있는 길"이라고 결론지었다.

그러나 이번 황우석 사태와 관련해 강원, 전북, 제주지역의 일간지들은 속보성 스트레이트 기사 외에는 별다른 논조를 드러내지 않았다. 지역 현안을 주된 사설의제로 채택하는 대신 중간자적 입장에서 관망해온 이들 지역일간지들은 부산과 대구, 광주, 대전지역의 일간지들과는 의제설정의 취향이 다름을 이번 황 교수 사태에서 보여줬다.

그런가 하면 지역일간지 중 미디어면을 운영해온 경남도민일보는 줄기세포 논란의 윤리 적용 잣대가 다른 언론사들의 보도행태를 비판하는 등 한점 의혹 없는 진실규명을 거듭 촉구하는 사설과 칼럼들을 초지일관 게재함으로써 차별성을 보였다.

지역의 인터넷신문들 가운데 몇몇은 이번 황 교수 파문과 관련해 주류 언론사들의 과열된 보도경쟁과 문제점들을 꾸준히 비판해왔다. 광주

지역 인터넷신문인 시민의소리는 최근 「언론의 파시즘이 부른 끔찍한 결말」의 기사에서 "줄기세포 논란을 다룬 지역 일간지들의 보도행태가 실체 접근보다는 네티즌 선동에만 열중하는 등 엇갈린 윤리 잣대를 적용했다"며 혹독한 비평을 가해 시선을 끌었다. 「지역언론사들의 보도윤리 정립이 시급하다」란 제목의 이 기사는 광주일보와 전남일보의 최근 사설을 예로 들면서 "〈PD수첩〉에 가했던 언론윤리는 YTN에게는 적용되지 않은 점을 못내 아쉬운 대목"으로 지적했다.

또 대구지역의 인터넷신문 평화뉴스도 이번 사태와 관련해 "생명과 윤리는 인기나 여론으로 덮을 문제가 아니었다"며 "언론은 국민 앞에 석고대죄해야 한다"는 언론단체의 성명을 줄곧 부각시켜 옴으로써 종이신문들과 차별화를 시도한 점이 돋보였다.

2005년 12월 24일

박봉에 허덕이고,
소송에 휘둘리고……

지역신문 기자들이 소송에 휘말리는 사례가 늘고 있다. 개정된 언론중재법 시행 이후 지역일간지와 인터넷신문을 상대로 한 조정신청 건수도 급격히 증가하고 있다.

언론사가 수적으로 많은 지역일수록 이 같은 현상이 두드러지게 나타난다. 한 지역에 지역신문사가 10개가 넘는 광주 · 전남지역과 9개에 달하는 전북지역의 경우 언론중재위원회의 조정신청 건수가 타 지역에 비해 월등히 높다.

지난 7월부터 개정 시행되고 있는 언론중재법은 언론 피해자가 중재를 신청할 수 있는 절차와 기간이 대폭 완화되었고, 조정 중재과정에서도 소송을 제기할 수 있게 됐다. 또 언론보도의 직접 피해자가 아닌 제3

자도 언론중재위에 시정권고를 요청할 수 있으며, 금전적인 손해배상도 중재위를 통해 신청할 수 있게 됐다. 문제는 그에 따라 소송이 잦아지고 있다는 사실이다. 게다가 개정 언론중재법은 인터넷신문을 대상으로 한 신청도 가능케 했다. 지역신문보다 경영 여건이 더 열악한 지역인터넷신문이 소송에 휘말릴 경우 후유증과 타격은 더욱 클 수밖에 없다. 언론중재위원회를 통한 조정 신청이 늘면서 중재가 이뤄지지 않을 경우 법정으로 비화되는 경우도 잦다.

일간지 많은 지역일수록 언론중재 신청 건수 상대적으로 높아

올 3/4분기까지 전국 11개 언론중재부에 조정신청된 건은 모두 531건. 이 가운데 중앙일간지는 195건으로 가장 많고, 지역일간지는 124건, TV 89건 등의 순으로 나타났다. 지난해 같은 기간에 비해 중앙일간지의 경우 272건에서 77건이나 감소했지만 지역일간지는 지난해 93건에서 31건이 증가했다.

지난해 3/4분기까지 126건의 조정신청이 접수됐던 지상파TV의 경우도 올 3/4분기까지는 89건으로 37건이 감소한 반면 새로운 언론중재법 시행으로 인터넷신문은 올 들어 9건의 조정신청이 이뤄졌다.

지역별로 보면 올 3/4분기까지 조정신청된 건수는 경기 중재부가 53건으로 가장 많고, 광주 중재부 27건, 전북 중재부 21건, 부산 중재부 19건 등의 순으로 나타났다.

이 가운데 전북지역은 지난해 같은 기간 3건에서 무려 7배가 증가했으며, 광주지역도 지난해 13건에서 올 들어 27건으로 두 배 이상 증가했다. 신문사가 수적으로 난립한 지역일수록 신청 건수가 상대적으로 증가하고 있는 것이다.

이런 가운데 민선시대, 표를 의식한 자치단체장들은 재임 시 자신의 비판 기사에 매우 민감한 반응을 보이며 소송을 제기해 명예회복에 적극적인 대응을 하고 있다. 언론중재위원회를 통한 일반인들의 조정신청 건수도 지역에서 크게 증가하고 있다.

언론중재위원회를 통한 실질적 피해구제율이 지난해 64.0퍼센트에서 올 들어 61.0퍼센트로 다소 감소했다. 하지만 여전히 조정불성립 결정이 많아 60퍼센트 대를 맴돌면서 중재가 이뤄지지 않을 경우 법정으로 비화되는 경우가 줄어들지 않고 있다.

민선 자치단체장들 언론 상대 명예훼손 소송 증가

최근 전남지역의 한 자치단체장은 뇌물수수 혐의로 검찰 수사를 받고 있는 과정에서 그 사실을 보도한 방송사 기자를 명예훼손 혐의로 고발하고 손해배상 소송까지 준비하고 나서 파장이 커지고 있다.

뇌물수수 혐의(특정범죄가중처벌 등에 관한 법률 위반)로 검찰 수사를 받고 있는 전남 순천시장의 가족들은 "아직 법률적으로 확정되지 않은 사실에 대한 명예훼손성 보도를 했다"며 관련 보도를 낸 기자를 명예훼손 혐의로 고발하는 등 손해배상을 청구하겠다는 입장을 밝혔다. 지역언론계에 파문이 인 것은 당연한 일이다. 해당 언론사와 지역언론단체 등은

"자치단체장 측의 주장과 검찰의 구속영장을 바탕으로 기사를 작성한 해당 기자에게 재산까지 가압류하는 소송을 한다는 것은 언론자유를 억압하고 재갈을 물리려는 의도"라며 반발하고 있다.

전북지역의 한 자치단체장도 2002년 지방선거를 앞두고 자신을 낙선시키기 위해 허위사실을 유포했다는 이유로 지역일간지 대표와 기자 등을 상대로 명예훼손에 따른 10억 원의 손해배상 청구소송을 내는 등 사적인 내용의 지역언론 보도 행태에 매우 적극적인 대응을 취하고 있다. 이 자치단체장은 최초 소송을 제기했던 언론사와는 또 다른 지역일간지 기자까지 사실과 다른 보도로 자신의 명예를 훼손시켰다며 추가로 소송을 제기했다.

열악한 경영환경에서 거액 소송까지 휘말려

전북 정읍의 한 지역인터넷신문은 더욱 심각한 상황에 직면했다. 이 인터넷신문은 최근 메인면에 사고기사를 내고 「본보 기자가 구속되었습니다」라는 제목과 함께 소송과정에서 드러난 도덕적인 문제점 등을 시인하고 사과의 뜻을 함께 실어 시선을 끌었다.

"'정읍시청 고위직 인사가 인사로비를 시도했다' 고 보도한 본보 기자가 구속 수감됐다"고 밝힌 이 인터넷신문은 "'사실무근인 허위보도로 인해 명예를 훼손당했다' 며 형사소송을 제기해 와 신문사 간부와 해당 기자가 그동안 수차례 경찰 조사를 받아 왔다"며, 이 과정에서 해당 기자는 정정보도 및 10억 원의 손해배상 청구로 엄청난 중압감을 받아 왔음을 밝혔다.

이 인터넷신문은 "사건의 시작을 알리는 보도를 함에 있어서 표현의 윤리를 위반했다는 차원에서 비난받을 소지가 충분하다"며 "머리 숙여 정중히 사과를 드린다"는 말로 끝을 맺었으나 지역언론계에서는 적지 않은 충격으로 받아들이고 있다. 일부 지역언론사들 가운데는 경영 형편이 어려워 고문 변호사가 없거나 법적인 소송이 진행되는 동안 해당 기자들에 대한 소송 뒷받침이 극히 미약하기 때문이기도 하다.

이 같은 소송 증가는 공정하고 신뢰성을 갖춘 공공영역으로서의 충실한 로컬 저널리즘의 기능 수행을 가져올 수 있다는 긍정적인 시각과 함께 열악한 환경에서 근무하는 지역언론 종사자들을 더욱 위축시키고 지역의 언론자유를 훼손시킬 우려가 높다는 시각이 엇갈리고 있다.

특히 기자 개인을 상대로 한 소송이 최근에는 수억 원에서 수십억 원에 이르는 경우가 일반화되다시피 해 한 번 소송에 휘말리면 소송에 따른 비용 및 시간 등의 인적 · 물적 손실로 인해 취재 활동에 제약이 뒤따르기 마련이다. 이런 이유 때문에 지역 기자들의 취재 활동이 소극적이거나 출입처 기자단에 의존하려는 경향이 짙다.

언론사를 상대로 한 소송이 자주 발생하면서 일부 지역언론사 사주들은 "각자가 알아서 수습하라"는 식의 냉담한 반응을 나타내 보이기도 한다. 감시 · 비판 기능이 위축되고 무뎌질 수밖에 없는 요인 중의 하나다.

언론사 상대 법적 대응 남용으로 로컬 저널리즘 더욱 약화

이 바람에 증거자료가 부족한 데다 변호인을 선임할 경제적 능력이 없는 지역언론사 종사자들이 소송에 패소하는 사례도 늘고 있다. "기자 건강은 회사 사정에 비례한다"는 말이 중앙언론사 종사자들 사이에서 통용되고 있다지만 지역은 이런 일이 생길 때마다 푸념만 늘 뿐이다.

이 때문에 신생사 또는 경제사정이 넉넉지 않은 마이너 그룹의 지방언론사 경력기자들은 이보다 환경이 나은 같은 지역언론사로 옮겨 다니는 경우를 쉽게 찾아 볼 수 있다.

2~3년 경력을 쌓으면서 출입처 기자실에서 제법 인정을 받을 무렵이면 어김없이 스카우트 제의가 오가며 금세 옷을 바꿔 입고 전과 똑같은 출입처에서 취재 활동을 하는 사례도 비일비재하다. 언론사를 상대로 한 법적 대응의 남용은 자칫 로컬 저널리즘 기능을 더욱 약화시킬 수 있다는 우려감이 팽배해지면서 이탈 또는 전직 현상은 더욱 심화되고 있다. 어떤 형태든 대 언론 소송은 언론사 또는 해당 기자에게는 상당한 부담으로 작용하고 있기 때문이다. 법적 대응이나 남용이 언론자유에 대해 일정 부분 제약이 될 수 있다는 주장이 나올 법도 하다.

그러나 지나친 속보성 특종 경쟁과 감성적 접근이나 선정적인 보도, 피의사실 미확인 보도는 분명 문제다. 소송이 좀처럼 줄지 않고 되레 줄을 잇는 추세에서 보다 신중한 접근이 필요하다.

2005년 12월 9일

강화된 언론중재법 시행 후 1년

언론피해에 대한 손해배상 청구 및 인터넷신문에 대한 조정 등을 새로 도입한 언론중재법이 시행된 지 2006년 7월 28일로 1년이 되었다.

언론중재법 시행 1년 동안 언론중재위원회가 처리한 손해배상 청구사건은 전체 청구 건수의 약 30퍼센트에 달하고, 평균 손해배상 조정액은 약 360만 원인 것으로 나타났다. 반면 신청인의 청구액은 평균 1억 7,000여 만 원으로 집계돼 조정액과 상당한 차이를 보였다.

언론중재위원회가 언론중재법 시행 1주년을 맞아 새로운 제도의 운용실태를 집계한 자료(손해배상 청구사건 현황)에 의하면, 지난 1년간의 총 청구 건수는 1,097건으로 언론중재법 시행 전 연간 청구 건수(678건)에 비해 증가추세를 보였다. 전체 청구사건 가운데 정정보도 청구사건이 절반이 넘는 569건(51.9퍼센트)으로 가장 많았고, 손해배상 청구사건 305건(27.8퍼센트), 반론보도 청구사건 196건(17.9퍼센트), 추후보도 청구사건 27건순으로 나타났다. 청구별 피해구제율은 추후보도, 반론보도, 정정보도 청구 순으로 나타났지만 그 차이가 미미하였다. 새롭게 조정 대상에 포함된 손해배상 청구사건의 경우 다른 청구사건에 비해 다소 떨어지지만 피해구제율 53.4퍼센트라는 상당한 결과를 나타냈다.

언론중재위원회는 신청인이 과도한 손해배상액을 청구하는 사례가 간혹 있지만 각 중재부가 합리적인 금액을 제시, 양 당사자의 동의를 이끌어냄으로써 손해배상 청구제도가 신속하고 효과적인 언론분쟁 해결의 한 방법으로 정착되어, 소송절차에 따른 시간과 경제적 비용 등을 절감하게 됨으로써 언론피해자와 언론사 모두 '윈-윈'하는 결과를 낳고 있다고 분석했다. 또한 언론중재법 시행으로 언론보도로 인한 피해 외에 초상권 침해로 인한 손해배상 청구사건도 처리하는 등 언론중재위원회가 종합적인 언론분쟁조정기관으로 자리매김하게 되었다고 평가했다.

한편, 매체 유형별 처리결과를 살펴보면, 신문이 전체 사건의 67.5퍼센트인 741건으로 가장 많은 비중을 보였고, 이어 방송 232건(21.1퍼센트), 인터넷신문 89건(8.1퍼센트), 잡지 순으로 나타났다. 언론중재법 시행 이후 새로 조정·중재 대상이 된 인터넷신문에 대한 청구가 전체 사건의 8.1퍼센트 정도에 그치고 있으나, 현행법상 피해구제의 길이 막혀 있는 언론사닷컴과 포털 등도 인터넷신문에 포함되도록 법 개정이 이루어진다면 향후 인터넷신문에 대한 조정신청이 급증할 것으로 보인다.

언론중재법은 서면 외에 전자우편이나 구술에 의한 조정 및 중재신청이 가능하도록 신청인의 편의를 도모하였는데, 그 효과가 상당하여 인터넷 신청이 235건(21.4퍼센트), 구술 신청이 36건(3.3퍼센트)으로 전체 처리 건수 중 약 25퍼센트가 새로운 신청 방법을 통해 사건이 접수되었다고 언론중재위원회는 밝혔다.

2장

누가 지역을 몰아세우나

대립과 갈등 속 지역언론

분권시대, 지방의 진정한 중앙언론은? ■ 균형발전 바라보는 '싹쓸이' 논리 ■ 가까이하기엔 너무 먼 '통합' ■ 제주 군사기지를 서울에 세우려 한다면? ■ 농업과 지역은 버리고 가잔 얘긴가? ■ 마주보고 달리는 '고속철 의제', 누가 진실? ■ 서진정책과 립 서비스 사이 ■ 소통·불통·꼴통……, 그 뒤엔 어떤 저널리즘이? ■ 만세 혹은 유감, 두 얼굴의 새만금 저널리즘 ■ 지역 살찌면 조·중·동이 문 닫기라도 하나? ■ "어쩐지 지방신문이 잘 안 팔린다 했더니……"

분권시대,
지방의 진정한 중앙언론은?

서울에서 발행되는 신문들이 지방언론 판매시장에서의 우월적·지배적 지위를 누리고 있음에도 지방 이슈에 대해 관심을 보여주지 못하고 있다는 비판이 일고 있다.

대구에 본사를 두고 대구·경북 소식을 주로 다루고 있는 지역인터넷신문 평화뉴스는 최근 "서울일간지들이 운영하고 있는 인터넷신문에 지역이 배제됐다"는 기사를 실어 주목을 끈다.

평화뉴스 유지웅 기자는 서울에서 발행되는 주요 일간지 5곳의 인터넷 홈페이지를 관찰·분석한 기사에서 지역 구독률이 비교적 높은 한겨레와 중앙일보의 인터넷신문에서 "지역기사 찾기가 불편하다"고 문제를 제기했다. 유 기자는 "한겨레는 인터넷 홈페이지에서 '사회' → '지역'으로 이어지지만, 영남·호남·충청 같은 지역 구분이 없어 기사 제목이나 본문에서 '해당 지역기사'를 찾아야 한다"고 지적한 데 이어, "중앙일보는 아예 '전국'이나 '지역'란이 따로 없다"고 했다. 또 "조선일보도 '영남' '호남' 식으로 지역 구분은 해놨지만 메인 화면 '사회'란을 먼저 거쳐 '지역'으로 들어가야 되며, 동아일보도 '사회'란을 거쳐 '내 고장 소식'으로 가야 지역기사를 볼 수 있도록 했다"고 문제점을 들춰냈다. 홈페이지를 비교적 상세하게 지역별로 구별해 놓은 경향신문과는 대조적으로 대부분 전국지들은 '사회'란에서 지명이나 지역 기자의 이름을 검색해야만 해당 지역 기사를 볼 수 있는 시스템을 유지하고 있기 때문이다.

게다가 5개 전국지 가운데 지역면을 PDF(지면보기) 파일로 볼 수 있는 곳은 조선일보와 동아일보뿐이다. 대부분 전국지들은 신문 본지 가운데 '지역면'을 운영하면서 각 지역에 따로 배포하고 해당 면의 광고도 지역의 백화점이나 상가 등에서 수주한 광고로 채우고 있지만, 정작 중요한 지역 정보나 뉴스를 담아야 할 지역면은 소홀히 취급하고 있다는 것이다. PDF에서 빠진 지역도 많지만 수도권은 꼬박꼬박 싣고 있다는 평화뉴스는 "전국지의 지역엔 수도권뿐"이라고 비판했다.

실제 전국지의 지역 홀대는 지면에서도 쉽게 찾아볼 수 있다. 주요 전국지들이 하루 평균 40~50면을 발행하고 있지만 지방면은 단 1~2개 면에 불과하고 그것도 중부권, 호남권, 영남권 등 권역별로 나눠 광역자치단체 2~3개 지역을 함께 처리하는 게 고작이다. 지방면의 기사들도 언론 본연의 기능을 발휘하는 데 필요한 기사라기보다는 미담이나 행사, 화제 등 이른바 연성기사가 주류를 이루고 있다. 사설도 마찬가지다. 문경민 지역신문발전위원이 조사·발표한 자료에 따르면 지난 2001년과 2002년 사이에 동아일보, 조선일보, 중앙일보, 한겨레 4개 전국지의 사설 6,523개 가운데 비수도권을 공간적 소재로 다룬 사설은 전체의 3퍼센트에 불과했다. 여기에서도 호남권과 관련된 사설은 고작 0.9퍼센트에 그쳤다.

특히 조·중·동 3사의 비수도권 독자 비율이 발송부수 기준 점유율의 40퍼센트대인 점을 감안하면 지방 독자에 대한 배려가 얼마나 소극적인지를 알 수 있다. 그나마 사설에서 다룬 지방 의제들은 일회적이거나 사건사고 또는 흥미와 관련된 것들이어서 '삽화적 지방' '변고적 지방' '흥미적 지방' 이라는 서울 중심적 시각과 틀을 더욱 각인시키고 있음을 주시할 필요가 있다는 게 문 위원의 지적이다.

이 같은 상황임에도 지역 소식을 대부분 전달하고 있는 지역일간지의 가구 구독률은 5.7퍼센트대에 불과한 실정이다. 나머지 판매시장을 전국지들이 석권하는 현상이 지속되고 있는 것은 지역민들의 언론에 대한 제반 인식부족과 서울 중심적 사고, 허위의식에서 비롯된 것으로 풀이된다. 특히 지방분권 흐름에 따라 '서울 중심' 이 짙게 배인 '중앙(일간)지' 라는 말보다 '전국(일간)지' 라고 불러야 한다는 지적이 시민들 사이에서도 제기되고 있다. 그럼에도 지방분권에 반대적인 시각이 팽배한 서울 언론을 '중앙언론' 또는 '중앙기자실' 이라고 간판을 내걸고 호칭하는 각 자치단체장들의 행태는 재고돼야 마땅하다는 것이다.

최근 충남도가 기존 지방기자실과 중앙기자실을 통합하고 있는 것은 바로 이러한 맥락에서 비롯된 것으로 볼 수 있다. 분권시대, 지방에서 중앙지는 그 지역에서 발행되는 지역일간지들이어야 함에도 서울에서 발행되는 신문 또는 지역 주재기자들의 기자실이 '중앙언론' 또는 '중앙기자실'이란 명칭으로 사용되고 있는 데 대한 반감에서 비롯된 것이라는 점에서 주목할 필요가 있다.

2007년 9월 30일

충남도청 기자실, 그 후 어떻게 됐나?

지방과 중앙으로 나뉘어 운영됐던 충남도청 기자실의 부분 통합을 위한 내부 리모델링 공사가 2007년 9월 완료됐다. 그 후 브리핑 시설을 갖게 되는 등 공간구조도 달라졌다.[3]

충남도는 2007년 9월 7일부터 11일까지 도청 지방기자실 및 중앙기자실의 내부 리모델링 공사를 통해 지방기자실의 면적을 넓혔다. 공사 전 지방기자실의 면적은 78.6평방미터(23.8평)였고 중앙기자실은 64.7평방미터(19.6평)였다. 지방기자실과 중앙기자실을 나누고 있던 칸막이를 중앙기자실 쪽으로 1.8미터 정도 이동한 공사로 지방기자실은 91.5평방미터(27.7평)로 늘었고, 대신 중앙은 51.8평방미터(15.7평)로 줄었다. 결과적으로 지방이 12.9평방미터(3.9평) 늘어난 셈이다.

충남도는 늘어난 지방기자실 가운데에 회의용 탁자와 의자를 들여

놓고 그곳에서 지사를 비롯한 각 실국장들이 브리핑할 수 있도록 공간을 마련했다. 이처럼 도청 기자실이 부분 통합된 것은 그동안 지방의 경우 도청에 등록된 30개 언론사 50명의 출입기자 가운데 15~20명가량이 상주하면서 15개의 부스가 부족해 공간 부족에 허덕인 반면, 중앙기자실은 10개 부스에 3~4명이 상주하면서 큰 대조를 보여 통합에 대한 필요성이 제기돼왔기 때문이다. 그러나 기자들 내부의 통합 움직임은 중앙 기자들이 반대하면서 무산됐다가 이 지사의 중재 끝에 부분 통합 쪽으로 가닥이 잡혔었다.

3) 「충남도청 기자실, 부분 통합 추진」, 디트뉴스 24, 2007년 8월 28일.

균형발전 바라보는
‘싹쓸이’ 논리

싸늘한 ‘소스’를 대통령과 정부가 공급했다. 신문들은 ‘소스’를 이용해 기어이 싸움을 부추기고 있다. 수도권–비수도권, 중앙–지방으로 쪼갤 태세다.

문제의 소스는 ‘2단계 국가균형발전종합대책’이다. 25일 종합대책의 윤곽이 드러나자마자 신문들은 번득이는 날을 세웠다. 대칭적 구도를 절묘하게 그려낸 곳은 역시 사설이다. 발행하는 지역에 따라 논조와 이념적 스펙트럼이 확연히 다르다.

비판하는 쪽의 논거는 크게 세 가지다. ‘포퓰리즘적 정책’ ‘뺄셈형 정책’ ‘생색내기 정책’이라는 것이다. 비수도권 지역에서도 비판의 대상이 되고 있다는 점이 특이하다.

그러나 소스를 요리하는 과정은 비슷하나 결과는 완전히 다르다. 그간 깊게 패인 수도권과 비수도권의 골이 그 안에 담겨 있기 때문이다.

중앙언론의 논리 "억울하면 서울 오든지"

2단계 국가균형발전종합대책은 전국을 지역 발전 정도에 따라 4개 그룹으로 분류, 법인세를 차등 감면한다는 내용을 포함하고 있다. 전국 234개 기초자치단체의 인구·경제력 등 14개 지표를 평가해 4개 그룹으로 나눈 후 각각 법인세 감면 폭을 다르게 가져간다는 것이다. 이밖에도 기업이 지방대학에 기부하는 연구개발 설비를 연구개발 설비투자 세액공제 대상에 포함하고, 맞춤형 교육비용(기부금)에 대해서는 연구 및 인력개발비 세액공제 대상에 포함시키는 방안도 포함됐다. 또 지역발전 정도가 낮은 지역의 중소기업에 대해서는 건강보험료의 기업부담분을 최대 50퍼센트까지 감면하는 방안을 검토하는 한편 ▲산업용지 공급 확대 ▲선진형 의료서비스 공급 ▲지방대학 육성 ▲지방 사회개발투자 확대 등의 대책을 추진키로 했다.

서울에서 발행되는 신문들 가운데는 조선일보가 가장 먼저 불씨를 지폈다. 국가균형발전종합대책이 나오기 하루 전인 24일 사설에서 일찌감치 브레이크를 걸었다. 「균형발전론에 혁명적 발상의 전환을」이란 제목의 사설 서두에서 조선일보는 균형발전정책은 지금 세계의 대세가 아니라고 못박아 버렸다. 영국·프랑스·아일랜드 등의 예를 들었으나 "한국 대도시의 경제적 주름살은 지방으로 확산되면서 한국 전체에 경제적 주름살을 만들게 되는 것"이라고 결론을 내렸다.

중앙일보 역시 26일 사설 「정권 말에 내놓은 2단계 균형발전」에서 반대 논리를 펼쳤다. "정부 내내 균형발전을 추진했지만 지방이 살기 좋아졌다는 얘기는 들리지 않는다"며 "1단계 균형발전부터 재검토해야 하는 마당에 2단계로 판을 키우는 정부의 오기와 뱃심이 놀랍다"고 사설은 주장했다. "균형이라는 이름 아래 수도권과 지방을 나누는 게 시대착오적"이라고 한 중앙일보 사설은 "국민을 분열시키는 포퓰리즘 정책이 더 이상 안 통한다는 점을 모르는 것 같다"고 힐난했다.

동아일보도 27일 사설에서 주장을 분명히 했다. 「억지 균형정책 재검토가 답이다」란 사설에서 "수도권 발전을 억제하는 '뺄셈형 균형전략'"이라고 답을 내렸다. 또한 "효과에 비해 국민 부담이 너무 커 정상적으로는 지속되기 어려운 정책" "수도권 경쟁력을 키우는 데 주력하는 일본·영국·프랑스 등 세계의 대세와도 반대"라는 논지를 앞세워 반대했다.

이들 보수신문 사설의 공통점은 지방이 힘들고 어렵더라도 몇몇 대도시만 잘살면 된다는 과점논리가 번득인다는 것이다. 지방이 잘살면 '포퓰리즘'이고 균형발전은 수도권을 억제하는 '뺄셈형 발전'이라는 논리는 참으로 해괴하다. 이 말은 "억울하면 서울로 와" "억울하면 수도권으로 와"와 비슷한 맥락으로 읽을 수 있다.

지역신문도 균형발전대책 비판, 그러나 논리는 정반대

지역신문들이 사설에서 뿜어낸 2단계 균형발전 비판론은 이와 다른 차원이다. 2단계마저도 균형발전을 실현하는 데 아직 크게 미흡하다는 논리다. 조·중·동의 반대 논리와는 정반대다. 2단계 균형발전 선포식이 열린 경남지역부터 살펴보자. 기대가 컸던지 실망도 크다. 논평에서 묻어난다.

경남, "대통령 방문해서 기대했는데"

경남일보는 26일 사설 「균형발전정책 획기적 발상 전환을」에서 "균형발전은 세계적인 대세"라고 주장했다. "2단계 지역균형발전계획은 지방으로 이전하거나 지방에서 창업하는 기업에게 투자 촉진을 위해 법인세 감면을 비롯, 고용보조금 지원, 산업용지 공급, 대기업 지방투자에 대한 총출자제 예외 인정 등을 담고 있다"고 소개했다. 그런 뒤 "지금 정부의 남은 임기가 5개월여에 불과하기 때문에 제2단계 균형발전정책이 힘을 얻으려면 차기 대선후보들의 공약에 포함시켜야 한다"며 "참여정부는 지역균형발전을 외쳤지만 오히려 수도권 집중이 심화되고 있다"고 서운해했다. 특히 "진짜 균형발전이 되려면 규제완화와 분산에 획기적인 발상의 전환 정책이 시급하다"고 강조해, 앞서 "획기적인 발상의 전환"을 강조했던 조선일보 사설과는 분명 그 맥락이 다름을 알 수 있다.

경남도민일보도 27일 사설 「노 대통령 발언과 그 의미」에서 노 대통령의 '제2단계 국가균형발전 선포식' 참석에 앞선 마산 방문 발언에 무게를 두었다. "지역발전 프로그램의 성공을 위해서는 중앙정부의 적극적인 지원이 그 전제임을 고려할 때, 노 대통령의 이날 발언으로 '남해안 프로젝트'와 '마산 발전 5개 대안'의 추진에는 일정 정도 궤도수정이 불가피하다"고 지적했다. 화살은 도지사와 시장에게 돌아갔다. "지역발전의 기대감으로 부풀었던 주민의 상처받은 마음을 진정으로 헤아리는 지사와 시장이라면 '모 아니면 도' 식의 즉흥적 지역개발정책을 제시할 것이 아니라, 전문가 · NGO · 주민 등이 널리 참여하는 공론의 장을 통해 주민의 진정한 '삶의 질' 향상 방안을 찾아 추진해야 할 것"이라고 충고했다.

대통령 방문에도 불구하고 지역발전에 대한 비전과 희망이 제시되지 않았다는 느낌이 역력하다.

대구 · 경북, "이걸로 생색내지 마"

대구 · 경북지역의 불만은 더 노골적이다. 매일신문은 26일 사설에서 '생색용'이라며 비난했다. 「생색용에 그친 2단계 균형발전대책」이란 제목의 사설에서 흥분된 감정을 고스란히 드러냈다. 한마디로 "법인세 몇 푼 깎아 주는 정도로 수도권 기업이 지방으로 이전하지는 않는다"는 논리다. 사설은 "비수도권은 거점도시에 집중 투자해도 수도권을 따라 잡기 어려운 상태"라고 전제하면서 진정한 지역균형발전대책을 내놓을 것을 주문했다. 그게 참여정부에 주어진 마지막 과제라는 것이다.

분이 덜 풀렸던지 매일신문은 28일자 1면에 사나운 제목을 뽑아 심경을 전했다. 매일신문은 「수도권 집중화 반대 대구 · 경북 포문」의 기사를 통해 "최근 정부와 정치권의 잇단 수도권 규제완화 움직임과 관련, 수도권 집중화를 반대하고 지역균형발전을 도모하기 위한 1,000만 명 서명운동이 대구 · 경북지역에서 본격 점화됐다"는 소식을 비중 있게 다뤘다.

영남일보도 26일 「'2단계 균형발전' 기업이전 성과낼까」란 사설에서 회의적인 시각을 드러냈다. "정부의 균형발전정책은 여전히 불확실성이 농후하다"고 지적하고 "국가균형발전위의 지방발전 전략은 항상 이런저런 이유를 내세우는 정부 관련부서와 조율을 거치고 나면 용두사미로 전락하기 일쑤였다"고 꼬집었다.

광주·호남, "성에 차지 않는다"

호남지역도 크게 실망하는 분위기다. 광주일보는 26일 사설에서 양에 차지 않는다는 태도를 드러냈다. 「2단계 균형발전계획 실효성이 문제다」란 제목의 사설에서 "균형발전은 국가적 과제이자 시대적 요청"이라고 전제하면서 "정부는 지방에 대한 종합적인 인프라 구축과 규제완화 등 획기적 대책을 마련할 것"을 촉구했다. 2단계 균형발전정책의 실효성을 높여야 하는데 투자의 효율성 등을 들어 균형발전정책에 제동을 거는 행위는 바람직하지 않다는 것이다.

전남일보는 28일 「수도권 규제완화정책부터 철회하라」란 사설에서 "무엇보다 이번 2단계 균형발전대책이 지방 사람들에게도 환영받지 못하는 것은 정부 정책에 일관성이 없기 때문"이라고 일갈했다. "정부가 진정으로 지방을 생각한다면 임기 말에 새로운 균형발전대책을 내놓기보다는 수도권 공장 신·증설이 가능한 '수도권 정비계획법 개정안'의 정기국회 통과부터 막아야 한다"고 주장했다.

전라일보도 26일 「균형발전 과연 실현될까?」란 제목의 사설에서 "수도권 대기업 및 중소기업들이 법인세 감면 등 단순 혜택만으로 지방, 예컨대 전북으로 대거 이전 또는 창업에 나설 것으로 기대하기는 쉽지 않을 것 같다"고 진단했다.

대전 · 충청, "행정도시에 대학 입주를"

충청권은 행정중심복합도시문제로 더욱 민감하다. 대전일보는 26일 사설 「균형발전책, 지방투자유인 대폭 강화해야」에서 부정적인 시각을 드러냈다. "조세형평성문제 등 이유가 있었다고는 하나 주요 사안이 맹점을 드러내 아쉬움이 적지 않다"며 "지방기업에 대한 세금감면도 중요하지만 지방이 총체적으로 기업 하기 좋은 곳이 되도록 하는 게 핵심과제"라고 지적했다.

대전일보는 사설에서 "지금까지의 균형발전대책이 겉돈 것도 같은 맥락"이라며 "일부 '수도권 중심주의'는 국가의 미래를 어둡게 하는 독성 이기주의"라고 비판했다. 28일자 1면 「시민단체 '균형발전 역행' 반발」 기사에서는 강도를 더 높였다. "지방균형발전이라는 국가적 대의로 추진 중인 행정중심복합도시(일명 세종시) 내에 지역대학의 입주를 배제시키려는 태도에 지역 시민사회단체들의 비판의 목소리가 높아지고 있다"며 "수도권 중심의 사고방식과 관행을 먼저 벗으려는 노력이 선행돼야 한다"고 강조했다.

강원, "평창 딛고 현실로"

최근 평창 동계올림픽 유치 실패로 좌절과 실망에 젖은 강원지역은 현실적인 대안을 자체적으로 마련해야 한다는 데 시각을 같이했다.

강원도민일보는 26일 사설 「2단계 균형계획에서 챙길 것들」에서 "지역균형발전에 대한 정부의 보다 촘촘한 배려를 읽을 수 있지만, 각 지역의 이해득실 계산도 끼어들 여지가 있어 앞날을 낙관할 수 없다"고 우려했다. 특히, 낙후가 심한 강원도의 경우 '2단계 균형발전계획'에 준한 합당한 수혜를 얻으려면 이들 정책에 대한 철저한 사전 분석 연구가 따라야 한다는 지적은 매우 현실적이다.

강원일보도 27일 사설 「자치단체 차등지원 방향은 옳다」에서 "정부의 이번 대책은 수도권 집중을 막고 지방의 자립적 기반을 돕겠다는 의지가 보인다"며 "도는 정부의 이번 발표를 바탕으로 어떤 논리로 정부를 압박해 보다 큰 지원을 받아낼 수 있는지 그 대책을 세워나가야 한다"고 주문했다.

제주, "특별자치도가 우선순위에 밀려서야"

제주지역도 향후 정치적 계산을 우려했다. 제주일보는 27일 사설 「9월에 결판이 날 특별자치도」에서 "정부가 2단계 국가균형발전정책으로 지역별 법인세 차등감면 방안을 내놓았지만 제주도가 우선순위에 밀리면서 특별자치도 2단계 제도개선 효과가 희석될 우려가 크다"고 했다. 도세가 약하기 때문에 2단계 균형발전계획의 핵심인 '지역 분류' 과정에서 정치적 계산으로 뒤로 밀릴 수밖에 없게 될 것에 대비해야 한다는 주장이다.

지역따라 갈래갈래, 그러나……

이렇듯 2단계 균형발전대책이 발표되면서 수도권과 비수도권, 다시 권역별로 여론이 갈리는 양상이다. 일부 지역에서는 수도권 집중화에 반대하는 1,000만 명 서명운동이 활발히 전개되고 있다. 지방의 고사를 막아야 한다는 절박한 호소를 정부와 국회가 외면해서는 안 된다는 것이다.

신문의 대표적 상관조정 기능을 하는 사설은 제각 다른 소리만 내고 있다. 지역에 따라 시각이 다를 수 있다 치자. 그러나 중앙과 지역으로 애써 구분짓는 태도에선 아직도 승자독식주의 · 약육강식 · 쏠림 · 소용돌이에 의해 지배하고 그걸 숭배하는 세상을 만들자는 논리가 진하게 묻어나고 있다. 씁쓸한 일이 아닐 수 없다.

2007년 7월 28일

가까이하기엔 너무 먼 '통합'

2007년 3월 스페인 마드리드에서 열린 국제 컨퍼런스의 화두는 단연 '통합(intergration)'이었다. '세계화로 가는 도시정책'이라는 주제로 열린 컨퍼런스에서 도시전문가들과 세계 주요 도시 시장들은 가장 중요한 도시경쟁력의 원천을 통합, 즉 집적화에서 찾았다. 기능 집중이 중요하다는 의미다. 세계화와 지식기반 경제에 필수적인 요인으로 통합만큼 자주 거론되는 용어도 드물다.

국내에서도 도시 간 통합 논의가 활발하다. '2012 세계박람회' 개최지로 모로코 탕헤르, 폴란드 브로츠와프 등과 경합을 벌이고 있는 전남 여수시는 대표적 사례다. 조그만 중소도시였던 여수는 1998년 4월 1일 옛 여수시와 여수산단 조성에 따라 계획도시로 탄생한 여천시, 여천시 주변인 여천군 등 '3려(麗)' 지역을 통합하면서 제2의 도약기를 마련했다. 세계박람회사무국(BIE)이 '여수'라는 이름 대신 한국의 '상하이'나 '폴리'로 부를 정도로 주목받는 도시가 됐다. 통합의 덕이 크다. BIE의 현지실사를 성공리에 마친 여수는 지금 세계박람회에 대비해 항공과 고속도로, 철도, 숙박시설 공사가 한창이다.

경남 창원과 마산, 진해의 3개 시 통합 추진도 만만치 않다. 지역의 정치권과 학계, 시민단체들 사이에 논의의 불씨가 활활 지펴지고 있다. 이 지역 통합이 성사될 경우 부산과 대구, 울산에 이어 또 한 곳의 거대 광역자치단체가 영남지역에 탄생하게 된다. 행정통합뿐 아니라 지역 간 경제권 통합도 봇물을 이루고 있다. 대구와 경북, 대전과 충남, 부산과 울산, 경남 등은 경제권 대통합을 통해 상당한 시너지 효과를 기대하고 있다.

이러한 통합 열기는 지방 대학가에서도 뜨겁다. 전남대와 여수대, 강원대와 삼척대, 부산대와 밀양대, 충주대와 청주과학대, 공주대와 천안공대 등 10개 국립대가 5개로 이미 통·폐합됐다. 정원조차 채우지 못해 국립대라는 이름이 무색했던 군소 대학들은 이제 브랜드 가치가 높아지고 우수학생들이 몰리는 특화 캠퍼스로 변신하고 있다. 덩달아 해당 지역은 새로운 상권이 형성되면서 통합 특수까지 누리는 등 시너지 효과를 만끽하고 있다. 전남대 여수캠퍼스는 통합 첫해인 2006년 88.5퍼센트의 신입생 등록률을 기록했고, 올해는 93.7퍼센트로 더욱 높아졌다. 수능평균 점수도 70~90점씩 올라갔다. 통합 전에 4~5차례 추가모집을 해야 간신히 80퍼센트대를 넘겼던 것에 비하면 눈부신 변신이다.

전북을 들여다보자. 전주시가 광역도시로 발돋움하기 위해선 인근 지자체와의 통합이 필수적이며, 그렇지 않고서는 전주의 광역도시화는 사실상 불가능하다는 점은 누구나 공감한다. 이 때문에 전주시와 완주군의 통합 논의가 민선 2기와 3기 중에 심심치 않게 거론됐다. 그러나 전주시의회와 시민단체의 시도는 매번 불발로 그쳤다. 정치적 이해득실 앞에 불씨가 지펴질 리 만무하다. 주민들을 앞세운 반대여론 조성은 특히나 볼썽사나웠다. 전향적으로 접근하려는 시각과 통합 논의가 불발로 그친 것은 시급성만을 강조한 탓도 크지만 기득권을 고수하고자 하는 일부 세력의 반대여론 형성과 갈등, 반목 조장 등 내부 요인이 더 크게 작용했다.

그런데다 최근 전북대와 군산대, 익산대 등 전북지역 3개 국립대의 통합 논의는 협상 60여 일 만에 결렬됐다. 제도적 장치 없는 통합 추진을 끌고갈 자신감도 부족하거니와 지역의 조직화된 노력 부족, 이념적·전략적 반대, 일자리 감소 우려 등이 통합 추진에 부정적 영향으로 작용했다. 그러면서도 서울 소재 상위권 대학 수준의 지방대학을 육성하지 않고서 어떻게 진정한 지역균형발전과 인구유출을 막을 수 있느냐는 푸념이 끊이지 않고 있다.

맹목적 통합이 아닌 진정한 경쟁력 강화가 기대되는 대통합에 대해서는 지역 정치권과 시민사회단체들도 확실한 자극과 유인을 제공해야 한다. 자치단체와 대학들이 자신감을 가지고 통합을 실현할 수 있도록 힘을 실어 주어야 한다. 감성적 논의와 눈앞의 이해득실만을 따지는 논의는 통합을 더욱 어렵게 만들뿐이다. 오히려 갈등과 분열을 증폭시키는

꼴이 돼서는 안 된다. 통합이란 단어가 유독 푸대접을 받는 곳이 전북사
회라는 점을 깊이 새길 필요가 있다.

2007년 4월 25일

지자체 간 통합이 안 되는 이유 중 하나는…….

둘 또는 세 자치단체가 하나로 통합되면 어느 쪽은 단체장을 포기해야
한다. 자리가 줄어드는 것도 불만 요인이지만 현행 선거구에 따라 국
회·지방의원 수가 줄어들면 자연히 밥그릇 수도 적어지기 때문에 정
치권의 이해득실은 통합의 가장 큰 난제로 꼽히고 있다.

자 보시라. 그들만이 누리고 닦아 온 밥그릇 수를.

* 국회의원 선거구(지역구: 243개) (개정 2004. 3. 12)[4]

- 서울특별시: 48
- 부산광역시: 18
- 대구광역시: 12
- 인천광역시: 12
- 광주광역시: 7
- 대전광역시: 6
- 울산광역시: 6
- 경기도 : 49
- 강원도 : 8
- 충북도 : 8
- 충남도 : 10
- 전북도 : 11
- 전남도 : 13
- 경북도 : 15
- 경남도 : 17
- 제주도 : 3

＊시도의회 의원 지역선거구(지역구: 636개) (개정 2005. 8. 4)

- 서울특별시: 96
- 부산광역시: 38
- 대구광역시: 26
- 인천광역시: 28
- 광주광역시: 16
- 대전광역시: 16
- 울산광역시: 16
- 경기도 : 108
- 강원도 : 36
- 충북도: 28
- 충남도 : 34
- 전북도 : 34
- 전남도 : 46
- 경북도 : 50
- 경남도 : 48
- 제주도 : 16

＊시도자치구 시 · 군의회 의원 총정수(2,922명)

- 서울특별시: 419
- 부산광역시: 182
- 대구광역시: 116
- 인천광역시: 112
- 광주광역시: 68
- 대전광역시: 63
- 울산광역시: 50
- 경기도: 417
- 강원도: 169
- 충북도: 131
- 충남도: 178
- 전북도: 197
- 전남도: 243
- 경북도: 284
- 경남도: 259
- 제주도: 34

4) 김홍순 · 이원우, 『선거전술전략』, 도서출판 청어, 2007년.

제주 군사기지를
서울에 세우려 한다면?

"껍데기는 가라.

4월도 알맹이만 남고

껍데기는 가라.

……

껍데기는 가라.

한라에서 백두까지

향그러운 흙가슴만 남고

그, 모오든 쇠붙이는 가라."

4·19정신을 표방하면서 난무하던 거짓행위와 사상들, 반민중적이고

반민족적인 것들을 시인 신동엽은 껍데기에 비유했다. 순수함과 진실함을 짓누르는, 차갑고 무거웠던 힘을 상징하던 그 껍데기가 30여 년이 흐른 지금 전국 각 지역에서 되살아나고 있다. 오래전 시인이 노래했던 것과는 다른 문제들이지만 '순수함과 진실함이 부족한 껍데기'라는 점에서 일맥상통한다. 제주에서는 해군기지에 이어 공군 전략기지까지 건설함으로써 평화의 섬을 군사요새화하려 한다며 반대여론이 뜨겁다.

지역민심 끓게 하는 건 알맹이보다 껍데기

한미 자유무역협정(FTA)으로 흉흉해진 민심을 다시 여러 갈래로 갈라놓은 것은 군사기지 건설계획의 알맹이보다 섣부른 타협과 합의를 좇는 껍데기가 주범이다. 순수성과 진실성이 배제됐기 때문이다. 해군기지 건설과 관련된 객관적인 정보를 전달해야 할 TV토론회와 노회찬 민주노동당(이하 민노당) 의원의 발언이 불쏘시개와 기름을 동시에 제공했다.

해군기지 반대단체의 토론회 불참에도, 2007년 5월 8일 오후 2시 10분부터 제주특별자치도가 청문회 형식으로 TV토론회를 강행한 배경에는 여러 의혹이 제기되고 있다. 지역언론들은 토론회가 국방부와 도의 입장을 대변하는 자리로 전락, 토론회 개최에 이은 도민 의견수렴 방법인 해군기지 여론조사 결과에 대한 타당성 논란이 예상된다며 TV토론회에 회의적인 시각을 내비쳤다.

제주상공회의소 국제회의장에서 해군기지 여론조사에 앞서 도민들에게 합리적인 판단 기회를 제공하기 위한 TV토론회는 100분간 ▲평화의 섬과 해군기지 ▲지역경제 파급효과 ▲주민피해 및 보상방안 ▲여론 수렴 방식 등을 주제로 4개 방송사를 통해 생중계됐다.

그러나 제민일보는 「해군기지 TV토론 궁금증만 증폭」이란 제목의 기사에서 이날 자리를 두고 의혹만 부풀린 토론회였다고 비평했다. 기사는 "이날 토론회는 해군기지 반대 측 토론자의 불참 속에 진행돼 해군기지 건설과 관련, 객관적인 정보 제공에 한계를 드러냈다"며 국방부와 도정의 입장을 홍보하는 자리만 제공했다고 분석했다.

제민일보는 이날 사설 「노골화되는 군사기지화」에서도 8일 노회찬 의원이 공개한 국방중기계획을 우려했다. 사설은 "그렇지 않아도 해군기지 건설을 둘러싸고 극심한 갈등 양상을 보이고 있는 제주도에 공군기지 건설안은 더 큰 대립구도를 조장할 악재임에 틀림없다"며, "군사기지 관련 단체들의 주장처럼 의도된 조율이 결코 아니기를 바라면서 사실이라면 협상과정을 도민에게 공개할 것을 강력히 촉구한다"고 밝혔다.

"노 대통령, 평화의 섬에 군사기지 건설 앞장"

제주의소리는 9일 「탐색구조부대 공군기지 '사전포석'」이라는 기사에서 "노회찬 의원이 국방부(공군)가 제주에 해군기지에 이어 공군기지까지 건설하려는 계획을 추진 중에 있다고 밝혀 상당한 파장을 불러일으키는 가운데 전국 50개 시민사회단체가 9일 '평화의 섬 제주를 군사요새로 전락시키려는 정부의 해·공군기지 건설계획을 철회하라'고 요구했다"고 전했다.

이 기사는 노무현 대통령에게 비난의 화살을 돌렸다. "제주도를 평화의 섬으로 천명한 장본인이지만 지금 청와대는 제주 평화의 섬 기획을 제대로 추진하기보다는 군사기지 건설에 앞장서고 있다"고 지적한 뒤, "대통령 스스로 제주 평화의 섬 기획을 한낱 해프닝으로 전락시키고 있는 것으로, 이는 입으로는 평화 번영을 외치면서 끊임없이 군비증강을 추구해 온 노무현 정부의 평화에 대한 인식부재를 다시금 확인시켜 주는 것"이라며 참여정부의 평화정책을 꼬집은 시민단체의 주장을 인용해 보도했다.

한라일보도 9일 1면 「해군기지로 제주사회 '요동'」이란 제목의 기사에서 "제주 해군기지 문제가 숨 가쁘게 돌아가고 있다"며 "공군기지와 연계해 해군기지가 추진되고 있다는 폭로성 회견에 도지사 퇴진요구 회견, 지사실 앞 연좌농성, 지사와의 간담회, 국방부 해명 기자회견, 김 지사의 재해명 회견, 방송 합동청문회 등 시시각각으로 해군기지 문제가 요동치고 있다"고 전했다. 또 "노회찬 의원이 8일 오전 회견을 갖고 '국방부가 제주도에 추진하겠다고 밝힌 탐색구조부대는 전투기 1개 대대와 지원기(수송기·헬기) 1개 대대를 수용할 수 있는 능력을 갖춘 규모의 부대인 것으로 파악됐다'고 폭로했다"고 밝혔다. "해군기지를 반대하는 사회단체와 지역 반대대책위 등이 회견을 갖고 한목소리로 '군사요새화를 꾀하는 김태환 지사는 퇴진하라'고 촉구하고 있다"며 지역민심을 전하는 것도 잊지 않았다.

노회찬 의원이 '제주 공군기지 건설과 관련 국방부와 제주도가 협의 중'이라는 의혹을 제기한 것에 대해 국방부와 김태환 제주도지사가 잇따라 기자회견을 열고 사실이 아니라며 반박했다는 기사가 눈에 띄지만 그동안 추진과정에서 진실성이 허약했음이 드러난다.

이 같은 상황에서 중앙의 보수언론들의 시각은 지역언론과 상반된 입장이어서 들끓는 지역민을 자극하기에 충분했다.

조선, 중앙, 매경 '중앙 편중시각' 비판

그동안 제주 해군기지 문제를 둘러싸고 제주 현지에서 '갈등'이 벌어지고 공권력에 의해 '폭력사태'가 발생했을 때도 '침묵'하던 중앙언론들이 이 문제에 관심을 두기 시작했으나 여전히 중앙적 시각을 버리지 못했다.

조선일보는 지난 3일자 사설 「해군기지 유치할 테니 시민단체는 참견 말라」에서 "제주도 해군기지 건설은 국가 경제와 안보에 중요한 제주 남방해역을 잘 지키기 위한 것이다"라고 전제하면서 반대단체들이 해군기지 건설을 반대하는 데까지 반미를 끌어들이고 있다고 우려했다. 억지 논리라는 주장이다.

6일자 중앙일보 사설도 흡사한 주장을 내세웠다. 「군기지 건설마저 방해받는 나라」에서다. 이 사설은 "국가의 사활이 걸린 기지 건설을 놓고 5년이 넘도록 부지조차 정하지 못한다면 국가라고 할 수 없다"며 "더 이상 머뭇거리지 말고 단호하게 이 사업을 추진하라. 극소수 반미단체들의 발목잡기로 이 나라의 안보가 위태로워질 수는 없다"고 단호하게 밀어붙였다.

매일경제도 한 수 거들었다. 7일자 사설에서다. 「제주 해군기지 시민단체는 손떼야」에서 "시민단체들은 국가 안보에 개의치 않는 행태로 국민으로부터 고립을 자초할 작정이 아니라면 제주 해군기지 사업에서 손을 떼야 한다"는 주장을 내세웠다.

미디어 오늘은 「조선이 '때리니까' 중앙·매경도 나서는 건가」란 제목의 기사에서 서울언론의 시각적 한계를 꼬집었다. "중앙정부가 안보와 관련된 사항이라는 '이름'으로 미군기지를 서울 강남에, 방폐장을 경기도 분당에, 특전사는 서울 여의도에, 해군기지는 한강에 세우려 한다면 그때도 이 같은 논리와 주장을 전개할 것인가"라고 반문하면서 "같은 논리라고 해도 '중앙언론'에 의해 다르게 '대접' 받는 이유는 서울이냐 지방이냐의 문제였을 뿐"이라고 비판했다.

그러는 사이에 제주지역 민심은 하나로 모이고 있다. 그 민심을 요약하면 '껍데기는 가라'이다. 순수함과 진실함을 억누르는 껍데기가 나무는 보고 숲을 보지 못하고 있기 때문이다.

2007년 5월 9일

제주 해군기지가 '갈등관리 최우수'?

아이러니하게도 2007년 행정자치부(이하 행자부)는 갈등관리 최우수 사례로 '제주 해군기지 갈등 해결'을 선정했다. 제주도 내 시민단체 등이 반발하고 나선 것은 물론이다.

2007년 12월 27일 행자부는 '제주 지역 해군기지 건설 관련 갈등 해결'을 갈등관리 분야 최우수 사례로 선정, 4억 원의 재정 인센티브를 지급키로 하는 등 상생협력, 갈등관리, 인사교류 등 3개 분야별로 모두 22건의 지방자치단체 우수사례를 선정, 발표했다.

행자부는 갈등관리 최우수사례 선정 사유로 "2005년 4월부터 해군기지 건설과 관련해 환경단체의 반발 등 도내 갈등이 고조됐으나 도내 공론화 과정을 거쳐 갈등을 해소하고 2007년 6월 대상지를 선정하는데 성공했다"고 밝혔다.[5]

이런 사실을 접한 '제주 군사기지 저지와 평화의 섬 실현을 위한 범도민 대책위원회'는 성명을 통해 "해군기지 건설 여론조사는 심각한 오류가 발생해 제주도의회의 질타를 받았고 … 강정마을 주민들은 민주적 투표로 반대의사를 표명했음에도 김태환 도정과 해군 등에 의해 여전히 일방통행식으로 추진되면서 갈등을 더욱 확산시키고 있는 것이 제주의 현실"이라고 지적했다.

범대위는 또 "제주 해군기지 건설 과정은 모범으로 전파할 갈등관리 최우수 사례가 아니라 전국의 자치단체가 반면교사로 삼아야 할 갈등조장 최우수 사례에 불과하다"며 선정 취소와 지원예산 반납을 촉구했다.

현애자 민노당 의원도 이날 논평을 통해 "제주 해군기지 문제가 여전히 현재진행형인 지역사회 최대의 과제인 상황에서 이 같은 결정은 한마디로 황당스럽기 그지없다"며 "행정자치부가 범한 결정적인 오류는 갈등을 '조장'한 주체인 제주도청의 보고서에만 의존해 사실관계를 잘못 파악한 데 있다"고 지적하고 선정 사유와 향후 대책 등을 묻는 질의서를 행정자치부 장관 앞으로 보냈다.

해군기지 문제는 제주사회 갈등의 한 요소로 여전히 자리를 잡고 있다. 수년째 이어지고 있는 해군기지 갈등은 제주사회의 주요 현안이 된 지 오래다. 그러나 참여정부가 제주 해군기지 해법을 제시하지 못한 채 정권교체가 이뤄지면서 해군기지 문제는 이명박 정권의 몫으로 넘겨졌다.

5) 「제주 해군기지 '갈등관리 최우수' ?」, 연합뉴스, 2007년 12월 27일.

농업과 지역은
버리고 가잔 얘긴가?

"대한민국, 기회와 도전의 바다로 나서다"

"노 대통령의 'FTA 리더십' 높이 평가한다"

"한미 FTA, 선진화의 발판 삼자"

"한미 FTA 갈등을 넘어 미래로 나가자"

얼핏 보면 정부의 정책광고 같지만, 아니다. 한미 FTA 협상 타결 이후 보수신문들의 사설 제목들이다. 정부의 대국민 홍보도 이 정도면 1940년대 '프로파간다(propaganda)'처럼 촌스러운 표현이라는 지적을 받을 만하다. 그러나 이 낯 뜨거운 제목들은 보수언론 지면을 통해 한 달 이상 쏟아져 나오고 있다.

한미 FTA 타결 이후 '한미자유무역협정체결지원위원회'가 기다렸다는 듯이 전국 주요 일간지에 뿌린 정부 홍보광고와 맥을 함께한다. '경제선진국으로 가는 큰 기회' '대한민국 행복자산이 커집니다' 란 광고 제목은 보수신문들이 쏟아내는 기사 제목과 흡사하다.

보수신문들 '찬양 3중창'

지역 사람들, 특히 농촌 사람들은 궁금해한다. 왜 보수신문들은 협상 체결의 문제점은 꼼꼼하게 지적하지 않은 채, 한미 FTA 체결에 따른 '장밋빛 미래' 를 그리고 노무현 대통령을 추어올리는 데 급급한 것일까. 이제야 이 정권과 코드가 맞춰진 것일까. FTA와 대통령을 찬양하는 3중창이 어쩌면 그리도 화음이 절묘한지 아연실색하지 않을 수 없다는 반응이다.

'얼치기 좌파' '교조적 좌파' '마구잡이식' 이라며 대통령에 대해 늘 상반되거나 비판적 견지에서 입장을 달리해 온 보수신문들이 뒤늦게 코드를 맞췄다고 치자. 외교통상부가 4일 한미 FTA 분야별 최종협상 결과 보고서를 제출했으나 아직까지 구체적인 협정문이 공개되지 않고 있는 마당이다. 비공식 채널을 통해 여러 의혹과 논란만이 제기되고 있다. 특히 정부가 유리한 협상 내용만 앞다퉈 홍보하고 불리한 협상 내용은 의도적으로 감추고 있는 것 아니냐는 지적이 제기되고 있다.

아직 끝나지 않은 전쟁과도 같은 협상이다. 그런데 보수신문들은 협상 타결의 자축도 모자라 한 술 더 떠 시름에 젖은 농심을 자극하고 있다. 지역과 농업문제의 민감한 분야까지 기어이 건드리고 말았다.

조선일보는 5일 사설 「농업 · 농촌 · 농민 현실 먼저 알고 대책 내놔야」에서 "정부가 그동안 농업 부문에 엄청난 돈을 쏟아 부었는데도 농촌은 전혀 달라지지 않았다"며 "농업 · 농촌 · 농민의 현실을 모른 채 눈먼 사람 문고리 잡듯 돈만 쏟아 부었기 때문"이라고 진단했다.

그러면서 조선일보는 "우리 농업 · 농촌 · 농민의 현실부터 제대로 알아야 한다"며 "경쟁력 있는 농업과 농촌을 만들려면 현장을 찾아가 현장에 뿌리내린 살아 있는 대책을 세워야 한다"고 했다. 농민들을 끔찍하게 생각하는 듯하지만 실상은 불난 데 부채질하는 꼴이다.

FTA 빙자한 충고 · 주문들, 도 지나쳐

조선일보는 6일 사설 「실력 키워야만 한 · 미 FTA가 호기 된다」에서도 시작부터 "한 · 미 FTA로 우리 경제는 절호의 기회를 맞았다"고 찬양하더니, 말미에서 슬그머니 본색을 드러낸다. 정부 규제를 더 과감하게 풀어야 한다는 것이다. "'보호'가 없으면 '규제'도 없어야 하는 것"이라는 애매한 논리를 바탕으로 규제완화를 강조한다.

더 놀라운 대목도 있다. "무엇보다 지역균형발전 같은 낡은 패러다임에서 벗어나 한국과 미국을 아우르는 넓은 눈으로 한 · 미 FTA가 던져주는 기회와 도전을 바라봐야 한다"는 주장이다. 지역균형발전이 국가경제에 해가 된다는 것인지, 지역은 버려도 된다는 얘긴지 모호하다.

동아일보도 5일 사설 「FTA 지원, 또 '밑 빠진 독에 물 붓기' 안 된다」에서 "농민의 반발을 막기 위해 세금을 뿌리는 방식은 '밑 빠진 독에 물

붓기'나 다름없다"며 "구조조정 효과를 내지 못하거나 농가 부채만 늘려 놓는 지원 방식을 되풀이해선 안 된다"고 했다.

같은 날 중앙일보는 사설 「노 대통령 개헌발의를 재고하라」에서 역시 "한미 FTA는 대한민국의 역사뿐 아니라 노무현 대통령의 개인 정치사에서도 획기적인 전환점이 되고 있다"고 띄우더니, "대통령은 코앞에 닥친 개헌안 발의를 대승적으로 철회해야 한다"고 주문했다. 사설은 "또다시 '갈등의 대통령' '오기의 대통령' 자리로 돌아갈 수는 없지 않은가"라며 "노 대통령이 써내려 갈 역사의 페이지는 이제 몇 장 남지 않았다. 엉뚱한 일로 낭비할 지면이 별로 없다. 노 대통령의 마지막 숙고를 기대한다"며 구슬리고 설득했다.

그러더니 다음날 사설 「FTA 하면서 왜 우리 교육은 거꾸로 가나」에선 3불정책 폐지론을 들고 나서며 'FTA의 정신은 개방과 경쟁'임을 거듭 강조했다. 논쟁의 빌미를 계속 던져 의제를 선점해 나가겠다는 것인지, 상관조정 기능을 탈피해 선동 기능에 충실하겠다는 것인지 보수신문들의 의도를 도무지 알 수 없다.

"최소한의 균형도 상실한 FTA 보도"

민언련은 이에 대해 "수구보수신문의 'FTA 찬양' 보도는 최소한의 균형도 상실했다"고 비난하고 있다. 지역신문도 이제는 눈뜨고는 더 못 보겠다는 태도다.

정상섭 부산일보 정치부장은 6일 「FTA의 정치학」이란 데스크 칼럼에서 보수신문의 진정성에 문제를 제기했다. 그는 FTA 타결을 두 손 들어 환영하는 서울의 거대 보수언론, 이른바 조·중·동과 '타결 소식을 듣고 매우 기뻐한' 조지 W. 부시 대통령의 시각을 등치시켜 이해한다. 참여정부에 비판 논조를 고수해 오던 보수언론이 이번 FTA 타결을 두고 '제3의 개국' '최대의 치적'이라며 대통령에 대한 찬사를 아끼지 않고 있지만 이면엔 배경이 있음을 지적한다.

그는 "이들 보수언론이 참여정부의 지역균형발전정책, 대기업 집중 억제정책 등에 대해 줄기차게 반대여론을 이끌어온 데 비춰 보면 이 같은 찬사는 이해 못할 바가 아니다"라고 비꼬았다.

"보수언론으로서는 여기에다 글로벌 스탠더드에 맞춰 신문의 방송 겸영을 주창하고, 여론의 독과점 방지와 지역언론 지원정책을 비판할 근거가 생긴다"는 그는 "무엇보다 향후 못 미더운 정부 정책을 개방과 경쟁이라는 잣대로 재단할 준거를 갖게 됐다"면서 "그들 자신이 FTA의 수혜자"라고 비판했다.

"성급한 환상보다 정확한 진단 필요"

지역신문들은 오히려 협상 타결로 인한 농민들의 피해를 꼼꼼히 분석하는가 하면 협상에 따른 문제점들을 지적해 보수신문들과 차별을 이루었다.

국제신문은 6일 사설 「'쇠고기 합의' 얼마나 됐다고 또 압력인가」에서 쇠고기 검역문제는 FTA와는 전혀 별개의 사안이라고 지적한다. "미국정부는 합의정신을 훼손하는 일체의 언동을 중단해야 한다"며 "우리 정부도 이미 많은 양보를 한 마당이니 이런 부당한 압력에는 단 한 발짝도 물러서서는 안 된다"고 당부했다.

매일신문도 이날 사설 「FTA 논란, 투명한 정보공개가 먼저다」에서 문제점을 제기했다. "FTA 타결 이후 의혹이 꼬리를 물고, 협정문에 '독이 든 사과'가 적잖게 섞여 있다는 소문이 무성하지만 정부는 속 시원한 해명을 내놓지 못하고 있다"며 "모든 의혹을 해소하는 지름길은 투명한 정보공개"라고 지적했다. 성급한 환상을 전할 때가 아니라 정확한 실상을 공개할 때라는 의미 있는 주장이다.

광주일보도 5일 사설 「국회 한미 FTA 협상 철저히 검증하라」에서 "한미 FTA가 발효되면 국가 경제와 국민 생존에 커다란 영향을 미칠 수밖에 없다"며 "따라서 국회는 정략과 정파를 떠나 철저한 검증을 통해 비준 여부를 결정하기 바란다"고 주문했다.

벼랑 끝에 선 농민은 안중에도 없나

전남일보는 6일 「'소값 하락' 한미 FTA 현실로」란 1면 머리기사에서 "지난 2일 한미 FTA 협상이 타결된 이후 광주·전남지역 한우 값이 하락하고 거래량도 줄어드는 등 축산농가의 우려가 현실로 나타나고 있다"고 현장의 목소리를 르포기사로 전했다.

강원도민일보도 이날 「FTA 타결 낙후지 더 서럽다」란 기사에서 "서울을 비롯한 전국의 광역시는 각각의 전략산업을 추진하는 데 FTA가 오히려 도움이 될 것이라며 내심 반기고 있다"고 진단하고, "그러나 재정 자립도가 낮은 자치단체들의 자구책만으로는 농업경쟁력 강화 추진 작업이 조만간 한계에 봉착할 것"이라는 전문가들의 전망을 비중 있게 다뤘다.

이날 제주일보는 「물량공세 충격파 '예측불허'」란 제목의 기획기사에서 "한미 FTA 협상 타결은 감귤과 더불어 또 다른 효자산업인 축산업과 밭 농업에도 적지 않은 파장을 불러일으키고 있다"며 "'청정 제주' 브랜드 가치 창출, 한우의 흑우 대체, 돼지고기의 일본 수출 재개를 포함한 판로 다변화 등 다각적인 경쟁력 강화와 자생력 확보가 조속히 이뤄져야 한다"고 대안을 내놓기도 했다.

한미 FTA 협상 타결로 당장 벼랑 끝에 서게 된 사람들은 농민들이다. 시간만 벌었을 뿐 한국 농업에 대한 사형선고나 다름없다는 불만이 팽배하다. 그럼에도 처음부터 한미 FTA를 계속 감싸며 찬양하는 보수신문들은 지역과 농업은 안중에도 없는 듯하다. 중앙적 시각에서 그간 지역을 바라보는 습성이나 관성의 법칙이 작용했기 때문일 것이다. 지역을 아예 포기한 듯한 태도는 성난 농심을 더욱 자극하고만 있다.

2007년 4월 6일

'한미 FTA 보도' 2007 올해의 나쁜 보도

민언련은 2007년 신문의 '올해의 나쁜 보도' 10선으로 '한미 FTA 및 미국산 쇠고기 수입' 등을 뽑았다. 지난 1997년부터 매년 '나쁜 보도 10선'을 발표해 온 민언련 신문모니터위원회는 신문들이 한미 FTA 및 미국산 쇠고기 수입을 보도하며 부정적 측면을 외면해 국민의 알권리를 저버렸다는 점에서 '나쁜 보도'에 포함했다고 밝혔다.

2007년 '나쁜 보도'로 꼽힌 것들은 다음과 같다. 민언련은 언론들이 ▲ '변양균 청와대 정책실장 신정아 씨 비호' 보도에서 황색 저널리즘의 극치를 보였고 ▲ '김용철 변호사 양심고백과 삼성 비자금 의혹'은 축소와 왜곡으로 일관했으며 ▲ '비정규직법 시행 및 이랜드 사태' 보도에서는 노동자의 현실을 외면했고 ▲ '시사저널 사태'에 침묵했다고 지적했다.

마주보고 달리는 '고속철 의제', 누가 진실?

신문의 견해를 밝힐 수 있는 근엄한 개성을 지닌 피처(feature)가 있다면 '사설(社說)'이 대표적인 사례 아닐까. 독자의 건전한 여론 형성에 이바지한다는 그럴싸한 명분이 안성맞춤일 듯싶다.

그런 때문일까. 종종 사설은 얼굴로 비유된다. 그때그때의 정치·경제·사회 문제에 대해 독자의 시각에서 비평을 가하고 독자가 이해하기 어려운 문제에 대해 해설자 역할을 하기 때문이다. 그래서 수많은 언론학자의 양적·질적 분석 대상이 되고 있다. 심지어 사설은 각 신문사가 내세우는 글의 완성도가 높다고 보고 대입 청소년들의 논술지도에도 종종 유용하게 활용된다.

그러나 아무리 주관적인 뉴스 피처라고 하지만 사실에 근거한 객관성과 공정성을 잃는다면 생명력을 잃은 뉴스와 다름없다. 건전한 여론형성에 아무런 도움이 될 수 없음은 물론이고, 나아가 오히려 독이 될 수 있기 때문이다.

호남고속철, 온도 차 너무 크다

호남고속철도 문제를 보는 시각이 달라도 너무 다르다. 전국지와 지역신문들의 의제에서 묻어나는 온도 차가 극과 극을 달린다. 바로 사설에서다. 중앙일보 사설이 단연 주목을 끌 만하다. 일관된 반대 주장에선 집요함이 묻어난다.

중앙일보는 '정치적 산물' '경제성 없음' 을 줄곧 주장하고 있다. 초지일관 변함없다. 문제는 타당성과 진실성이다. 지역신문의 보도행태와는 너무 다르기 때문이다. 마치 진실게임을 벌이는 듯하다.

건설교통부는 지난 23일 호남고속철도 오송-광주 간 공사를 오는 2015년, 광주-목포 간 구간은 2017년까지 완공키로 했다고 발표했다. 호남고속철도 건설 기본계획이 최종 확정된 순간이다. 1987년 대통령선거 당시 민정당 노태우 후보가 제안한 사업이다. 20년 가까이 표류해 온 지역 현안사업이기도 하다.

지역언론사들은 일제히 흥분하며 쾌재를 불렀다. 남은 과제와 사업의 당위성, 기대효과 등을 크게 부각시켰다. 광주일보는 24일 「호남고속철 재원확보가 최대 관건이다」란 제목의 사설에서 사업의 배경과 문제점, 선결과제를 제시했다.

"호남선 복선화사업에만 36년이 걸렸다"는 이 사설은 "호남고속철도 사업은 조기 착공돼야 한다"고 역설했다. 문제는 예산이 관건이라는 것. "10조 5,000억 원에 달하는 예산의 조달계획을 하루빨리 마련해야 한다"며, "경부고속철도 2단계 사업과 같이 진행되는 이 사업이 정치적 제스처로 끝나서는 안 된다"고 못박았다.

"도로, 철도 90퍼센트 지연" 호남차별론

이날 전남일보는 「국도건설에서도 호남차별인가」란 사설에서 지역개발 차별론을 들고 나섰다. 다소 뜬금없어 보였지만 그럴만한 속사정이 있었다. "광주와 전남·북을 잇는 48곳의 국도건설공사 가운데 43곳이 애초 계획보다 지연되고 있다"고 밝혔다. "도로나 철도 등 사회간접자본 시설이 열악한 지역에서 90퍼센트가 지연되고 있는 것은 그 정도가 타 지역에 비해 심하다"는 점을 강조하기 위함에서다.

전북지역 언론사들도 정읍역이 추가된 데 대해 고무적이었다. 1면에 묻어났다. 전북일보는 24일 1면에서 "호남고속철도에 정읍역이 정차역으로 추가돼 익산역과 함께 두 곳으로 늘었다"며 2017년 개통을 크게 기대했다.

전라일보는 25일 1면에서 '호남고속철도 생산유발효과가 20조 원에 달한다'는 기사를 내보냈다. "서남권 관광 활성화와 전라선 연계가 기대된다"는 이 기사는 "익산 정차역을 이용한 전라선 승객의 환승이 가능하게 됐다"며 "이동인구의 경제적 파급효과도 막대할 것"이라고 전망했다.

그러나 이러한 흥분에 중앙일보가 찬물을 부었다. 24일 「적자 뻔한 호남고속철 왜 강행하나」란 제목의 사설에서다. "호남고속철은 누가 봐도 정치적 계산에 의해 추진되고 있음이 분명하다"고 주장하더니 "무려 10조 원이 넘는 국민 세금을 들여 적자가 뻔한 정치적 선심사업을 밀어붙이고 있다"고 비난했다. 말미에선 "호남지역 주민들도 허울뿐인 고속철의 환상에 휘둘려서는 안 된다"고 점잖게 타이르기까지 했다. "같은 돈으로 지역을 실질적으로 발전시킬 수 있는 길은 많다"며 모호한 여운도 남겼다.

"경제성 없는 호남고속철 강행 말라" 거듭 주장

지난 5월에도 중앙일보는 사설에서 이 같은 입장을 분명히 했다. 「호남고속철도 원점에서 재검토해야」란 사설(5월 1일)에서 "모두 10조 6,000억 원이 들어가는 이 사업은 경제성이 없는데다 정치적 이유로 무리하게 추진되고 있다"며 원점에서 재검토할 것을 촉구한 바 있다. 지난해 11월과 12월에는 역시 사설을 통해 호남고속철도에 대한 반대의 뜻을 되풀이함으로써 전국지 중 단연 돋보이는 의지를 과시하기도 했다. 호남지역 언론사들의 의제와는 180도 궤를 달리한 셈이다.

「호남고속철 정치논리로 가면 안된다」(11월 14일), 「경제성 없는 호남고속철 강행 말라」(12월 23일) 등 사설 제목만 봐도 반대의 뜻이 분명함을 읽을 수 있다. 누군가는 정상궤도를 이탈하고 있음이 분명해 보인다. 중앙일보의 속내를 들여다보지 않을 수 없다. 일관된 논거에서 타당성은 있어 보이지만 객관성과 공정성을 의심케 한 때문이다.

「호남고속철 정치논리로 가면 안 된다」 「경제성 없는 호남고속철 강행 말라」 「호남고속철 원점서 재검토해야」 「적자 뻔한 호남고속철 왜 강행하나」라며 시종 부정 입장을 취한 대신 경부고속철도 문제에 관해선 어땠을까.

관대하게 다뤘음을 두 사설에서 읽을 수 있다. 지난해 천성산 터널공사가 환경영향조사문제로 터덕거릴 때다. 중앙일보는 2005년 11월 29일 「천성산 터널공사 다시 흔들려선 안돼」란 사설에서 "경부고속철도 천성산 구간 공사가 또다시 갈등에 휩싸였다" 며 "어렵사리 합의했던 환경영향조사에 또다시 차질이 생겨 원만한 공사 진행을 방해하는 불씨가 되지 않을까 우려된다"고 표했다.

"천성산 터널은 환경문제에 발목이 잡혀 표류를 거듭해 온 대표적인 국책사업" 이라고 한 이 사설은 뒤에서 "터널공사 차질로 빚어진 경제적 손실이 2조 5,000억 원에 이른다"고 전했다. 안타까움이 묻어났다.

2월 7일 「신속한 재판으로 대형사업 낭비 없애야」란 사설에서도 새만금 소송과 함께 경부고속철도 구간인 천성산 터널공사 차질로 인한 경제적 손실을 다시 한번 지적했다.

게이트 키핑에도 공정성 있어야

세상에서 일어나는 수많은 일 중에서 기사화되는 것은 몇 개 없다. 다시 말해 기사가 선택되는 것 자체가 주관적이다. 많은 사건 중에 신문지상

을 통해 기사화되기 위해서는 '게이트 키핑(gate keeping)'이라는 선별과
정을 거친다. 여러 문(gate)을 통과해야 하는 게이트 키핑은 각 신문사의
관점을 반영한다. 각 신문사의 관점과 사시를 가장 명백하게 파악할 수
있는 것이 바로 사설이다. 그러나 사설이 아무리 주관적인 뉴스 피처라
고 하지만 공정성과 객관성, 사실을 바탕으로 한 진실성이 전제돼야 함
은 두말 할 나위 없다.

중앙일보와 호남지역 신문들, 양쪽 누군가는 공정성, 객관성, 더 나아
가 진실성을 외면하고 있다. 그렇지 않고선 논제가 이렇게 마주 달리는
고속열차와 같을 순 없다.

2006년 8월 26일

"호남고속철 조기 완공, MB 공약이라도 불가능?"

건설교통부가 이명박 대통령이 대선 공약으로 내세운 '호남고속철도의 2012년 조기 완공'이 사실상 불가능하다는 보고서를 만든 것으로 확인됐다고 중앙일보가 2008년 2월 29일자에 보도했다.[6] 완공 시기를 2017년에서 5년 앞당기는 것은 공사비가 20퍼센트 가까이 늘어나는 등 여러 가지 부작용이 생겨 곤란하다는 내용이다. 중앙일보는 "28일 입수한 건설교통부의 '철도 부문 주요 업무보고'에는 이 대통령의 대선 공약을 검토하는 내용이 포함돼 있다. 이 보고서는 대통령직 인수위원회에 보고하기 위해 1월 만들었으나 전달되지는 않았다"고 전했다.

건교부가 보고서를 만든 것은 이 후보가 호남고속철도 조기 완공을 공약으로 내걸면서다. 인수위가 1월 24일 발표한 전국 '5+2 광역경제권' 방안에도 호남고속철도 조기 완공 추진이 포함돼 있다. 당시 인수위는 "광역경제권 간을 신속하게 연결하기 위해 고속철도의 조기 확충이 필요하다"고 발표했다. 정부는 2006년 확정한 '호남고속철도 기본계획'은 오송-광주 구간은 2015년, 광주-목포 구간은 2017년 완공하는 것이다.

그러나 이 기사는 서울산업대 김시곤 교수의 말을 빌어 '공약은 공약일 뿐'이라며 '조기 완공의 득실을 면밀히 따져 실이 많다면 공약으로 내걸었다 하더라도 버릴 줄 알아야 한다'고 전했다.

---

6) 「호남고속철 2012년 조기 완공 'MB 공약이라도 사실상 불가능'」, 중앙일보, 2008년 02월 29일.

서진정책과 립 서비스 사이

흔히 '뉴스는 신문의 영혼'이라고 한다. 그렇다면 뉴스의 영혼은 뭘까. 바로 팩트(fact)다. 신문의 특성이 갖는 기록성과 보존성 때문이다. 편집과 기사에 아무리 재주를 부린다고 해서 팩트를 지우거나 죽일 순 없다. 왜곡과 편견이 늘 영혼을 멍들게 하지만 팩트는 역사의 어느 뒤켠에서건 반드시 드러나기 마련이다. '내가 하면 다양성이고 네가 하면 갈등·분열 조장'이라는 편견이야말로 팩트의 가장 큰 적이다.

강재섭 한나라당 대표의 호남 방문 이후 뉴스가 두 갈래로 혼재된 양상이다. 논평에 담긴 키워드는 크게 '진정성'과 '이벤트'로 추릴 수 있다. 매우 대조적인 시각이다. '진정성을 지닌 공식사과인가' '호남민심 달래기용 립 서비스인가'로 분류된다. 어디엔가 왜곡과 편견이 개입됐을 소지가 높아 보인다.

"결자해지 노력" 대 "립 서비스 이벤트"

강 대표의 방문을 보는 시각은 대선을 1년 앞둔 시점에서 '서진(西進)정책'의 일환으로 보는 시각이 우세하다. 이 때문에 립 서비스와 이벤트로 해석하는 쪽이 많다. 이효선 광명시장의 전라도 비하발언 파문이 채 가시지 않은 상태여서 당 차원의 첫 공식사과를 액면 그대로 받아들이지 않는 분위기도 작용했다.

그런가 하면 '비례대표 30퍼센트 호남 할당' '새만금 및 문화중심도시 특별법 지원' 약속에 의미를 부여하는 쪽도 만만치 않다. 영남 중심의 군사정권이 안겨준 정신적·물질적 고통을 감안하면 너무 미미하고 형식적이지만 결자해지 차원에서 첫 공식사과에 비중을 두는 쪽과 같은 범주에 속한다.

광주·전남지역 일간지들을 살펴보자. "지켜볼 일" "실천이 중요하다"고 강조한 제목들이 눈에 띈다. 광주일보는 11일자 「강 대표 호남 사과, 말보다 실천이 중요하다」란 사설에서 논지를 제목에 그대로 담았다. 이 사설은 호남차별이 근대화 시절부터 지난 1980년 5·18에 이르기까지 영남 출신 정치인들의 정권유지를 위한 정략적 차원에서 이뤄졌음을 전제하면서 망국적 지역감정으로까지 비화된 차별화 정책에 대한 공식사과는 긍정적으로 받아들였다.

그러나 사설 말미에서 "강 대표의 이날 발언에는 호남지역 낙후를 해소하기 위한 구체적 대안이나 극복을 위한 청사진이 포함되지 않았다"
고 서운해했다. 그런 뒤 기득권을 지키기 위해 지역감정을 부추기고 호남
비하발언을 일삼는 정치인을 물갈이하는 등 대대적인 인적 쇄신을 주문
했다. 또 "한나라당이 호남의 품에 안기기를 원한다면 지난 과거에 대한
참회와 함께 전국 정당으로서 환골탈태하는 모습을 보여줘야 한다" 며
"향후 행보를 눈여겨 지켜볼 것" 이라고 경계의 끈을 늦추지 않았다.

박근혜 전 대표 총선 전 약속파기 내내 거슬린 듯

전남일보는 이날 해설기사를 통해 강 대표의 방문을 광명시장 비하발언
수습과 대선을 앞둔 '고육지책' 으로 평가했다. 그러나 강 대표가 이례
적으로 취임 한 달 기념 기자간담회를 서울이 아닌 광주에서 가진 것에
는 무게를 두었다. 특히 강 대표가 언급한 내용 중 "백 마디 말보다 한 마
디 실천이 중요하다" 는 점과 "탕평책을 쓸 것" 이라고 밝힌 점에 비중을
두었다.

그러나 지난 총선 직전 박근혜 당시 한나라당 대표가 광주·전남 각
각 1석씩의 비례대표를 약속했다가 파기한 사실을 지적하며 이번 사과
의 진정성을 의심했다. 그러면서 "호남서 두 자릿수 지지율을 확보하기
위한 전략이란 사실을 지역민들은 다 안다" 며 "두고 볼 일" 이라고 여운
을 남겼다.

남도일보도 이날 「호남 할당 30퍼센트 과연 지켜질까」라는 해설기사
에서 의문을 제기했다. 강 대표가 한 약속의 진정성에 당 안팎에서 의문

부호를 던지고 있다고 전하고 "비례대표 할당이라는 빛 좋은 개살구보다는 능력 있고 참신한 호남 출신 인재들을 당 사무처나 보좌관으로 등용, 지역발전을 위한 정책을 쏟아낼 수 있도록 하는 것이 급선무"라는 지적에 귀 기울일 필요성이 있음을 제기했다.

그러나 이날 광주를 방문한 자리에서 강 대표가 지역 현안에 관심을 갖고 적극 지원해 줄 것이라 밝힌 데 대해선 매우 고무적으로 평가했다.

특별법 제정 지원약속 파기하면 어쩌려고?

전남일보 등 지역일간지들은 「광주 문화도시 조성에 파란불이 켜졌다」며 크게 의미를 부여했다. 무등일보는 "광주 문화도시 조성에 탄력이 붙었다"며 "강 대표의 방문을 계기로 9월 특별법 제정 가능성이 높다"고 전망했다.

이밖에 다른 언론사들도 문화도시 관련 특별법 통과에 대한 야당의 긍정적 입장과 적극적 지원을 큰 방문 성과로 부각시켰다.

광주지역 방문에 앞선 전북 방문에서도 이 같은 현상이 나타났다. 전북지역 언론사들은 한나라당 중앙당이 정당이 전혀 다른 자치단체장과 정책협의회를 가진 데 대해 다양한 의미를 부여하며 해석했다.

새만금사업과 식품산업클러스트, 첨단부품·소재 공급기지 등에 적극 지원을 당부한 김완주 도지사와 이를 긍정적으로 받아들인 한나라당 대표와 의원들의 발언을 무게 있게 다뤘다.

그러나 광명시장의 호남 비하발언에 여전히 분을 삭이지 못하는 곳도 있다. 전라일보는 10일 「광명시장 발언 호남인 2만 명 집회」라는 제목으로 "오는 17일 오후 3시 광명 실내체육관 광장에서 전국의 호남 향우회원들이 망언규탄 궐기대회를 갖는다"는 예고기사를 싣기도 했다. 특히 "이번 행사는 한나라당 대표의 사과 재발방지를 촉구하는 공개 사과문 발표를 요구하고, 비하발언의 당사자인 이효선 광명시장의 사퇴를 촉구할 예정"이라고 보도했다. 당사자의 탈당에도 분노가 가시지 않았음을 읽을 수 있다.

한편, 영남지역 일간지들도 한나라당의 호남정책 사과와 관련한 기사를 정치면에 크게 다뤄 시선을 끌었다. 영남일보는 「한, 대권 겨냥 서진 본격화 신호탄인가」란 제목의 해설기사에서 "강 대표의 10일 대 호남 공식사과는 당 소속 의원들도 놀랄 만큼 전격적으로 이뤄졌다"며 당 차원의 첫 사과라는 점을 부각시켰다. 아울러 "대 호남 사과는 가해자가 피해자에게 공식사과하는 결자해지의 형식을 갖춤으로써 일단 한국정치의 고질병인 지역대립 구도를 깨뜨릴 수 있는 계기로 작용할 수 있다는 측면에서 의미가 크다"고 평가했다. 그러면서도 기사 말미에선 "한나라당이 각종 당 인사에서 호남 출신을 배려하고 호남을 위한 정책입안 등 실질적인 도움을 주지 못할 경우에는 하나의 이벤트에 불과했다는 비판을 면키 어렵다"고 우려했다.

매일신문은 강 대표의 호남 비하발언 공식사과 내용을 담은 기사와 함께 "취임 한 달을 맞은 강 대표의 리더십이 안정궤도를 달리고 있다"는 특집기사를 다뤘다. 지역화합에 대한 강한 의지가 돋보이고 있다는 점을 부각시킨 점이 이채롭다.

그러나 국제신문은 이날 강 대표의 호남 사과가 당 차원의 첫 사과라는 점을 부각시키면서도 "내년 한나라당의 대선 전략에 따른 이벤트라는 비판적 시각도 제기됐다"며 당 안팎의 쓴소리를 전했다.

이처럼 한나라당 대표의 대 호남 사과를 해석하는 시각이 분분하다. 기대와 우려가 혼재돼 있음을 읽을 수 있다. 첫 호남정책 사과라는 점에서 의미가 크다는 데는 이견이 없다.

문제는 정치적 이벤트에 머물러선 안 된다는 점이다. 지역감정과 대립구도를 타파하기 위해서는 진정성과 일관성이 전제돼야 하기 때문이다.

정치적 이벤트를 가장 경계하면서도 언론은 여러 갈래의 뉴스를 전달했다. 그러나 이번 사과가 립 서비스나 이벤트에 지나지 않는다면 언론의 영혼은 또 다시 멍들 것이 자명하다. 그래서 정치인들의 망탈리테(mentalite, 심성 또는 집단무의식)는 항상 다루기 어려운 것일까.

2006년 8월 11일

소통 · 불통 · 꼴통……,
그 뒤엔 어떤 저널리즘이?

봄이 한창 무르익던 지난 5월. 부산 해운대에서 열린 한 언론학술대회에서 「가차 저널리즘(Gatcha Journalism)에 관한 연구」 논문을 발표했다가 생뚱맞은 질문에 당황한 적이 있다. 지금도 그 기억이 생생하다. 아직 국내에서 널리 소개되지 않은 가차 저널리즘적인 보도행태를 소개한 때문이었을까. 국내 보수신문과 진보신문들을 대상으로 보도사례 및 내용분석을 기초로 한 연구논문이었지만 아무래도 생소했던 모양이다.

특정 정치인의 실수나 해프닝을 꼬투리 삼아 반복적으로 기사화함으로써 개인의 이미지에 치명적인 영향을 미치는 가차 저널리즘은 새로 주목받는 저널리즘의 한 유형이다. 이미 많은 선행연구가 미국에서 진행돼 왔지만 국내에선 아직 많지 않은 탓도 작용했을 것이다.

특정 사건들을 중심으로 한 내용분석이었는데 한 노(老) 교수는 발제가 끝나자마자 내게 살며시 다가오더니 툭 내던진다. "그거 가차 저널리즘이 아니라 꼴통 저널리즘이라고 하면 오히려 이해가 더 빠르지 않을까?" 하면서 잔뜩 긴장한 내게 조언을 아끼지 않았다. 굳이 어려운 용어 붙이지 말고 쉽게 풀이하자는 취지로 들렸다.

미국의 정치평론가 제리 랍딜(Jerry Lobdill)조차도 "암과 같은 존재"라고 비판할 정도로 가차 저널리즘은 이제 미국 언론과 심리학계에서 대안 마련에 나서고 있는 마당이다. 그런데 그 노교수는 가차 저널리즘을 왜 꼴통저널리즘으로 해석했을까. 의식에서 비롯되는 소통에 현격한 차이를 보이고 있기 때문이었을까.

강준만 전북대 교수가 최근 새전북신문(7월 10일자)에 쓴 「꼴통에도 법칙이 있다」는 칼럼이 갈증을 다소 해소시켜 주었지만 양은 다 차지 않는다. "꼴통은 자기의 원칙과 원리에 충실하기 때문에 현실적 고려를 무시하거나 볼온시한다"는 게 주된 논지다.

"사상과 의견의 시장원리로 보자면 꼴통은 도태되거나 적어도 공적 영역에선 힘을 못 쓰는 게 옳을 것 같지만 현실은 그렇지 않다"는 주장이다. 그는 "진짜건 사이비건 꼴통의 전성시대를 몰고 온 것은 인터넷"이라고 말하고 "소통은 갈수록 난감해진다"고 결론지었다.

그러나 여론시장을 주도하기 위해 의제설정권의 헤게모니를 쥐려는 과점신문들의 우월적 행태에서도 그러한 현상은 나타나고 있다. 멀리 보지 않더라도 최근 각종 신문 관련 세미나와 토론회에서 조·중·동을 빼고 나면 더 이상 할 얘기가 없는 듯하다. 이들 세 신문은 트러블 메이

커로서, 연구 대상으로 손색이 없어 보인다.

21일 오후 프레스센터 18층에서 열린 제61회 기자포럼에서 발제자로 나선 권혁남 전북대 신방과 교수는 '5·31선거보도의 평가와 개선과제'에서 과점신문들로 인한 왜곡된 시장구조를 지적했다.

그는 "미국처럼 국내 언론이 선거전에서 특정 정당이나 후보를 지지하는 것은 시기상조"라고 못 박았다. 미국과 달리 한국은 사주가 인사권을 장악하고 있는 등 상대적으로 편집권 독립이 미약한데다 조·중·동 3사의 신문시장 과점구조가 70퍼센트 정도에 달하기 때문이라는 주장이다. 균형 잡힌 여론 형성에 문제가 있을 수 있기 때문에 시기상조라는 논리다.

앞선 20일 프레스센터 12층 한론언론재단 강의실에서 열린 '신문의 위기와 신문시장' 토론회에서는 더욱 노골적인 비판이 쏟아졌다. 역시 조·중·동이 도마에 올랐다. 신학림 전국언론노동조합 위원장은 주제발표에서 신문의 신뢰위기 원인을 '신문 구독·광고·판매(배달)·매출·영향력 등 모든 영역에서 독과점 체제를 구축한 조·중·동의 정파적 이해에 사로잡힌 보도경향'을 우선 꼽았다.

신문시장 실패 원인도 조·중·동 3개 신문의 과당경쟁과 함께 불법판촉에 직무유기를 한 정부까지 포함시켰음에 주목을 끌 만하다. 이들은 조선일보가 사설(7월 1일)에서 주장한 '땟벌떼'나 '백골단' 등 관제언론개혁으로 밥벌이하는 사람들이 아니었다.

20일 민언련이 주최한 '헌재판결의 의미와 신문법 개정과제' 토론회에서도 위헌신청을 낸 조선일보와 동아일보의 입장에 대한 반론과 대안들이 쏟아졌다. 이용성 한서대 신방과 교수는 발제자로 나서 위헌판결된 시장지배적 사업자 추정 요건인 17조와 시장지배적 사업자 신문발전기금 대상 배제에 관한 34조를 짚었다.

그는 "신문시장의 여론 다양성을 보장하는 중요한 장치가 사라졌고 신문발전기금의 설립 취지 중 하나인 여론 다양성이 약화될 것"이라고 전제했다. 그런 뒤 "일반 상품시장의 점유율 상한선(상위 1개 사업자는 50퍼센트, 상위 3개 사업자는 75퍼센트)을 적용하되 그 조건을 전국지와 지역지 등 지리적 일간지시장 분리와 일반 일간신문과 특수 일간신문의 재등록을 통한 시장 분리, 매출액과 발행부수의 동시적용 등을 통해 점유율 기준과 대상을 적정하고 합리적으로 구성하자"고 제안했다. 조·중·동 등 과점신문을 겨냥한 것으로 볼 수 있다.

조·중·동을 겨냥한 신문법 개정 과제와 거시적인 신문시장 대안들이 잇따라 제시되고 있는 데는 단지 시장에서 지배되는 불공정 룰만 관련된 것이 아니다. 국내 중요 이슈를 다루는 관점에서도 크게 다른 양태를 보이고 있다는 점도 문제다. 한미 FTA 문제와 대일관계 및 대북관계 등에서도 조·중·동은 다른 매체들과 차별성을 드러내고 있다. 그리고 바로 그 차별성이 비판의 과녁을 자초하고 있다는 논평이 언론단체들의 홈페이지를 연일 장식해왔다.

심지어 경기와 강원지역 집중홍수 피해 때도 조·중·동은 '댐 개발론'을 들고 나와서 '개발 신중론'과 정면 대결을 벌였다. 환경단체와 진보매체 또는 일부 지역언론들의 반대론과는 달리 개발론을 성급히 제기, 마치 딴 나라 신문 같아 보였다는 지적이다.

"사주의 탈세 · 횡령 유죄판결까지 물타기하는 신문이 이승만 자유정 권하에서 관제데모를 주도해 온 백골단과 땃벌떼에 언론단체를 비유한 형태는 더욱 폭력적이었다"는 비판도 흘러나왔다. 류한호 광주대 교수(언론홍보 대학원장)는 "비판하더라도 품격 좀 갖추자"고 조선일보에 제안해 시선을 끌었다. 그는 13일 한겨레에 기고한 글에서 '정부의 지원' 이 곧 '매수' 였던 시절을 회고하고, 아울러 백골단이나 땃벌떼같이 언론매체 에서는 용납하기 어려운 저급하고 폭력적인 언사를 동원해 상대방을 공 격하는 조선일보의 처사를 비판했다. 그는 "넘어서지 말아야 할 선을 넘 어서 버렸다"며 "신문사 스스로 자신의 품격과 설득력을 깎아 내리는 자 해행위"라고 표현했다.

신문위가 지난 19일 조 · 중 · 동 세 신문을 언론중재위원회에 중재신 청한 것도 이러한 일련의 맥락과 무관치 않아 보인다. 세 신문 모두 신문 발전기금 우선지원 대상자 선정을 부정적으로 곡해했다는 이유지만 신 문위 홈페이지의 표현수위는 조 · 중 · 동이 마치 딴 세상 언론인 듯 날 선 대립구도를 드러낸다.

신문위는 "그동안 이들 세 신문은 기사와 사설에서 신문법에 근거한 합법적인 지원을 친여매체에 대한 선별지원인 것처럼 왜곡하고 장행훈 위원장 등을 정권의 친위 언론단체 출신으로 몰아 독립기구인 신문위의 위상을 실추시킨 점을 바로잡기 위해 중재신청을 냈다"고 밝혔다. 공정 위가 이날 발표한 신문고시 위반 과징금과 사상 최대 규모인 신고 포상 금 지급 내역은 또 어떻게 해석해야 할까. 조 · 중 · 동은 단연 과징금 부 과에서도 선두를 고수했다.

아니나 다를까. 전국언론노동조합은 즉각 문제제기했다. '신문고시 위반 과징금 부과 기준 모호'라는 제목의 성명에서 "공정위가 신문판매 고시를 위반한 사업자들에게 1,890만 원의 과징금을 부과하고 신고포상 금으로 8,104만 원을 지급한 것은 모순"이라며 문제를 제기한 것이다. 조선일보의 경우 5개 지국의 확장 대장을 증거로 제출한 한 시민은 건당 500만 원씩으로 최고 포상금인 2,500만 원을 수령하게 됐지만 5개 지국은 시정명령만 받았을 뿐 과징금은 단 한 푼도 물지 않았다"고 꼬집었다.

강 교수의 주장대로 모든 분야에 걸쳐 꼴통은 있게 마련이지만 현실 적 고려를 무시하거나 불온시하기 때문에 더욱 튀는 건 아닌지, 그래서 비판을 자초하고 있음은 아닌지 여러 의구심을 갖게 하기에 충분하다.

조·중·동은 '적대적 공존'도 용납하려 들지 않는다는 데 더욱 자극 을 부추긴다. 신문법 논란은 이 때문에 갈수록 증폭될 전망이다. 이를 바 라보는 지역신문들의 걱정이 이만저만이 아니다. 날로 가속화되는 중앙 식민화, 과점신문들의 의식식민화로 인해 이중 삼중의 위기에 처한 때 문이다. 서로 통하지 않는 이야기는 답답하고, 서로 너무 어긋나는 관점 의 차이는 아찔하다는 김진석 인하대 철학과 교수의 주장처럼 소통, 그 것이 문제는 문제인 모양이다.

2006년 7월 22일

가차 저널리즘에 관한 연구

'가차 저널리즘'은 공인, 특히 정치인의 실수나 해프닝을 꼬투리삼아 집중적으로 반복, 보도하는 언론의 보도행태를 말한다. 'Gotcha'는 영어 문화권에서 흔히 쓰이는 "I got you"의 줄임말로 우리말의 "딱 걸렸어" 정도에 해당되며, 미국 언론학계에는 상당한 연구가 있어 왔다.[7]

국내에서도 가차 저널리즘적인 보도행태를 찾아보기란 더 이상 어렵지 않다. 정치인의 말실수나 옷차림, 어색한 행동 등을 꼬투리 잡아 보도하는 행태가 최근 급속히 증가하고 있기 때문이다. 특히 가차 저널리즘적인 보도는 기사의 제목과 사진, 만평, 만화 등에서 주로 나타났는데 이는 언론사의 정치적 또는 이념적 성향과 무관하지 않다.

---

7) 박주현, 「가차 저널리즘(Gotcha Journalism)의 뉴스담론 구성에 관한 탐색적 연구: '이해찬 골프사건'과 '이명박 테니스사건'을 중심으로」, 『한국언론과학연구 제7권 1호』, 한국지역언론학연합회, 2007년.

만세 혹은 유감,
두 얼굴의 새만금 저널리즘

뉴스 가치 기준과 보편적 저널리즘 기능이 달라도 이렇게 다를 수 있을까. 한 가지 사안을 놓고 극명하게 의제가 갈렸다.

새만금을 두고 벌어진 최근의 보도양태는 한 지역의 종이신문과 인터넷신문의 의제설정 기능이 분명 다름을 알 수 있게 해 준 단적인 사례로 볼 수 있다. 그동안 새만금 찬반 논란을 다뤄 왔던 취재 보도과정에서 각 매체들은 서로 상이한 방향의 저널리즘 형태를 취해 왔다고 하지만 새만금 최종 판결을 보는 시각차는 극명할 정도로 엇갈렸다.

대법원 전원합의체는 지난 16일 환경단체와 전북지역 주민 등이 농림부 등을 상대로 낸 새만금 사업계획 취소 청구소송에서 원고패소 판결한 원심을 확정했다. 재판부는 지난해 12월, 서울고등법원 항소심 판단을 그대로 받아들인 셈이다.

지역일간지들, '환호' 분위기 초점

정부와 환경단체가 대립해오던 새만금사업에 대해 대법원이 개발론을 내세운 정부와 전라북도 측 손을 들어 준 데 대해 전북지역 일간지들은 기다렸다는 듯이 1면에 대서특필하며 환호의 분위기를 전했다.

전북일보는 17일 「새만금 계속 추진 대법판결」이란 1면 통단 제목에 '상고기각 … 4년 7개월 법정공방 마침표'란 부제목을 단 머리기사에서 "새만금은 이제 탄력을 받게 됐다"며 반가움을 표했다. 2면에서 5면까지는 「약속의 땅! 새만금」이란 특집에 할애해 지루했던 법정공방이 마무리된 배경을 설명하고 환영의 분위기를 부각시켰다. 또 사설에선 "새만금사업은 이제부터 시작이라 할 수 있다"며 "감정적 대립은 이제 잊어버리고 전북 발전과 친환경 개발에 힘을 합해 나갈 시점"이라고 강조했다.

전북도민일보는 「새만금 도민염원 승리」라는 제목의 1면 머리기사를 실은 데 이어 2면부터 무려 8개 면을 새만금 특집기사로 다뤘다. 전북도와 전주시에서 실시된 새만금 대법원 상고심 승소 축하행사 특집 화보로 꾸며 전면을 할애해 싣기도 했다. 새만금 공사 재개에 크게 기여한 지역인사들을 조명하면서 "현명하고 당연한 결정"이라는 주장들을 부각시켰다. 「도올의 혀는 몇 개더냐」라는 외부인 칼럼에서는 도올 김용옥 교수의 최근 새만금 관련 발언을 개발론 측면에서 다시 한번 비판하기도 했다.

전라일보도 이날 「15년 체증 해결 … 전북 미래 탄탄대로」라는 1면 머리 기사와 새만금사업 재개 결정에 환호하는 도지사 및 시민단체 대표들의 큼지막한 사진을 함께 실었다. 「새만금 승소 … 대립 종지부」란 특집기사로 4개 면을 할애하는 등 화보를 통해 지리한 공방의 마침표를 환영했다.

이밖에 새전북신문은 「새만금사업 계속한다」, 전민일보는 「전북도민 환희의 합창」, 전북매일신문은 「새만금, 도민 품에 돌아오다」라는 큼지막한 제목의 1면 머리기사에서부터 2~5면에 걸친 특집기사를 비슷한 형태로 내보냈다.

지역 방송사들도 대법원의 승소 결정이 내려지던 16일 저녁 새만금 현지에서 뉴스를 내보내는 등 공사가 재개되는 쪽에 큰 무게를 두고 특별취재 보도를 했다. 환호와 승리가 주된 의제거리였던 셈이다. 그러나 전주 및 부안지역 인터넷신문들의 주요 기사에는 정반대의 이야기들이 주를 이뤄 대조를 보였다.

의제설정에 밀린 어두운 반대 목소리

지역인터넷 대안신문인 참소리는 「다시 갯벌 살리기 운동 하겠다」는 제목의 톱기사에서 "이번 판결로 인해 새만금 생명은 죽음을 맞이하게 됐다"며 반대단체와 반대주민들의 목소리를 의제로 부각시켰다.

"대법원의 상고 기각은 정당성 부여가 아니다, 계속 싸워 나가겠다"며 결연한 의지를 담은 성명서를 발표하는 환경단체 사진과 함께 대대적인 해상시위와 촛불집회 등의 향후 반대운동 계획을 보도함으로써 종이신문들과 상반된 의제를 주요 기사로 다뤘다.

부안독립신문은 「대법, 끝내 정부 손 들어줘」란 제목의 기사를 메인면 톱으로 싣고 "생계대책 막막해졌다"는 어민들의 표정과 "예고된 패배지만 갯벌 보존을 계속해 나갈 것"이라는 환경단체의 목소리를 크게 부각시켰다.

부안21도 「대법원, 생존을 위한 새만금의 몸부림 외면」이란 제목의 머리기사에서 '닥쳐올 환경재앙 도민들도 깨달을 것' '간척사업 반대운동은 이제부터 시작' 등의 부제목과 함께 닥쳐올 홍수 등 재앙을 예고하는 기사로 가득 메웠다.

이처럼 새만금사업에 대한 대법원의 최종 판결을 다룬 지역언론사들의 저널리즘 형태는 상반된 두 얼굴임을 알 수 있다. 방향 제시 및 도구적 저널리즘, 뉴스가치 기준에 현격한 차이를 드러낸 하루다.

2006년 3월 17일

선거와 함께 태어난 새만금사업

1987년 11월 11일 민정당의 노태우 후보는 '새로운 서해안 시대를 대비한 개발 전략'을 발표했다.

이날 발표의 핵심은 군산, 옥구의 해안과 서천군 해안 일대에 1조 970억이 소요되는 1만 2,983헥타르(3,900만 평) 규모의 군산, 장항 광역 산업기지를 조성하는 한편 인천과 목포를 연결하는 서해안 고속도로를 건설하겠다는 것이었다. 이와 함께 변산반도 국립공원, 서산·태안·해상국립공원, 다도해 해상국립공원 등의 조성사업을 포함하여 이 지역의 종합적인 중단기 관광개발계획의 추진 방안도 포함되어 있었다.

그러나 여기에 새만금 간척사업은 빠져 있었다. 새만금 개발계획이 빠진 주된 이유는 경제기획원 등 경제부처 장관들이 이 사업의 경제성에 회의를 갖고 있었기 때문이다. '식량을 수입하는 것이 막대한 사업비를 들여 농지를 조성하는 것보다 더 경제적'이라는 논리였다. 실제로 경제기획원은 그해 11월 4일 열린 경제부처 장관 회의에서 새만금지구와 군장지구의 2개 안을 보고하면서 새만금지구의 경제성 없음을 이유로 군장지구 추진을 건의한 것으로 알려졌다.

여당 후보의 지역개발 공약에 새만금사업이 빠진 것에 대해 전북의 인심은 실망의 빛이 역력했다. 그해 11월 14일자 전북일보는 1면 머리기사는 「만금지구 간척사업 백지화」라는 제목 아래 경제기획원의 논리를 반박했다.

전북지역의 여론을 읽었음인지 여당 후보의 공약은 또다시 뒤집어

지게 된다. 불과 한 달도 안 된 12월 10일 노태우 후보의 전주 유세에서 였다. 그러나 선거를 엿새 남기고 호남을 방문하여 유세를 열려던 노태우 후보는 예정된 유세장소 전주역 광장이 최루탄과 돌멩이가 난무하는 아수라장으로 변하자 준비한 비장의 카드를 호텔에서 발표하였는데 이것이 바로 '새만금'이었다.

당시 노 후보는 "서해안 지도를 바꾸게 될 새만금지구 대단위 방조제 축조사업을 최우선 사업으로 선정, 신명을 걸고 임기 내에 완성하여 전북 발전의 새 기원을 이룩하겠다"고 강조했다. 이날 곁들여진 양념은 군산대학의 종합대학교 승격, 김제시의 시 승격, 전주시의 구청제 도입 등이었다. 다음날 농수산부는 "1986년부터 사실상 타당성 조사를 실시하고 있는 이 사업을 1989년 상반기에 세부실시계획을 확정하여 본격 추진, 1996년 방조제를 완성하겠다"고 발표하여 여당 후보를 노골적으로 지원하고 나섰다.

금강 하구 군산 앞바다에서 비응도와 고군산군도의 야미도, 신시도 등 섬과 변산반도를 잇는 총연장 33킬로미터의 방조제를 구축하여 서울 여의도 면적의 140배인 4만 헥타르(1억 2,000만 평)를 매립하는 국내 최대의 농업간척사업인 새만금사업. 관계 당국에서 사업성을 검토하다 재원조달의 어려움과 경제성이 없다는 이유로 '사업추진 불가'로 결론났던 이 사업은 13대 대통령선거를 불과 엿새 앞두고 이처럼 선심성 선거공약으로 탄생한 것이다.

"민정당에서 새만금간척사업을 선거공약에 넣기로 했다는 얘기를 듣고 깜짝 놀랐습니다. 재원마련도 문제였지만 쌀이 남아도는 상황이

어서 농업간척의 경제성이 적었고, 지역 특성으로 보아 인근에 대불공
단이나 군장산업기지건설이 추진되고 있었기 때문에 굳이 공업지역
으로 개발할 필요도 없어 포기한 사업이었거든요. 무턱대고 그러면 나
중에 뒷감당을 어떻게 하느냐고 항의했지만 소용이 없었지요." 당시
이 일에 관여했던 실무자의 설명이다.[8]

8) 국민일보, 1992년 1월 30일.

지역 살찌면 조·중·동이 문 닫기라도 하나?

헌법재판소가 24일 행정중심복합도시 건설을 위한 특별법의 위헌 여부에 대해 재판관 7 대 2의 의견으로 각하 결정을 내렸다. 이를 바라보는 언론사들의 시각은 마치 추를 중앙과 지역, 둘로 나누어 저울질하고 있는 듯하다. 특히 중앙의 보수언론사들과 지역언론사들은 부정과 긍정, 두 쪽으로 갈린 의제를 설정해 독자들을 딜레마에 빠뜨리고 있다.

가뜩이나 지난해 10월 헌법재판소가 행정도시특별법은 위헌이라는 결정을 내린 이후 수용자들은 중앙과 지역의 언론사들이 대립된 시각을 드러냄으로써 혼돈을 초래했던 경험을 갖고 있다. 그럼에도 불구하고 이번 결정 이후 중앙의 보수언론사들은 또 다시 부정적인 입장을 취함으로써 지역언론사들의 긍정적인 견해와는 뚜렷이 구별됐다.

조 · 중 · 동, "두 개의 수도, 불균형 심화" 우려

중앙일보는 이번 발표 이후 즉각 사설에서 「결국 두 개의 수도로 가는 가」라는 제목과 함께 "수도 분할과 이에 따른 업무 처리의 비효율성에 대한 반발, 우려의 목소리가 높아 불씨는 여전히 남아 있다"고 전제하고 "소수 의견이 지적한 대로 행정도시 건설은 수도 분할을 의미한다는 점에서 과거 위헌 결정의 근거였던 관습헌법의 기준과 한계가 무엇인지 모호하다"고 의문을 제기했다. 또 "수도가 분할된 상황에서 통일 이후 수도의 입지 선정 문제는 더욱 까다로워질 것이 분명하다"며 "서울과 공주, 연기를 잇는 경부 축으로의 집중이 심화되면서 오히려 국토 불균형이 더 심각해질 수도 있다"고 헌법재판소의 결정에 부정적인 시각을 드러냈다. 사설 말미에서는 "행정도시 건설은 몇 년 안에 끝날 수 있는 일이 아니다"라며 "정권이 바뀐 뒤에도 일관성 있게 추진될 수 있을 것인지에 대해 의구심도 만만치 않다. 수십조 원의 재원이 투자되는 행정도시 건설이 진행되다가 흐지부지된다면 재정적 · 사회적 비용 낭비는 돌이키기 어렵다는 점을 명심해야 한다"고 경고하기도 했다.

조선일보도 같은 날인 25일 「행정도시가 앞으로 건너야 할 15년 세월」이라는 사설에서 헌재결정에 대한 저간의 배경을 설명한 뒤 "대통령을 비롯한 이 정권 사람들은 행정중심도시 건설에 들어가는 수십조 원의 돈은 국민의 피라는 점을 명심해야 한다"면서 "충청과 비충청지역을 갈라놓고 표를 계산하고 이용하는 국민분열과 국민이간 행동이 다시는 되풀이되지 않기를 바란다"고 부정적인 시각을 드러내기는 마찬가지였다.

동아일보 또한 「행정도시 헌재 결정 이후의 과제」란 사설에서 "서울

만큼 풍부하고 인력과 인프라를 갖춘 도시는 지구상에 많지 않다"며 "정부의 당초 약속대로 서울을 경제금융중심도시로 발전시키고, 수도권에 첨단업종의 외국인 투자를 계속 유치할 수 있어야 한다"고 오히려 강조했다. 또 이 사설 후미에서는 "행정도시가 선거 때마다 정략적으로 이용돼서는 안 된다. 노 정권은 행정도시에 관한 역사적 평가도 생각해야 한다"고 지적함으로써 역시 부정적인 각도로 바라봤다.

경향 · 한겨레, "결정 수용하고 균형발전 도모해야"

이에 반해 한겨레와 경향신문의 사설은 조 · 중 · 동과 다른 입장을 드러냈다. 한겨레는 이날 「행정도시법 합헌 결정, 갈등 극복의 계기로」의 사설에서 "여야가 헌재 결정을 수용하면서 국가균형발전에 대한 국민적 지혜를 모으고 갈등 치유에 나서자고 한목소리를 낸 것은 성숙한 자세"라며 "대한민국에 서울만 있고 지방은 없다는 지역민의 박탈감을 더는 외면해서는 안 된다"고 헌재 결정을 긍정적인 시각에서 다뤘다.

경향신문도 「행정도시 둘러싼 소모적 논쟁 끝내자」라는 같은 날 사설에서 "헌법재판소의 결정을 계기로 이제는 행정도시 문제를 둘러싼 소모적 논쟁을 끝내야 한다"며 "이번 결정은 오랜 정쟁의 사슬을 끊고 수도권과 지방이 함께 발전하는 균등의 가치를 모두가 고민하고 풀어 가는 계기가 되어야 한다"고 논쟁 종식론에 무게를 뒀다.

지역의 대부분 일간지들의 입장은 조 · 중 · 동이 드러낸 시각과 더욱 천양지판이었다. 행정수도 이전에 가장 큰 기대를 모아왔던 충청지역의 일간지들은 1면 스트레이트와 2~3면 특집기사, 사설 등에서 헌재의 결정에 긍정적인 시각과 함께 향후 전망을 그려내기에 바빴다.

대전일보는 이날 사설 「이젠 행정도시에 매진하자」란 제목과 함께 "한국전쟁의 참화로 전 국토가 잿더미로 변한 뒤 세계가 주목하는 '압축성장'을 위해 불가피한 측면이 있었다고 해도 국가의 모든 핵심 중추기능·자본을 수도권으로만 집중시킨 폐해는 엄청나게 크다"고 주장하고 "국토균형발전을 위한 행정도시 건설은 온 국민이 잘살자는 취지로 추진되는 것이므로 행정도시특별법에 이의를 제기했던 세력들도 또다시 다른 방법으로 이의를 제기하겠다는 생각은 추호도 하지 말아야 한다"고 밝혔다.

충청지역, "새 역사 시작됐다" 축제 분위기

충청투데이는 헌재의 결정이 나자마자 「행정도시 합헌 … 충청 새 역사가 시작됐다」는 스트레이트 기사와 특집기사를 통해 "행정도시 건설특별법이 우여곡절 끝에 헌법적 가치를 인정받았다. 국가정책의 신뢰성과 국가의 대외신인도를 높이면서 수도권 과밀해소와 국가균형발전의 초석을 다지는 새로운 전기를 맞이했다"고 전했다. 또 특집면을 할애해 "헌법재판소의 결정을 겸허하게 수용한 후 그동안 사분오열된 국민적 갈등을 해소하는 것은 국가의 경쟁력을 상승시킬 수 있는 지렛대일 것이다"라고 강조했다.

호남과 영남지역 일간지들도 헌법재판소의 결정을 긍정적으로 평가했다. 광주일보는 이날 사설 「국론통합으로 행정도시 건설 속도 높여야」에서 "행정도시 건설정책을 반대해 왔던 측도 이제 더 이상 소모적 논의를 중단해야 한다"면서 "행정도시 건설은 수도권 과밀화 해소로 수도권에도 좋은 처방이며 지방에 활력을 불어넣음으로써 국토균형발전을 통해 우리나라의 경쟁력도 높이는 계기가 될 것이다. 따라서 이제는 행정도시를 어떻게 효율적으로 건설할 것인가를 놓고 지혜를 모아야 할 때"라고 강조했다.

전북일보도 같은 날 「헌법재판소 판결 이후의 과제」라는 제목의 사설에서 "헌재 판결이 갖는 중요한 의미는 참여정부가 명운을 걸다시피 하고 추진해 온 행정도시건설의 헌법적 정당성을 확보했다는 점"이라며 "현재 국토의 12퍼센트에 불과한 수도권에 전 국민의 50퍼센트 가까운 인구가 밀집돼 있는데다 중앙행정기관의 84퍼센트, 대기업 본사의 91퍼센트가 집중돼 있다. 이에 따른 폐해는 새삼 거론할 필요조차 없을 정도"라고 정책의 당위성을 피력했다.

영호남 · 강원, "이젠 지방과 수도권 상생" 한목소리

부산일보는 이날 「행정중심도시 갈 길은 국가균형발전」이란 사설에서 "지금처럼 수도권 집중 현상이 계속된다면 정부는 다른 특단의 대책을 내놓아야 한다"고 전제하면서 "그런 점에서 행정수도는 출발일 뿐이다. 서울 등 수도권이 불합리하게 장악하고 있는 것은 뭐든 점차적으로 지방에 넘겨줘야 한다. 이제 지방과 수도권이 서로 상생하는 길을 본격적으로 모색해야 할 시점"이라고 강조했다.

매일신문 역시 「행정도시 합헌 … 공공기관 이전 서두르길」이라는 사설에서 "이제는 국론 통일과 차질 없는 추진이 과제다"라면서 "헌재 결정은 '법적' 판단일 뿐 정치, 사회, 경제적 정당성과 효율성은 별개라는 주장이 여전히 만만찮다. 이 때문에 이러한 논쟁과 갈등을 해소하고 봉합하는 국가적 노력이 있어야 행정도시건설은 성공할 수 있다"고 일부 중앙언론사들의 부정적인 시각에 쐐기를 박는 듯했다.

강원일보도 「행정도시 건설과 국가균형발전」이라는 사설을 통해 "그동안 행정도시 건설을 놓고 빚어졌던 많은 논란과 갈등을 말끔히 씻고 새롭게 출발해야 한다"며 "헌재의 결정을 존중하고 행정도시 건설문제로 더 이상 소모적인 논쟁을 벌이지 말아야 한다. 정치적으로 이용하는 일도 있어서는 안 되겠다"고 주장했다.

이처럼 행정도시특별법에 대한 헌재의 판결 이후 지역언론사들은 일제히 반기면서 차질 없는 국토균형발전을 기대하는 등 정책적인 갈무리의 중요성을 강조하고 나섰지만 중앙의 보수일간지들은 여전히 못마땅하다는 엇갈린 반응이다. 일각에서는 "지역이 살찌면 중앙의 보수언론사들이 문 닫게 될 것을 미리 걱정하는 게 아니냐"는 문제제기까지 나오고 있다. "한번쯤은 지역적인 시각으로 중앙을 바라보아야 할 때"라는 고언을 되새겨 볼 일이다.

2005년 11월 25일

"어쩐지 지방신문이 잘 안 팔린다 했더니……"

"어쩐지 지방신문이 잘 안 팔린다 했더니 다 이유가 있었구먼."

"조선일보가 지역에서도 잘 팔리는 이유가 신문고시를 100퍼센트 위반해서라고?"

지역언론계가 술렁이고 있다. 전북 전주지역에서 '조선일보의 신문고시 위반 비율 100퍼센트'라는 신문시장 불공정거래행위 감시 네트워크(이하 감시 네트워크)의 조사결과가 발표되었기 때문이다. 특히 지역신문 사주 등 임원들 사이에서는 "과연 이럴 수 있을까?" "그토록 불공정행위에 대한 감시를 강화한다더니 공정위를 비웃고 있구만"이라며 중앙지들의 불공정판매행위와 형식적인 단속에 대한 노골적인 불만이 쏟아져 나오고 있다.

전북 민언련은 감시 네트워크가 중앙일간지 지국들을 대상으로 최근 무가지와 경품지급 실태를 조사한 결과, 신고포상제가 도입된 직후와 비교해 볼 때 신문고시 위반 비율이 현저히 증가했으며, 특히 조선일보의 경우 100퍼센트에 달하는 위반 비율을 나타냈다고 27일 밝혔다. 감시 네트워크가 전주지역에서 구독점유율이 높은 중앙일간지 5개사(조선, 중앙, 동아, 한겨레, 경향) 지국들을 대상으로 지난 22일 무가지, 경품지급 실태를 조사한 결과 조선의 경우 13곳의 지국에서 2개월 서비스와 함께 무가지 경품을 제공하고 있는 것으로 조사됐다.

신고포상제 도입 직후의 경품제공은 쟁반, 도서, 선풍기에 머물던 것이 이젠 무가지 2개월 서비스와 상품권, 선풍기, 전화기, 청소기, 공구세트, 찻잔, 아이스박스, 식기 등으로 다양해지고 있다는 사실도 이번 조사 결과 드러났다. 또한 판촉요원을 거치지 않고 지국과 직접 구독계약을 할 경우 월 2,000원 수준의 구독료 할인 등 혜택을 부여하는가 하면 이보다 더 많은 편법이 동원될 가능성도 배제할 수 없는 상황이라는 게 민언련의 주장이다.

이번에 드러난 신문사 무가지 경품지급 실태조사 결과에서는 조선일보의 경우 13곳의 전 지국에서 2개월 서비스와 경품을 제공한 것으로 나타났고, 동아일보는 68.7퍼센트인 11곳의 지국이 이에 해당했으며, 중앙일보는 4곳(57.1퍼센트), 경향신문은 1곳(25퍼센트)으로 나타나 5개 신문사 29곳(59.2퍼센트)의 지국이 신문고시를 위반하고 있는 것으로 조사됐다.

한겨레는 2개월 서비스와 경품이 따로따로 주어지는 지국은 있으나 동시에 제공하는 곳은 없는 것으로 나타났다. 경품이나 무가지가 제공되는 경우 두 가지를 합한 가액이 연간 구독료의 20퍼센트(2만 8,800원)를 초과하는 경우 공정거래법에 위반되지만 2개월 서비스는 허용하고 있는 실정이라고 민언련은 밝혔다.

그러나 나머지 4개 신문사(조선, 중앙, 동아, 경향)들의 지국 중에도 2개월 서비스 또는 경품만을 따로 지급하는 곳이 상당수 포함돼 있었다. 공정위가 신문시장 신고포상금제 실시 이후 신고된 신문 지국의 신문판매고시 위반행위에 대해 과징금 3,540만 원을 부과하는 한편, 사건을 신고한 10명의 신고자에게 첫 포상금을 지급하기로 최근 밝혔지만 그 와중에도 중앙일간지들의 불공정판매행위가 지속되었음을 알 수 있다.

더욱이 전북은 많은 지역신문사들이 난립해 치열한 광고 및 판매경쟁을 벌이고 있음에도 중앙지들의 열독점유율이 89퍼센트에 달하는 등 타 지역에 비해 중앙지와 지방지 간의 구독점유율 차가 큰 곳으로 꼽혀 이러한 신문고시 위반에 지역신문들이 민감한 반응을 보이고 있다.

지역일간지 판매국 담당자들은 "불공정거래 신고자에 대한 신고포상금제가 실시되고 있으면 뭐하느냐"며 "이런 상태로 가다간 지방지들은 불공정거래행위 규제를 비웃는 중앙지들과의 경쟁에서 살아남을 수 없을 것"이라고 불만을 나타냈다.

2005년 7월 28일

'신문고시 위반조치, 조·중·동 91.5퍼센트'

2006년 10월 25일 기자협회보는 "신문고시 위반으로 처분을 받은 사례 가운데 91.5퍼센트가 동아일보, 조선일보, 중앙일보와 관련된 것으로 나타났다"고 밝혔다. 이 기사는 "국회 문화관광위 우상호 의원(열린우리당)이 2006년 10월 23일 공정위의 자료를 검토한 결과, 포상제도가 시행된 지난해 9월부터 올해까지 신문 지국의 불법경품, 무가지 제공 행위 등이 신고돼 과징금이나 시정명령 등의 처분을 받은 건수는 총 117건으로 이 중 동아·조선·중앙 등 3개 신문사 관련이 107건, 전체의 91.5퍼센트였다"고 밝혔다. 포상금 지급액 총 1억 4,770만 원 가운데서는 조·중·동 관련이 1억 3,370만 원으로 전체 지급액의 90.5퍼센트를 기록했다.

신문판매고시 위반행위에 대한 조치로 3개 신문사가 받은 과징금 액수는 전체 8,070만 원의 89.6퍼센트인 7,230만 원이었다. 경고조치는 44건 중 42건, 시정명령은 29건 모두 3개사가 받았다. 3사 가운데서 중앙일보가 경고·시정명령·과징금 등 41건으로 가장 많은 위반 처분을 받았고 조선은 35건, 동아는 31건이었다.

과징금도 중앙일보가 3,590만 원으로 제일 많이 물었다. 동아일보는 2,300만 원, 조선일보는 1,340만 원이었다. 포상금 지급액은 3사 중 조선일보 관련이 5,107만 7,000원으로 가장 많았다. 중앙일보는 4,434만 원, 동아일보는 3,828만 8,000원이었다.

3장

그래도 우리는 나아간다

변화하는 지역언론의 얼굴

힘들어도 '살어리 살어리랏다' ▪ "지역언론은 서울 어젠다에 빠져 있다" ▪ 앙팡 테리블과 시민기자 ▪ "쨍하고 떴습니다! 시민의, 시민에 의한, 시민을 위한 뉴스" ▪ 시민 저널리즘, 지역언론에 새바람 ▪ "지역혁신·균형발전, 지역언론에 달렸다" ▪ "신문사 사장? 우리가 직접 뽑아요" ▪ "신문 위기? 크로스 저널리즘으로 극복한다"

힘들어도
'살어리 살어리랏다'

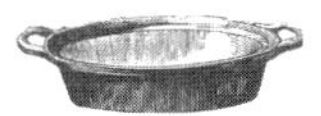

"우린 시민기자들과 함께"

"우린 지역, 직장, 독자와 함께"

"우리는 기획 탐사보도에 사활 건다"

"난립된 신문시장, 통합으로 돌파한다"

험난한 파고를 헤쳐 나가는 방법도 가지각색이다. 대담한 정면 돌파하기, 우회하기, 주변 세력과 힘을 합쳐 기회 엿보기 등 다양하다. 치열한 생존경쟁에서 살아남기 위한 묘책들이 지역신문인들의 축제의 장인 '2007 지역신문 컨퍼런스'에서 쏟아져 나왔다. 14일 대전시 한국원자력안전기술원에서 지발위가 주최한 컨퍼런스 행사는 한국언론재단이 주관하고 문화관광부가 후원했다.

컨퍼런스라는 명칭에 걸맞지 않게 각 세미나장은 대회장을 방불케 했다. 전국 지역일간지 및 주간지 관계자들이 참석한 가운데 펼쳐진 우수사례 발표대회 열기는 뜨거웠다.

지역신문 지원사업 3년, 엇갈린 명암

지역사회 발전과 지역의 문화적 정체성 확립에 기여한 사례, 지역주민과 함께 호흡하며 더 가까이 다가서기 위해 기울인 노력, 경영혁신을 통한 우수사례 등을 발굴하여 지역신문의 사회적 공기로서의 역할을 널리 알리기 위해 마련된 이번 컨퍼런스에는 전국 지역일간지와 주간지들 가운데 1차 예선을 통과한 신문사들의 우수 콘텐츠가 부문별로 각축전을 벌였다.

지발위가 지난 7월 24일부터 8월 24일까지 각 지역신문들을 대상으로 신청받은 63개 신문사의 우수사례 가운데 24개 신문사를 선정해 이날 본선 대회를 치른 것이다. 열띤 주제발표와 토론, 질문과 답변이 끊임없이 오갔지만 지역신문이 처한 어려운 상황은 대부분 비슷했다.

참신한 내용의 발표들도 눈에 띄었다. 주민과 함께, 지역공동체 살리기, 시민기자, 문화와 자연 등의 콘텐츠로 나누어 진행된 컨퍼런스는 지역신문 지원사업 시행 3년 평가의 명암이 엇갈렸지만 향후 발전방향을 모색하는 자리답게 독특한 우수사례들이 주목을 끌었다.

이날 가장 멀리서 온 한라일보가 영예의 대상을 차지해 주변을 놀라게 했다. 매주 수요일 '특별 자치마을 만들기'를 기획보도하고 있는 한라일보는 이날 '제주의 미래를 마을에서 찾는다'는 주제로 사례를 발표했다. 주민들의 이해와 공감대를 형성시키는 지역밀착 연중 기획보도였다.

한라일보 '마을 만들기' 대상 수상

지역공동체 살리기를 살기 좋은 마을 만들기와 연계시켜 기획하고 있는 한라일보는 해외 선진사례와 지역 특성에 대한 면밀한 분석을 바탕으로 마을 만들기 운동을 확산시켜 좋은 반응을 불러 모았다는 점에서 후한 평가를 받았다.

이름 없던 무명의 마을을 동백마을로, 슬럼가를 박물관마을로, 산마을을 생태숲마을 등으로 콘셉트 및 방향을 제시함으로써 '마을 만들기'를 '뉴 제주운동'으로 확대해 나간다는 취지다. 이로써 주민들의 지역신문에 대한 관심이 높아질 뿐만 아니라 주민과 행정의 적극적인 토론과 간담회를 유도해내고 있다는 것이다.

이날 발표된 우수사례 중 신문 간 통합 실천사례는 많은 참여자들의 이목을 끌었는데, 고추로 유명한 충남 청양지역의 지역신문 사례가 최우수상을 받았다. 청양지역의 경우, 인구가 줄고 경제여건이 어려워졌음에도 2개의 신문이 재정압박 속에 과열경쟁을 해온 모양이다. 청양신문과 뉴스청양이 10여 차례의 통합 논의를 거쳐 결국 '건강한 신문사, 좋은 신문사'라는 통합 의의를 내세워 지난 8월 27일 통합을 해냈다. "제호를 청양신문으로 통합하고 나니 독자도 늘고, 지면도 늘어나게 돼 분야별 기획기사를 통해 지역의제 형성에 더욱 적극적으로 개입할 수 있어 좋다"는 김근환 대표는 "더욱 좋은 신문을 만들어 구매가치를 높일 수 있을 것"이라고 통합의 시너지 효과를 설명했다. 김 대표는 또 지발위가 통합신문에 대한 지원규정을 신설할 것을 주문하기도 했다.

지발위 통합되면 어떤 바람 불까

이 외에도 원주투데이는 '원주사랑 걷기 캠페인'으로 주민과 함께하는 신문으로, 군포신문은 관내 9개 초·중·고와 신문활용교육(NIE) 협약을 맺고 학생기자 제도를 운영하는 등 교육 분야에서 두드러진 사례들을 발굴하는 신문이라는 점이 높이 평가돼 각각 최우수상을 수상했다.

또 우수상에는 새전북신문의 시민편집국 운영사례, 부산일보의 인적 네트워크 기획보도, 매일신문의 NIE 운용, 전북일보의 시민기자 운용, 강원도민일보의 매니페스토 기획보도, 구로타임즈의 문화탐방 기획과 실천사례 등이 각각 뽑혔다. 그러나 지발위 지원사업 완료가 4개월 앞으로 다가온 시점이어서인지 아쉬운 표정들이 역력했다.

김영호 지발위 위원장은 "지역신문이 나아가야 할 길이 다방면으로 제시된 하루였다"면서 "지역신문들의 긍정적 변화가 지역사회와 지역 주민들에게까지 전달되지 못하고 그들만의 변화에 머물고 있는 것이 큰 문제"라고 지적하고 "지역신문 전반의 이미지 개선을 통한 지역사회 뿌리내리기 사업은 반드시 필요하다"고 말했다. 그는 또 "지역신문 지원

사업 종료 이후 지역신문 스스로 구독자 및 광고 증가, 경영여건 개선, 품질향상과 지역사회 내 영향력 증대 등을 이루는 선순환 구조를 만들기 위해 노력할 필요가 있다"고 강조했다. 최근 가속이 붙고 있는 한국언론재단, 신문위, 지발위, 신문유통원 등 4개 기구 통합을 예고한 대목이다. 그는 통합 이후 어떤 변화가 올지 모르는 만큼 지역신문들은 이에 철저히 대비해야 한다는 뜻을 내비쳤다.

2007년 9월 15일

"지역언론은
서울 어젠다에 빠져 있다"

'언로(言路)의 균형발전은 정녕 기대조차 어려운 것인가?'

'누가 미디어 시장을 침해하고 위협하는가?'

무거운 화두다. 자본권력의 미디어 시장점유율이 방대하기 때문이다. 게다가 언로의 서울 1극 체제가 극심한 상황이다. 논의 자체가 어려운 문제일 수 있다. 그러나 이 두 가지 질문에 대한 화답이 있다면 언론은 분명 희망이 있다는 계산과도 같다.

지방대 교수 2명이 이에 대한 화답을 자청하고 나섰다. 그것도 전국에서 인구 대비 가장 많은 지역일간지가 난립한 곳에서 해법을 제시했다. 이목을 쏠리게 할 만도 하다. 전북 민언련이 지난 3일부터 개최한 '언론학교'에는 시민과 학생, 언론계 및 학계 전문가들이 모여 열띤 토론을 펼

쳤다. 올해로 14번째를 맞은 '참언론 실천의 한마당' 행사인 '언론학교'
는 모두 10개의 주제로 교수와 중견 언론인들이 강사를 맡아 강의와 토
론 형식으로 진행되었다. 강준만 전북대 신문방송학과 교수의 첫 강의
는 '지역언론, 희망은 있다' 란 주제로 3일 열렸다.

강준만 교수, '게으른 습성' '안전제일주의' 혹평

강 교수는 "대선 후보자들이 지역을 잇따라 방문하고 있지만 지역언론
사들은 지역 어젠다보다 서울 어젠다에 함몰돼 있다"며 지역언론계의
'안전제일주의'를 비판했다. 특히 "지역신문들은 비용이 싸게 들어가는
맛에 갈등을 빚는 양쪽의 이야기만 전달하는 데에 급급할 뿐, 독자적인
심층 취재로 양쪽의 주장을 평가하려는 자세는 보이지 않는다"며 '게으
른 습성'을 혹평했다. 지역언론의 '주적'이라는 것이다.

그는 "새로운 변화를 시도해 봐야 그걸 누가 알아주겠느냐고 성급하
게 굴면 안 된다"며 "뻔하게 굴었던 과거의 비용을 치르고 이제는 정말
소통구조를 바꾸어야 한다"고 강조했다. 개혁, 그것도 사즉생(死卽生)의
각오가 깃든 개혁을 강조했다. 그러면서 그는 지방민들의 의식구조도
바뀌어야 한다고 일갈했다.

그는 "지방의 삶을 제대로 다뤄 달라고 요구하지 못할 이유가 뭐란 말
인가?"라고 물은 뒤 "지방 사람들이 체념의 지혜를 발휘하는 것도 정도
문제"라고 꼬집었다. "지금과 같은 서울 중심적 소통구조는 지방을 넘
어 국가적 재앙"이라고 말하는 그는 "귀향의 행렬이 이어지는 설과 추석

때뿐만 아니라 1년 365일 내내 서울이 아닌 전국을 생각할 수 있게끔 소통구조부터 개혁하려는 운동이 대대적으로 일어나야 한다"고 부연 설명했다.

무엇보다 지방이 개입해 '여의도 방송'을 명실상부한 '전국방송'으로 변화시켜야 하며, 서울 지방지들이 전국을 장악하는 일만은 막아야 한다고 주장했다. 이를 뒷받침하기라도 하듯 그는 두 가지 이론(법칙)을 예로 들었다. 먼저 그는 "한국형 롱테일 법칙을 고민하자"고 제안했다. 지방이 중앙의 꼬리, 그것마저도 파편화된 꼬리가 되어 버린 현실을 바꾸지 않으면 안 된다는 것이다. 중앙이 독식하고 있는 목록에 각 분야에 걸쳐 지방의 이름을 올리고, 또한 지방 자신의 목록을 만들고 그걸 키워야 한다는 게 그의 주장이다. "그러나 유감스럽게도 지방은 지금 스스로 파편화된 꼬리가 되기 위해 안달하고 있고, 그걸 지역발전 전략이라고 부르고 있다"며 현실을 개탄했다.

"패배주의 벗어나야 희망 싹튼다"

두 번째 그가 강조한 이론은 '역 나노의 법칙'이다. 같은 구조로 이뤄진 물질이라도 구성입자의 크기가 나노 사이즈로 작아지면 반응의 속도가 빨라지고 간섭도 줄어들기 때문에 새로운 물질과 장치를 만들어낼 수 있다는 '나노의 법칙'을 역으로 생각해 볼 필요가 있다는 것이 역 나노의 법칙이다. "'뭉치면 살고 흩어지면 죽는다' '커지면 성격이 달라진다'는 '역 나노의 법칙'을 믿고 실천해 보자"고 강 교수는 제안했다.

"누군가가 새로운 시도를 할 경우 그것이 왜 안 되는 것인지를 설명하는 데엔 모두 다 천재들이라는 사실에 놀랐다"는 그는 "놀라울 정도로 날카롭고 깊이 있는 생각을 가진 사람들이 조금씩만 도와주면 되는데 왜 안 되는 쪽으로만 생각하는지 알 수 없다"고 말했다. 최근 그가 학생들과 창간한 인터넷신문 선샤인뉴스에 대한 냉소적인 반응과 지역언론을 외면한 채 돌을 던지고 침을 뱉기에 바쁜 비정상적인 행태를 이렇듯 빗대어 표현한 것이다. "패배주의에서 벗어나 새로운 법칙을 싹 틔울 때 비로소 지역언론에도 희망이 보인다"는 그의 논리에는 한이 서려 있는 듯했다.

"지역언론을 살리는 게 정말 안 될까? 불가능할까? 정치경제적 구조의 한계를 인정하더라도 그 한계의 몫에도 미치질 못하고 있잖은가? 문제의식을 가진 사람들이 단합해 덩치를 키워 나간다면 지역언론시장과 수용자의 성격이라는 것도 달라질 수 있지 않을까?" 강 교수는 이날 끝없이 이런 문제를 제기하면서 문제의식의 공유와 단합을 강조했다.

"언론-정치-자본권력 일체화"

이틀 후인 5일에는 김승수 전북대 신문방송학과 교수가 바통을 이어 받았다. '미디어산업과 권력'이란 큰 주제를 들고 나섰지만 그도 역시 극도의 피로감에 사로잡혀 있는 지역미디어의 문제점과 대안에 주목하기는 마찬가지였다. 김 교수는 두 번째 강의에서 언론권력과 정치권력, 자본권력의 관계를 '일체화'라는 말로 설명했다. 그는 "한국사회에서 대 신문재벌이 누리는 신문권력은 자금, 인력과 인맥, 정보 등에서 다른 누구에게도 뒤지지 않는다"며 "배후에는 재벌, 광고주, 부동산자본, 미국이 있다"고 주장했다.

그는 정보통제 기능을 크게 국가권력과 삼성과 같은 대기업권력, 국제권력, 스타권력으로 나누어 설명했다. 방송법, 통신자유법을 수시로 고쳐 공공성과 공익규제를 허약하게 만든 국가의 미디어 정책과 신자유주의 정책 등이 정보통제를 강화했다는 것이다. 그는 "지금도 대통령 홍보실, 문화부, 국정홍보처, 방송위원회, 한국방송광고공사 등은 미디어 시장을 통제하는 규제 기구들이다"라고 주장했다.

아울러 그는 "한국정보자본주의와 미디어산업이 안고 있는 모순의 핵 가운데 하나는 통제불능 상태의 삼성권력을 들 수 있다"며 "방대한 인맥과 자본을 갖고 있어 삼성공화국을 넘어 삼성제국으로 불릴 정도가 된 삼성그룹은 민주공화국을 표방하는 대한민국의 건강한 발전과 민주주의에 결정적인 해를 끼칠 수 있다"고 강조했다. 그는 또 "매년 막대한 광고비를 지출하여 미디어산업의 흐름을 통제하는 삼성권력은 국가권력을 넘어서는 힘을 가졌지만 누구도 감시와 견제가 어려운 공룡이 됐다"고 우려했다.

이밖에 김 교수는 "국제권력의 핵심인 미국은 경제력, 군사력, 정치력, 정보력, 문화력을 바탕으로 한국을 통제한다"며 "한미 FTA 등으로 인해 미디어시장은 더욱 미국에 개방되어 자주성이 흔들릴 정도"라고 지적했다.

"심각한 광고 불평등 '게임 끝'인가?"

김 교수는 스타 시스템 역시 우려할 수준이라고 말했다. "스타 시스템이야말로 대중미디어시장의 재원을 고갈시키며 수용자에게 과다한 소비주의나 상업주의 이념을 강제하기 때문에 국민에게 부담을 주는 계급"이라는 것이다.

그러면서 김 교수가 가장 우려한 분야는 역시 지역미디어시장이었다. 그는 "지역미디어산업이 위기지만, 정부나 국회, 전문가나 업계 누구 하나 동정이나 눈길조차 보내지 않는다"며 "이 문제가 나오면 이들은 경쟁력이 없다거나 비리의 온상이라고 하면서 지역미디어의 존재 의의를 깎아 내린다"고 비난했다.

김 교수는 "지역이 튼튼해야 나라도 튼튼해진다"며 "그렇지만 지금은 서울도 부실하고 지역은 더 부실한 형편"이라고 잘라 말했다. 미디어산업의 서울 집중 때문이라는 것이다. 앞서 강 교수처럼 김 교수도 언로와 미디어산업의 서울 집중은 정보, 문화의 방향을 서울에 한정시킬 수밖에 없다는 논리다. 서울 식민지는 도시와 시골을 불평등하게 만들고 지역미디어시장을 폐허로 내몰고 있다는 주장이다. "어떤 것을 셈할 때 어떤 한쪽이 독주를 하면 시합이 끝나기도 전에 '게임 끝'이라고 말한다. 서울과 지역의 심각한 광고시장의 불평등성도 그런 말이 나올 수밖에 없다." 지역의 미디어시장이 처참한 지경에 이르렀음을 그는 이렇게 표현했다.

2007년 9월 7일

앙팡 테리블과
시민기자

3년 전 『미쳐야 미친다』(2004)는 책이 출간돼 인기를 모은 적이 있다. 괴기한 제목의 이 책은 박지원, 박제가, 정약용, 허균, 이덕무 등 18세기 조선 지식인들의 열정을 다뤘다. 당대의 마이너였으나 그들만이 가질 수 있었던 열정과 광기로 말미암아 일가(一家)를 이룰 수 있었던 것은 불광불급(不狂不及)의 정신 때문이었음을 강조한 책이다.

'미치지 않으면 미치지 못한다' 는 뜻의 열정은 서양에서도 오래전부터 강조돼 왔다. 프랑스의 시인이자 소설가인 장 콕토(Jean Cocteau)는 1920년대에 쓴 자신의 소설에서 이와 비슷한 표현으로 '앙팡 테리블(enfant terrible)' 이란 말을 처음으로 사용했다. '무서운 아이들' 이란 말이지만 '미칠 듯한 열정이 놀라운 능력을 발휘한다' 는 뜻을 내포하고 있

다. 동양의 '불광불급'과 서양의 '앙팡 테리블'은 오늘날 여러 분야에서
빛나는 열정과 도전정신에 비유되고 있다. 그중 시민 저널리즘의 주역
인 시민기자들을 앙팡 테리블에 비유하며 기성 언론인들의 분발과 각성
을 촉구하는 주장이 눈길을 끈다.

미국의 저명한 언론인 출신이자 시민운동가인 댄 길모어(Dan Gillmor)
는 『우리가 미디어(We the Media)』란 자신의 저서에서 열정으로 똘똘 뭉친
시민기자들이 미디어계의 총아로 부상하고 있다며 "우리가 바로 미디
어"라는 화두를 던졌다. 그는 "지금 당장 거대 미디어들과 경쟁을 벌이
기는 힘들지만 시민기자들이 어떤 이슈를 집중적으로 파고들 경우 상당
한 위력을 발휘할 것으로 확신한다"고 강조했다.

주류 언론들이 일방적으로 뉴스 소비자로만 취급했던 시민들이 이제
는 뉴스의 소비자인 동시에 생산자인 '프로슈머(prosumer)'로 부상하면
서 언론계에 판도 변화가 올 것이란 그의 주장은 현실로 다가오고 있다.

2005년 허리케인 카트리나가 미국 남동부를 강타했을 당시 CNN,
MSNBC, 뉴욕타임스와 같은 다수의 주류 언론들은 시민들로부터 기사
와 사진, 비디오테이프를 얻기 위해 치열한 경쟁을 벌였다. 미국의 대통
령선거에서 돌풍을 일으키고 있는 UCC(User Created Contents: 사용자 제작 콘
텐츠)도 이와 무관치 않다. 이 때문에 주류 언론계는 시민기자들을 중심
으로 운영되는 커뮤니티 뉴스 사이트들을 항상 예의 주시하고 있다.

영국의 BBC방송도 시민들이 방송 제작에 본격적으로 참여하는 시민
저널리즘의 모델을 적극 도입하고 있다. 런던 지하철 테러사건 보도 때
시민들이 보내 온 이메일, 문자메시지, 비디오 등을 활용한 것을 계기로

'섬 블로깅'과 '액션 네트워크' 등 다양한 시민참여 프로그램이 성공을 거두고 있기 때문이다. 이처럼 '시민 저널리즘'의 주역인 시민기자들은 뉴미디어 시대의 '앙팡 테리블'로 주목받고 있다.

프로슈머의 급부상은 1960년대 전 세계 미디어계를 발칵 뒤집어 놓았던 "미디어가 곧 메시지다"라는 캐나다 출신의 미디어 학자 마샬 맥루한의 주장과 다소 일맥상통한 점도 있지만 댄 길모어의 '우리가 미디어다'라는 명제를 더욱 분명하게 확장시키고 있다.

그러나 유감스럽게도 국내 언론의 관행은 참으로 무섭다. 시민기자들에 대한 냉소적인 반응에서 묻어난다. "어떻게 수용자들이 뉴스 생산의 주체가 될 수 있느냐"는 부정적인 반응이 팽배해 있다. 냉소적이고 부정적인 이유를 종합해 보면 뉴스의 공급자와 수용자의 고착화된 관계설정에 길들여져온 관성이 가장 크게 작용하고 있다.

그러나 오만과 게으름, 편견으로 버무려진 '훈계식' 또는 '강의식'의 제설정만을 고집하고 있는 사이에 시민들은 더 이상 뉴스 소비자에 머물지 않고 생산자 입장에서 뉴스 콘텐츠에 참여하고 있다. 오히려 그들은 안주하는 주류 매체들을 향해 '우물 안 개구리'라고 비아냥거린다. 특히 인터넷의 확산으로 독자와 시청자는 뉴스 소비자에서 생산자로 진화한 지 오래다. 도처의 시민들이 인터넷을 통해 전례 없는 방식으로 의제를 설정하고, 정보를 교환하며, 새로운 편익을 만들어 내기 위해 협력하고 개입하고 있다.

주류 언론들이 권력의 찌꺼기를 핥고 있는 사이에 UCC를 앞세운 앙팡 테리블이 무섭게 몰려오고 있음을 직시해야 한다. 이대로 가다간 기

성 언론인들이 고스란히 뉴스 채널을 내줘야 할지도 모른다. 그때 가서
불광불급을 아무리 외쳐본들 소용없는 일이다.

2007년 8월 15일

"쨍 하고 떴습니다!
시민의, 시민에 의한, 시민을 위한 뉴스"

"지금 우리 언론엔 사즉생의 정신이 없다. 사즉생을 실천하지 않는다고 비판할 순 없으니, 그저 답답할 따름이다."

한국일보 6월 27일자에 실린 강준만 전북대 신문방송학과 교수의 글은 뭔가 수상적은 뉘앙스를 풍긴다. '대안 저널리즘'이란 제목부터가 우선 심상치 않다. 대학입시 내신문제를 둘러싸고 교육부와 일부 대학들 사이에 벌어지고 있는 싸움을 지켜보면서 새삼스럽게 '우리 언론, 이대로 좋은가?'라는 화두를 꺼내든다.

그는 교육부와 대학 싸움을 중계만 하는 언론의 행태를 꼬집었다. "민생과 직결된 의제들에 한해 언론이 대안을 모색하는 노력을 기울이는 건 시대적 요청"이라며 사즉생을 실천하지 않는 언론을 질타했다. 사즉생이라는 비장한 카드를 제시한 내막이 궁금하지 않을 수 없다.

"왜 언론은 '왜?'에 무게 두지 않나?"

강 교수는 『인물과 사상』 7월호에서 더 큰 화두를 던졌다. 「지도자 민주주의는 숙명인가?」란 제목의 글에서다. 정당 민주주의 대신 지도자 민주주의로 가고 있는 원인을 크게 네 가지로 분석해 제시했다.

희망이 없는 상황에서 영웅이 모든 걸 해결해 주길 바라는 '영웅대망론', 이념과 같은 추상보다는 사람에 더 잘 빠지는 '정(情) 문화', 지도자의 강력한 리더십으로 모든 걸 빨리 해결하고 싶어하는 '빨리빨리 문화', 기득권 구조에 대한 강한 '불신과 저항'이 인물 중심주의를 싹틔웠다고 한다.

그러더니 글 말미에서 다시 언론에 책임을 물었다. 무엇보다 지금과 같은 '정치투쟁 중계보도' 관행을 보완해야 한다고 했다. '왜?'에 무게를 두는 분석기사·해설기사가 더 많아져야 한다고 주장한 그는 "그러나 조·중·동의 패권이 지속·강화되는 현실에선 그마저 기대하기 어려우니, 이 노릇을 어찌할꼬" 하고 개탄했다.

그런 강 교수가 도저히 참지 못했는지 다시 비장한 각오를 드러냈다. 7월 4일자 한국일보 칼럼 「지방은 한국의 미래다」에서는 "이 글을 쓰는 나부터 치열하게 성찰하면서 지방언론 발전을 위해 헌신하겠다는 걸 약속드린다"며 그 이유는 "지방은 한국의 미래이기 때문이다"라고 밝혔다.

강도 높은 성찰과 다짐에 놀라지 않을 수 없다. 궁금하기도 했다. 갈증을 해소하기 위해 그의 연구실을 찾아 나선 것은 6일 오후다.

연구실서 학생들과 대안언론 싹 틔워

아닌 게 아니라 엄청난 일이 벌어지고 있었다. 오래전부터 학생들과 함께 인터넷 신문 창간 준비를 해오고 있었던 것이다. 그것도 서너 평 남짓한 그의 연구실이 중심무대였다. 강 교수는 학생들과 함께 막판 창간 작업에 비지땀을 흘리고 있었다. "왜?" 외에는 달리 질문이 나오지 않았다.

기다렸다는 듯이 그의 답변은 통쾌하게 쏟아져 나왔다. "해 보다 안 되면 그만이라는 식으로 물러설 수 있는 일이 아니다. 나와 참여 학생들의 모든 걸 건 모험이다."

구체적인 콘텐츠를 묻기도 전에 비장한 자신감을 내비쳤다. 인터뷰 장소와 시간을 달리 할 필요도 없었다. 마침 그동안 창간을 준비해온 학생들과 창간(7월 7일 오후 7시)을 하루 앞두고 6일 오후 2시부터 막판 기획 회의를 공개적으로 실시한 때문이다.

서울 중심적 사고·행동으로 인한 지방의식의 내부 식민화와 소통부재를 늘 걱정해 온 그가 교수생활 19년 만에 드디어 폭발한 것일까. 신문방송학과 학생들과 함께 한 달 전부터 선샤인뉴스(www.sunshinenews.co.kr)라는 제호의 인터넷신문 창간을 치밀하게 준비해 온 것이다.

"끝까지 책임을 지고 지도할 생각"이라고 말하는 강 교수는 학생들과 함께 만들었다는 창간사와 지역민, 대학 졸업생들에게 보낼 편지, 앞으로의 계획 등이 담긴 서류를 인터뷰 자료 대신 내밀었다. "왜 선샤인뉴스가 필요한가?'에 대해서 그는 이렇게 언급한다.

한마디로 "그간 사회의 밝은 면을 다루는 '선샤인뉴스'가 희소했기 때문"이란다. "뉴스가치의 구조조정이 필요하다"는 그는 "밝음과 어두움 사이의 균형을 위해 더 많은, 선샤인처럼 밝은 뉴스가 필요하다"고 말했다.

"시민의, 시민에 의한, 시민을 위한 뉴스 발굴할 것"

강 교수는 "미리 김칫국 마시는 것 같아 저어되긴 하지만, 우리가 '시민 없는 시민운동'이라는 비아냥을 넘어서 '시민의, 시민에 의한, 시민을 위한' 시민운동의 새로운 모델을 개발하여 전국에 파급시킬 수도 있다고 생각한다"고 덧붙였다.

지역민들에게 기쁨을 주고 사랑을 받겠다는 것이다. 그 기쁨은 해맑은 '선샤인뉴스'를 제공하는 것에만 그치지 않는다. 1년 365일 내내 앞뒤로 선샤인뉴스 로고와 '전주를 세계에서 가장 깨끗한 도시로'라는 글씨가 크게 박힌 티셔츠를 입고 전 직원들이 매일 오후 5시부터 6시까지 시내 구석구석을 청소할 계획이라고 한다. 그냥 쓰레기만 줍는 게 아니라 거리 청소를 취재의 기회로 삼아 매일 청소를 끝내고 각자 짧은 소감과 제언을 선샤인뉴스에 올리도록 한다는 것이다. 사즉생의 각오로 시민들을 감동시켜 짧은 시간 내에 선샤인뉴스와 시민개혁운동이 지역뿐만 아니라 국내 또는 전 세계로 펼쳐져 나가도록 한다는 당찬 각오다.

강 교수가 그토록 언론의 사즉생을 강조해 온 이유를 이제야 알 것 같다. "너무 혹독한 출발 아니냐"는 질문에 그는 "탈퇴자가 나올까 염려되긴 하지만 이 정도의 각오 없이는 성공하기 어렵다"며 "선샤인뉴스를 지역발전과 개혁의 센터로 만들어 나갈 것"이라고 다시 힘주어 말한다.

"가장 중요한, 진짜 공부는 팀워크"라고 말하는 강 교수는 참여 학생들에게 '연구하며 실천하는 자세와 더불어 양보하고 배려하고 사랑하는 자세'를 거듭 주문하고 있었다. 사즉생의 각오로 무장된 선샤인뉴스가 지역언론과 시민들에게 어떤 변화와 반응을 불러올지 주목된다.

2007년 7월 7일

시민 저널리즘,
지역언론에 새바람

실천운동과 자구 몸부림이 버무려지면 매서운 새바람을 불러올 수 있을까? 개방적이고 민주적인 시민기자 제도의 도입이 지역언론에 고루 확산되고 있다. 지금까지 자사 입장에서 결정하던 의제 설정을 시민의 입장에서 실천하려는 운동이 몸부림치고 있다.

정보 생산자와 소비자의 구분을 없애고 일반 시민이 직접 뉴스 생산의 주체가 되도록 하는 시민기자 제도는 이젠 지역신문업계에서도 그리 낯설지 않다. 일반 시민이 관심을 갖고 있는 의제를 중심으로 시민의 시각에서 보도할 수 있는 길을 열어 놓고 있다는 점에서 시민 저널리즘 실천을 위한 유용한 도구가 될 수 있다고 보고 있기 때문이다.

새전북신문, 38명 객원전문기자단 출범

시민기자 제도와 객원전문기자 제도가 새해 벽두부터 전북지역에서 관심을 모으고 있다. 인구 대비 가장 많은 11개 지역일간지가 난립한 곳이다. 생존경쟁이 가장 치열한 곳이기도 하다.

그 가운데 새전북신문이 19일 오후 4시 시민편집국 제1기 객원전문기자 위촉식과 시민편집국의 본격적인 출범을 알려 시선을 끌었다. 이날 위촉식은 전북지역 최초로 운영되는 시민편집국과 시민·객원기자 운영방침 보고에 이어 38명의 객원전문기자들에 대한 위촉장 수여, 그리고 간담회 순으로 진행됐다.

이날 위촉된 객원전문기자는 모두 38명으로 사회, 교육, 문화, 예술, 행정 등 각계각층에서 활동 중인 전문가들로 구성되었다. 연극인, 시인, 공무원, 음악가, 교사, 의사, 공예가 등 직업 분포도 다양하다. 이들은 각자의 블로그를 통해 지역신문 온라인과 오프라인 공간에 글을 소개하며 공동의제를 발굴해내는 역할을 맡았다. 새전북신문은 이 외에도 주부와 학생 등 일반시민 누구나 참여할 수 있는 개방형 시민기자 제도를 시행, 이미 50여 명을 확보해 놓고 조만간 발대식을 할 예정이다. 신문사 문턱을 없애고 시민 누구나가 자유롭게 드나들며 지역의제에 참여해 지역의제 설정의 주체가 되도록 하는 시민 저널리즘을 극대화한다는 취지다.

시민 참여 저널리즘이 확산되고 있는 가운데 지역 최초로 기존 편집국 외에 시민편집국을 만들어 시민기자 제도와 각계 전문가들로 구성된 객원전문기자 제도를 동시에 가동한 새전북신문의 시도는 주목할 만한 일이다.

이두엽 새전북신문 대표이사는 시민편집국 운영과 관련해 "지역에서 최초로 운영되는 시민편집국에 대해 그동안 별로 관심을 두지 않았던 지역민들이 많은 관심을 갖게 됐다"며 "지역신문이 방향을 잃지 않고 올바로 나아가기 위해서는 시민들의 감시와 견제 등 활발한 참여가 뒷받침돼야 한다"고 말했다.

그는 제1기 시민편집국 객원전문기자단 발대식에 앞서 "이제는 시민 참여 저널리즘도 인터넷 기술의 발전으로 동영상 영역에 무게중심을 싣고 있는 추세"라면서 "새전북신문은 시민기자 제도와 객원전문기자 제도를 통해 자발적인 시민참여를 유도하고 의제설정을 시민과 함께 해나가는 동시에 동영상 UCC 형식의 뉴스 서비스 활성화에 최선을 다하겠다"고 말했다.

전북일보, 여성 객원기자 8명 위촉

전북일보도 이에 뒤질세라 제1기 여성 객원기자 8명에 대한 위촉식을 18일 오후 본사 회의실에서 열고 여성들의 역량을 바탕으로 시민 저널리즘을 가동했다.

1기 객원기자에는 전업주부, 전문직 여성, 시민단체 활동가 등 20대부터 50대까지 다양한 연령층이 선정돼 지역사회의 다양한 문제를 여성의 시각으로 조명할 것으로 기대되고 있다. 최동성 전북일보 편집국장은 "신문을 보는 입장에서 만드는 입장으로 자리가 바뀐 만큼 책임감을 가지고 뛰어 달라"고 주문했다.

지역사회 구석구석의 생생한 목소리를 현장감 있게 전달해 줄 객원기자는 시민기자 제도를 본격적으로 도입하기 위한 전초 단계로 볼 수 있다. 궁극적으로는 시민 누구나 자유롭고 평등하게 참여할 수 있도록 하기 위한 것으로 전 지역에 바람이 불 전망이다.

1~2년 전부터 국제신문과 강원일보는 시민기자 제도를 이미 도입해 운영하고 있다. 이들 신문은 지역민들의 온·오프라인 참여를 적극 개방·확대하고 있다. 도민기자 제도를 실시하는 제민일보는 어린이기자 제도가 큰 호응을 얻고 있다. 이밖에 경남도민일보도 객원기자 제도를 일찍이 운영해 폭넓은 시민 저널리즘을 실천하고 있다. 다양한 콘텐츠 발굴과 함께 소비자 입장에서 기사를 작성하겠다는 게 공통된 취지다.

정직한 보도, 균형 있는 시각 전달은 물론 지역발전에 필요한 의제설정 기능에 충실하겠다는 이들 지역신문들은 날로 위축돼 가는 지역신문 업계의 새바람을 시민 저널리즘에서 찾고 있다.

2007년 1월 20일

"지역혁신·균형발전, 지역언론에 달렸다"

"개혁을 개혁해야 한다."

중국의 작가 루쉰은 죽은 지 70년이 됐지만 여전히 '현대 중국의 공자'로 높이 평가받고 있다. 그의 실천적 개혁사상이 지금도 통용되고 있기 때문이다. "본래 땅 위에는 길이 없었다. 걸어가는 사람이 많아지면 그것이 곧 길이 되는 것이다"라고 말한 그의 '조화사회'를 향한 개혁주의는 지금 국내 지역언론사들이 이고 있는 무거운 화두와도 같다.

때마침 지난 7일부터 12일까지 6일간의 일정으로 광주 김대중컨벤션센터에서 개최된 '제3회 대한민국지역혁신박람회'에서는 '지역혁신과 균형발전에 지역언론이 중심이 돼야 한다'는 역할론이 강조돼 지역언론인들의 이목을 집중시켰다.

"지역언론 역할 어느 때보다 중요" 이구동성

참여정부의 최우선 국정과제인 국가균형발전정책의 성과와 살기 좋은 지역 만들기의 미래를 공유하기 위해 마련된 지역혁신박람회는 그동안 축적된 지역혁신의 성과에 걸맞게 규모와 전시내용 등 양적 측면에서는 물론, 질적 측면에서도 전년도에 비해 한층 업그레이드된 행사였다는 평가를 받고 있다.

특히 지난 8일과 10일 열린 '지역신문의 지역혁신사례'와 '지역인터넷언론의 역할'의 두 토론회에서는 국가 전략산업의 하나인 국가균형발전문제와 지역혁신을 한 발 앞당기기 위해 지역언론의 역할이 어느 때보다 중요하다는 의견들이 모였다. 지역주민의 눈과 가장 가까이 있기 때문이다. 이를 위한 지역언론의 올바른 개혁과 실천과제들이 제시돼 지역언론계에 비상한 관심을 끌었다.

실천이 수반되지 않으면 혁신의 주체로 설 수 없다는 점이 과제로 남긴 했지만 위기의 지역언론들이 헤쳐나갈 방향과 로드맵이 제시됐다는 측면에선 귀 기울일 필요가 있다. 우선 8일 지발위 주최로 열린 '지역신문의 지역혁신 사례발표' 토론에서는 세 가지 성공사례가 소개돼 이목을 집중시켰다.

전국 지역언론 관계자들이 참여한 가운데 열린 이날 토론회에서는 원주투데이의 '한 도시 한 책 읽기 운동'과 뉴스서천의 '스쿨 존(school-zone)을 통한 교통안전', 전남일보의 '환경문제를 통한 지역혁신 사례' 등이 지역발전과 지역문화를 가꾼 대표적 사례로 소개됐다.

원주투데이, 책 읽기 운동에 7만여 명 참여 전망

원주투데이는 2004년부터 매년 9월부터 11월까지 독서인구의 저변 확대와 책 읽는 분위기 조성을 위해 매해 심사과정을 거쳐 선정된 도서 한 권을 같이 읽는 릴레이 운동을 펼쳐 지역사회와 함께하는 지역신문으로 자리매김한 사례로 선정됐다. 매년 한 권의 책을 선정해 모든 시민이 책을 읽도록 유도한다는 취지에서 출발해 좋은 성과를 거둔 덕분이다. '원주시민 모두가 책 한 권을 함께 읽는다면'이란 슬로건을 내걸고 독서인구 증대를 통해 책 읽는 원주 만들기에 지역신문이 앞장서 온 것이다.

오원집 원주투데이 대표이사는 "도시발전을 위해서는 외형적인 성장 못지않게 시민들의 문화적 소양 업그레이드도 중요하다"며 "책을 읽는 문화가 도시문화로 자리 잡는다면 그보다 좋은 일이 없을 것이라 판단해 적극 추진하게 됐다"고 배경을 설명했다. 또 "같은 책을 읽는 문화적 체험 공유 속에서 타인의 생각을 이해하고 공유하는 기회가 되고 있다"고 이 운동의 효과를 설명했다. 오 대표이사는 2004년 3만 5,000여 명의 시민이 참여했으나 올해 학생과 시민 등 모두 7만여 명이 참여할 것으로 전망하고 있다.

원주투데이는 지난 3년간 부대 행사로 독서토론회와 독후감상문 대회 등 단순한 행사를 개최하는 데 그쳐 왔지만, 앞으로는 매년 9월 한 달 동안 책을 주제로 한 연극, 퍼포먼스, 공연 등 다양한 행사를 개최해 책으로 하나 되는 도시 분위기를 조성해 나간다는 야심 찬 계획을 내놓았다. 이벤트성 캠페인에 머물지 않고 전 시민이 참여하는 운동으로 승화해 타 지자체와 차별화된 독서환경을 조성해 나간다는 각오가 돋보였다. 게다가 지역 내 모든 언론기관이 공동으로 참여하는 운동으로 전환할 계획이라는 오 대표는 "이 사업을 건강도시 사업과 연계해 추진하는 방안도 검토 중"이라고 말했다.

학교폭력 예방, 환경보도 등 다양한 사례 소개

또 이날 토론회에서는 뉴스서천의 '청소년 보호 캠페인'이 혁신사례로 소개됐다. 이 신문은 지면을 통해 제도개선은 물론 행정의 안일한 방치로부터 혁신할 수 있도록 네 가지 기획과 캠페인 등을 실천한 사례가 시선을 끌었다. 학교폭력 예방활동과 스쿨존을 통한 교통안전 캠페인, 지역에 산재해 있는 문화재 알기 및 보호, 연구개발 캠페인 등이 큰 호응을 얻고 있다는 것이다.

양수철 뉴스서천 대표이사는 "이번 일을 하면서 개인적 잘못을 고칠 수 있었다. 그동안 무심코 지나쳐 버린 것들을 생각하면 얼굴이 화끈거린다"며 반성의 뜻을 먼저 비쳤다. 또 양 대표이사는 "작은 일이지만 신문을 통해 직접 실천함으로써 종사자들의 마음도 뿌듯하고 기분도 좋고 건강도 좋아지는 일석삼조의 효과를 거두고 있다"고 자랑했다.

전남일보의 '환경문제를 통한 지역혁신 사례'도 소개됐다. 환경문제에 대한 기획보도와 '샛강 살리기' '생태 문화도시 탐방' 등 다양한 심포지엄과 캠페인 등을 통해 환경문제에 대한 인식을 제고시켜 온 전남일보의 사례는 많은 참가자들의 주목을 받았다.

임영섭 전남일보 경영기획 부국장은 이날 사례발표에서 "기존 언론들의 일회성 고발보도나 문제제기, 경마식 보도행태에서 탈피해 창사 이래 지난 17년간 일관성을 유지하며 다양한 방법을 통해 지속적으로 환경문제를 다뤄왔다"고 밝혔다.

이어 임 부국장은 "환경 특집의 상설화와 환경전문기자제 유지, 환경 단체와의 연대 캠페인, 각종 심포지엄, 해외 선진사례에 대한 지속적인 탐사보도, 보고서 및 책자 발간, 광주 · 전남 환경대상 제정 및 시행을 통해 환경보전의식 고취를 위한 노력을 해 온 결과 독자와 주민들로부터 좋은 반응을 얻고 있다"고 설명했다.

전남일보는 영산강 살리기, 섬진강 살리기, 무등산 복원운동 등 매년 환경 관련 의제를 설정해 민 · 관 · 학 · 언 · 군 공동으로 환경문제 해법을 찾기 위한 노력을 지난 1989년부터 일관되게 추진해왔다.

환경문제에 대한 전남일보의 이러한 종합적 전략과 사업, 세부 실천 방안, 기획 탐사보도, 일관된 방침은 지역언론의 의제설정 방식을 비롯해 지역언론의 역할과 기능, 지역 저널리즘의 나아갈 방향 등에 대해 다시 생각해 볼 수 있는 계기를 마련해 주었다는 분석이다.

지역밀착형 이슈가 핵심이다

이번 토론회 참석자들은 "지역언론은 중앙뉴스의 단순한 중계소가 아니라 지역의 이슈와 의제, 쟁점, 현안 등에 대해 주체적인 관점에서 천착하면서 지역의 정체성과 차별성, 특화전략 모색, 살기 좋은 고장 만들기 등에 있어서 주도적인 역할을 해야 할 것"이라고 이구동성으로 입을 모았다.

지역신문 혁신사례 토론회에서 김재선 대전참여자치시민연대 사무처장은 "민선 3기 지방자치단체의 공약 중 70~80퍼센트는 대형 토목개발 사업이었지만, 이런 개발사업이 진정 지역의 지속가능한 발전을 가져왔는지는 극히 의문이다"라며 문제를 제기하고 "지역의 공론을 형성해 가는 과정에서 중심적 위치를 차지하고 있는 지역언론의 역할이 더욱 더 중요시되는 시점"이라고 강조했다.

최경진 대구 가톨릭대학 교수도 "지역문화·환경·청소년·이주여성문제 등이 중앙정책 차원에서 보면 시시콜콜한 문제로 비칠 수 있는지 모르지만, 지역 입장에서는 가벼운 사안이 아니다"라고 지적한 뒤 "지역밀착형 이슈가 지역 저널리즘의 사명이자, 지역사회와 지역문화를 살찌우는 핵심 문제 중의 하나"라며 균형발전과 지속가능한 대안을 찾는 데 있어 지역신문의 역할을 강조했다.

이어 10일, 지역인터넷신문대토론회에서는 국가균형발전을 위해 지역인터넷언론이 분명한 역할을 해야 한다는 주장이 제기됐다. 지역의 인터넷신문들이 매너리즘에 빠진 종이신문들과는 차별화된 정보의 장으로 자리매김하면서 국가균형개발에 견제 역할을 제대로 할 수 있다는 이야기다.

"지역인터넷신문 갈수록 역할 커"

갈수록 주목도가 높아지고 있는 지역인터넷신문을 위한 제언도 쏟아졌다. 무엇보다 지역인터넷신문은 신뢰도 확보와 균형감 있는 기사 작성, 객관성과 속보성, 양방향성을 살리는 자구노력을 병행해야 한다는 지적이다.

한국지역인터넷신문협의회(회장 김중규, 디트뉴스24 대표)가 이날 오전 광주 김대중컨벤션센터에서 마련한 '지역혁신과 국가균형발전을 위한 지역인터넷언론의 역할' 세미나에서는 이민원 광주대 교수가 발제자로 나서 "지방화를 위해 언론의 역할을 제대로 할 수 있는 매체는 인터넷언론"이라고 전제했다.

이 교수는 "지방화 촉진을 위해 지역성을 대변해 주는 인터넷언론에 대한 지원을 늘려야 한다"며 "인터넷은 지역의 자율성과 의견을 결집하는 공동의 장이 됐다"고 주장했다. 또 "정보가 다 인터넷으로 가 버린 지금 왜 지역인터넷언론이 필요한가에 대한 사명감이 있어야 한다"며 "지방화가 어느 때보다 중요한 지금 지역인터넷언론에 대한 정부의 지원을 늘려야 할 것"이라고 말했다.

토론에 나선 김영집 광주산업단지 혁신클러스터 추진단장은 "기존의 지역언론이 중요한 역할을 못하고 오히려 국가균형개발에 장애요인이 되고 있다"며 "정보 제공자이자 촉진자로서 지역인터넷언론이 오히려 중요한 역할을 하고 있다"고 말했다.

김상집 참여자치21 대표는 "기존 언론이 관 주도의 정책의제만 기사화하고 광고에 너무 의존한다"며 "문제는 지역언론이 많으면 많을수록 경영은 더 어려워지는 데 있다"고 주장했다. 김 대표는 지역언론의 폐해를 열거한 이후 "광주지역 언론의 경우도 지방자치에 대한 체계적인 분석이 되어 있지 않다"고 지적했다.

김중규 한국지역인터넷신문협의회장도 인사말에서 "참여정부가 내세운 지역혁신과 국가균형개발에 언론이 해야 할 역할 중 인터넷신문만이 할 수 있는 특성이 있다"며 "이번 세미나가 향후 지역인터넷신문의 방향성과 정체성을 찾는 계기가 되길 바란다"고 말했다.

한편, 이번 지역인터넷신문토론회에는 광주 시민의소리, 울산포커스, 인천뉴스, 강원웹펜, 디트뉴스 24, 대덕넷, 제주의소리, 대구평화뉴스, 성남일보 등 전국의 인터넷신문사 대표와 기자 50여 명이 참여해 각 지역 간 네트워크 구축 등을 포함한 제반 발전 방향에 대한 열띤 토론을 벌여 지역인터넷신문의 발전 가능성을 보여줬다.

2006년 11월 13일

"신문사 사장?
우리가 직접 뽑아요"

언론기업도 사기업이다. 때문에 이윤 극대화를 위해 분투하는 것은 당연하다. 그러나 사주가 신문을 배경으로 무리하게 권력의 욕구까지 충족시키려 들면 문제가 생길 수밖에 없다. 언론권력이 무책임한 권력자가 되어 시민 위에 군림하거나, 대부분 사기업임에도 국정에서부터 시민의 생활까지 일일이 간섭하려 함으로써 사회적 문제를 야기하는 경우가 종종 있다. 제왕적 사주체제가 지배하는 국내 언론풍토가 낳은 병폐다.

"언론자유는 소유주의 자유가 아니다"

이런 맥락에서 민언련과 언론개혁시민연대, 전국언론노동조합은 조선일보·동아일보가 제기한 언론관계법 위헌심판청구에 대한 2차 공개변론을 앞두고 지난달 25일 헌법재판소 앞에서 기자회견을 열고 '국민의 사 존중'을 촉구했다. 언론관계법 제정에 앞장서온 이 세 단체는 이날 기자회견문에서 "언론자유는 언론사 소유주의 자유가 아니다"라며 추후 내려질 헌법재판소의 판결에 대해 "조선·동아의 억지 위헌 논리가 아닌 국회의 민의를 존중하는 판단을 이어지길 기대한다"고 밝혔다.

언론의 자유를 마치 사주의 자유로 착각하는 중앙의 과점신문들을 겨냥한 쓴소리지만 이는 중앙이나 지방 할 것 없이 신문사 내부의 구조적인 문제이기도 하다. 차제에, 신문사 사장을 야심가, 사업가, 순수한 신문인으로 분류한 프랑스 작가 발자크의 주장을 상기해 볼 필요가 있다. 순수한 언론사 사장은 언론사 경영자의 위치를 천직으로 생각하며 경영에 대해 이해가 깊고 자신의 재능을 발휘하는 데서 기쁨을 찾는 사람이면서도 언론사의 이윤을 결코 무시하지 않는 사람이라고 말한 발자크의 말이 새삼 회자되는 데는 그럴 만한 이유가 있다.

최근 경향신문은 사내 각 국실별 대표가 참여한 경영진추천위원회 주관으로 공모제를 통해 사장을 직접 선출해 고착화된 제왕적 사주체제에 큰 변화를 일으키는 계기를 마련했다. 국가기간통신사로 인정받아온 연합뉴스도 사장을 공모하기 위해 사내 추천위원회를 구성하고 있지만 이 과정에서 적지 않은 진통을 겪고 있다.

"훌륭한 사장님을 모십니다" 이색광고 눈길

사주 또는 정권의 충실한 하수인을 임명했던 과거와는 달리 언론사 사장을 사내 직원들로 구성된 추천위원들이 뽑는 시대가 왔나 싶더니 개혁의 바람은 금세 지역에까지 불어 닥쳤다.

새전북신문은 사장을 공모한다는 취지와 자격, 제출서류 등을 4일자 지면(1면)에 상세하게 알렸다. 지역의 독자와 언론계의 눈길이 한데 모인 것은 당연한 일이다. '새전북신문 사장을 모십니다' 란 이색광고는 "지역일간지 사상 최초로 첫 사장 공모제를 도입한다" 는 문구와 함께 "지역언론에 깊은 이해와 애정을 갖고 있거나, 도덕성과 전문성을 갖춘 경영 및 조직관리 능력이 뛰어난 사람은 누구나 응모가 가능하다" 는 내용을 담고 있다.

새전북신문은 다른 지역일간지들과는 달리 건설업이나 운수업 또는 유통업 등 모기업을 운영하는 사주가 신문사를 운영하는 것이 아니라 사원들이 주주로 직접 참여하는 100퍼센트 사원주주회사다. 전북지역에서는 유일하게 올 초 지발위의 우선지원기금 대상에 선정되기도 했다.

5대째 사장을 공모하기 위해 새전북신문은 최근 대표이사추천위원회(의장 이재춘, 이하 대추위)를 구성하고 오는 26일까지 이력서와 자기소개서, 경영계획서를 접수받기로 했다. 사내 직원들로 구성된 이사진(5명)과 노조 대표, 독자 대표 등 7명으로 구성된 대추위는 1차 서류심사와 2차 면접을 거쳐 최종 후보를 선정한 뒤 임시 주주총회에서 찬반 여부를 물을 예정이다.

제왕적 사주체제에 새바람 불까?

지역언론계는 물론 학계와 시민단체들의 관심을 증폭시킬 만한 시도다.
사전적 의미로 보면 CEO는 회사의 대표이사로 최고 의사결정자이다.
CEO는 언론기업의 최고경영자라 할 수 있다.

신문사 CEO에는 지배주주가 직접 최고경영자가 되는 사주 CEO와 사
주의 대리인이라 할 수 있는 전문 CEO라는 두 종류가 있다. 사주가 직접
최고경영자가 되어 신문의 편집권과 경영권을 쥐는 사주 CEO는 인사권,
예산권, 편집권이라는 신문 3권을 장악해 명실 공히 제왕적 사주로 통해
왔다. 이들 가운데 일부는 특정 계층이나 지역의 배경을 가진 일부 시민
을 열성적인 독자로 만드는 데 성공했지만 그 반대편에 있는 시민을 사
실상 적대적으로 보도함으로써 지역신문 사주 CEO와 시민 간의 관계는
돌이킬 수 없을 정도로 악화시키기도 했다.

대부분 사주 CEO 구조체제인 지역신문사들은 '어떻게 하면 사주의
제왕적 힘을 견제하여 통제구조를 약화시킬 것인가' 의 문제를 갖고 있
다. 이는 비단 신문경영만의 문제가 아닌 사회적 문제이기도 하다. 지역
일간지 전문 CEO 공모제가 구습을 쉽게 타파하지 못하고 있는 지역언론
계에 적지 않은 변화와 개혁을 불러 올 것이라 기대를 모으는 이유가 여
기에 있다.

2006년 5월 4일

지역신문 사장공모제 그 후

지난 2000년 10월 25일에 창간된 새전북신문이 최초로 대표이사를 공모해 2006년 6월 27일 첫 공모제 사장 취임식을 가졌다. 1차 서류심사와 2차 면접 등의 절차를 거쳐 공모제에서 대표이사로 선임된 이두엽 사장(전 예원예술대 문화 · 영상창업대학원장)은 취임식을 갖고 제2의 도약을 선언했다

이에 앞선 2006년 5월 23일 공모제를 통해 선출된 제민일보 제8대 대표이사 사장에 전문경영인이 선임됐다. 제민일보사는 제민일보는 이사회를 열고 대한주택건설협회 제주도회장 등 전문경영인으로 활동해 온 김양옥(48) (주)로드랜드 C.C 회장을 대표이사 사장에 선임했다.

제주지역 언론사 중 처음으로 대표이사 공모제를 실시, 노사 동수로 구성된 8인 추천위원회를 통해 대표이사 사장을 선임한 제민일보사는 1, 2차 심의를 거쳐 김 회장을 신임 사장으로 이사회에 단독 추천했다. 김 신임 대표이사 사장은 취임사에서 "신문사 대표이사 공모에 참여한 것은 기업활동을 통해 지역사회에 봉사해왔듯 지역사회에 공헌하고 싶은 마음에 따른 것"이라며 "제민일보가 명실공히 제주를 대표하는 정론지로 거듭날 수 있도록 최선을 다하겠다"고 밝혔다.[11]

---

11) 「제민일보 사장에 김양옥 씨」, 한국기자협회보, 2006년 5월 24일.

"신문 위기?
크로스 저널리즘으로 극복한다"

　"분초를 다투는 인터넷 시대에 일보가 뭡니까. 시보나 초보면 모를까." 하루가 지나 부패된 상품을 파는 일간신문의 위기를, 매일 현장에서 보고 느낀다는 지역일간지 기자의 자괴적인 고백이다. 신문의 위기를 새삼 느끼게 한다.

　열독률이 줄고 신뢰도마저 인터넷에 밀리고 있는 종이신문의 위기는 새로운 현상들을 낳고 있다. 우선 판매와 광고시장에서의 생존경쟁이 갈수록 치열해지는 중이다. 특히 서울 지역에서 발행되는 과점 일간지들의 불공정 공세전략은 왜소한 지역판매시장에서의 석권현상을 더욱 강화시키고 있다.

'탈환'과 '수성' 작전 방불케 하는 지역일간지들의 자구 몸부림

소수 중앙지가 활개치고 지역신문 난립까지 가세해 더욱 위기에 처한 80여 개 지역일간지(2004년 언론재단 자료 기준)들의 자구 노력은 눈물겹다.

지역 중소신문의 위기는 저널리즘 위기와 산업 위기라는 두 가지 위기가 복합되는 형국이다. 그야말로 최악의 상황이라는 진단들이 쏟아져 나오고 있다. 새해 벽두 비장한 각오를 다짐하는 신문사들은 그나마 희망이라도 엿보인다.

지난해 지역신문발전기금 지원 대상에서 탈락함으로써 겪었던 쓰라린 아픔과 수모를 올해는 반드시 만회한다는 재기의 몸부림과 계속 유지하려는 노력이 엇갈린다. 마치 '탈환'과 '수성'의 군사전략을 방불케한다. 연초부터 지발위가 요구한 선정 기준을 면밀히 검토하면서 자체 토론회와 모의 면담 등을 실시하는 실사 준비가 볼 만하다. 비장의 카드를 준비해온 신문사들도 여유를 보일 틈이 없단다.

지면과 온라인상에 '미디어' 특집 코너를 신설해 과거에 볼 수 없었던 동종업계 또는 자사의 뉴스를 감시 비평하는 모습은 더 이상 새로운 현상이 아니다. 시민 또는 도민기자제를 도입해 더 이상 일방적인 '의제 공급자'를 탈피해 '쌍방향 저널리즘'을 추구하려는 노력도 보편화되고 있다.

이 같은 노력은 몇 가지 사례에서 쉽게 목격할 수 있다. 지난해 지발위의 기금지원 대상사로 선정된 경남지역의 경남도민일보는 인터넷신문 홈페이지를 새롭게 단장하고 독자들의 참여공간을 확대했다. 콘텐츠를 다양화하고 '미디어' 창을 신설하여 굵직한 국내외 현안이 발생할 때마다 중앙의 보수신문 사설들을 과감히 비평하는 동시에 지역신문의 위기 현상을 진단하면서 대안을 모색하는 특집기사들이 시선을 끈다. '도민일보 꼬집기' 코너로 다양한 독자 커뮤니티를 수용하는가 하면 객원기자제를 확대했다. 온·오프라인을 초월하여 넘나들게 할 수 있는 이른바 '크로스 저널리즘'을 추구하려는 모습이 역력하다.

광주의 무등일보도 인터넷신문 홈페이지에 '미디어' 섹션을 운영하고 있다. 날선 비판과 대안의 부족함을 스스로 자책하며 고민하는 내부모습을 독자들에게 공개함으로써 눈길을 끈다. 무등일보는 지난 2004년부터 지역 민언련의 활동과 지역 뉴스 비평 소식, 자체 미디어 관련 분석 기사 등을 꾸준히 게재하고 있다. 대부분의 지역신문들이 자사 기사를 비평하는 민언련 성명이나 모니터 결과를 외면하는 모습과는 대조를 이룬다.

독자참여 유도 위한 시민 저널리즘 갈수록 다양화·보편화

부산의 국제신문은 독자들의 참여도를 높이고 다양하면서도 흥미로운 뉴스 콘텐츠를 발굴하기 위해 시민기자제를 시도해 주목을 끈다. 국제신문은 지난해 하반기부터 '시민기자를 모집한다'는 광고를 온·오프라인에 지속적으로 실어 홍보하고 있다. 실질적 활용도 또한 높다. 독자들이 온라인에 올린 기사를 채택해 오프라인 신문에 게재하고 각종 인센티브를 부여함으로써 온·오프라인을 활용한 '시민 저널리즘'을 추구하고 있는 것이다.

도민주로 운영되고 있는 제주지역의 제민일보도 도민기자제를 운영하여 독자들을 기자 또는 뉴스 생산자로 참여시킴으로써 호응을 얻고 있다. 전북지역에서 유일하게 사원주주제로 운영되고 있는 새전북신문도 최근 시민 저널리즘과 온·오프라인을 연계한 크로스 저널리즘을 시행하기 위한 내부 작업에 착수하고 조만간 시민기자제를 운영할 계획이다.

이처럼 온라인과 오프라인을 동시에 활용하고 다양한 콘텐츠를 독자들의 참여와 접목시키려는 노력이 최근 지역에 고루 확산되고 있다. 특히, 이 같은 현상은 지역신문발전기금 지원 대상사에 선정된 일간지들과 비 선정사들 간의 경쟁 과정에서 더욱 두드러지고 있다. 선정사들은 더욱 차별성을 부각시키려 하고 있고, 비 선정사들은 탈락의 아픔을 겪지 않으려는 듯 눈치를 보며 경쟁을 벌인다. 이들의 치열한 자구노력들에서 위기와 변화가 동시에 느껴진다.

2006년 1월 12일

4장

해외에서 배운다

해외 지역언론 현황

시민 저널리즘의 살아 있는 '전설', 댄 길모어를 만나다 ■ "관광지 이점 살려 독자 다양화하죠" ■ "독자가 원하는 의제를 담는다" ■ 혁신적 쌍방향 저널리즘의 성과 ■ 지역주민을 위한 스피커가 되다 ■ 지역민의 애정 속에 성장한다

시민 저널리즘의 살아 있는 '전설',
댄 길모어를 만나다

신문사들이 맞는 창간기념일은 유난히 요란스럽다. 중앙이건 지방이건 언론사들은 창간기념일만 다가오면 평소와는 뭔가 달라야 한다는 긴장감이 감돈다. 창간일이 하루하루 다가올수록 강박관념은 더욱 팽배해진다. 뭔가 색다른 기사와 광고를 찾기 위해서다.

색다른 인터뷰, 특이한 여론조사 등을 일찌감치 기획하여 두터운 지면에 울긋불긋한 창간기념호를 발행해야 직성이 풀리는 모양이다. 각 신문마다 창간기념호의 공통적인 특징이라면 평소보다 페이지 수가 훨씬 많다는 점이다.

기사도 기사지만 평소보다 많아진 창간 광고는 지면을 늘리는 데 톡톡히 한몫 한다. 오랜 습성과 관념은 참으로 무섭다. 그래서 창간 전후만

되면 언론사 종사자들의 부담은 자연 커지게 마련이다. 직위가 높고 낮음에 상관없다.

사이버상에서 댄 길모어를 잡아라?

신문사 창간기념일(10월 25일)을 불과 보름여 앞두고 평소 시민편집국장을 맡고 있는 내게 떨어진 특명(?)은 약간 황당했다. 사실은 내가 아이템으로 제안한 것 중의 하나이기도 했으니 자업자득인 셈이다. '풀뿌리 미디어(Grassroots Media)' 운동가로 유명한 미국의 댄 길모어(Dan Gillmor)와의 온라인 인터뷰를 시도해 창간호에 소개하자는 것이었다.

급변하는 미디어 환경 속에서 국내 지역신문들이 지향해 나아가야 할 방안을 모색하고 새로운 저널리즘으로 각광받는 풀뿌리 시민 저널리즘의 대안적 전망을 들어보자는 것이다. 취지는 그럴싸하지만 면대면 접촉이 아닌 사이버상에서의 커뮤니케이션이 제대로 성사될지가 문제였다.

국내에도 몇 차례 다녀갔지만 '시민기자의 살아 있는 전설'로 부를 만큼 유명해진 그를 사이버상에서 과연 만날 수 있을지, 강박관념이 한동안 머리를 짓눌렀다. 다행히 그의 블로그(dangillmor.typepad.com)를 통해 접촉할 수 있는 채널을 쉽게 찾아낼 수 있었다.

미국 뉴욕에 거주하고 있는 그와 인터뷰하기 위해 이메일(grassroots@gillmor.com)을 통해 지난 10월 11일 첫 접촉을 시도했다. 그와 같이 일하는 직원 재클린 루이스(Jacqueline Lewis)에게도 물론 협조를 구하는 이메일을 보냈다. 그러자 다음날 곧바로 댄 길모어로부터 답이 왔다. 너무 짧은

답에 실망했지만 "일주일 후에 답변을 정리해 보내 주겠다"는 내용에 희망을 버리지 않았다. 역시 시민언론 운동가답다는 생각과 함께 어느덧 머릿속에서는 창간호 레이아웃이 그려졌다.

이메일 인터뷰 친절한 답변에 '감동'

그러나 창간기념일이 하루하루 다가오자 다시 불안해지기 시작했다. '답변이 오지 않으면 어떡하나' '혹시 잊어버리고 있는 건 아닌지' 온통 그의 블로그와 이메일에 신경을 곤두세웠다.

일주일째인 18일에도 연락이 오지 않아 마음은 더욱 불안해졌다. 급한 마음에 전화 인터뷰를 시도해 봤지만 부재중이었다. 토론토에 출타 중이라는 회신에 불안은 더해만 갔다.

재차 인터뷰 질의서를 다른 이메일(dan@gillmor.com)로 보내 보았지만 묵묵부답이었다. 결국 무산되는가 싶어 실망하려는 순간, 회신이 도착했다. 그는 약속을 저버리지 않았다. 21일 새벽 그의 답변이 도착했다. 놀라울 정도로 상세하고도 솔직한 답변이었다. 묵묵부답에 타들어가던 마음은 친절한 그의 답변에 금세 감동으로 바뀌었다.

고맙다고 전화를 하자 그는 "직접 만날 순 없지만 온라인 인터뷰를 통해 얼마든지 대화하자"며 역시 대화를 강조했다. 풀뿌리 시민 저널리즘과 대화형 저널리즘을 주장해 온 그와의 사이버 인터뷰는 그렇게 성공적으로 이루어졌다.

"저널리즘에서도 결국 기술이 승리할 것"이라는 그의 주장대로 인터넷, 사이버 공간은 분명 커뮤니케이션의 혁신적 수단임을 실감했다. 그의 답변 중에는 무거운 메시지가 담긴 것도 많았다. 그의 주장이 우리 언론계에 시사하는 바가 컸다.

다음은 댄 길모어와의 이메일 인터뷰 전문이다. 모두 9개 문항에 이르는 질문에 그는 200자 원고지 20매 분량의 답을 보내 왔다.

풀뿌리 저널리즘의 전설, 댄 길모어 인터뷰

■ 당신은 『우리가 미디어: 시민에 의한, 시민을 위한 풀뿌리 저널리즘 (We the Media: grassroots journalism by the people, for the people)』이란 책에서 시민기자의 중요성을 강조했다. 그 배경과, 그동안 추구한 풀뿌리 저널리즘 운동의 성과에 대해 듣고 싶다.

■ 내가 칼럼니스트로서 터득하게 된 것 가운데 하나는 독자들과 함께 일하는 것이 무엇보다 소중하다는 것이었다. 더 나은 저널리즘을 위한 해법은 항상 독자들에게 있다는 것을 알았다. 그중 블로그는 매우 중요한 수단이라고 볼 수 있다. 일간신문 기자생활을 하면서 운영해왔던 블로그를 통해 많은 독자들과 접하게 됐고, 새로운 사실들도 그 안에서 알 수 있었다. 그 때문에 나는 신문사를 그만두고 샌프란시스코 지역에서 시민 저널리즘 사이트를 운영할 수 있었다. 비록 크게 성공하지는 못했지만 비영리적으로 다양한 프로젝트를 운영함으로써 저널리즘 영역을 넓히는 데 큰 힘을 얻을 수 있었다. 몇몇 프로젝트는 시민미디어를 어떻게 하

면 사람들에게 더 잘 이해시킬 것인지에 목적을 두고 시작했는데, 그게 바로 시민들에게 저널리즘을 이해시키고 시민기자로 활동하게 하는 원동력이 되었다.

■ 25년 동안 기자생활을 해오다 독자적으로 '풀뿌리 미디어(Grass-roots Media)'를 운영하면서 시민 저널리즘 운동을 누구보다 적극적으로 펼치고 있는 것으로 알고 있다. 풀뿌리 저널리즘을 통해 특별히 지향하는 바가 있다면.

■ 솔직히 나의 관심이 시민기자와 시민 저널리즘에 집중되기 시작하면서 나는 다른 어떤 더 나은 저널리즘에 몰두할 수 없었다. 시민 저널리즘은 전통언론처럼 많은 분야의 개선이 필요한 게 사실이다. 특히, 시민 저널리즘을 지탱할 수 있는 사업 모델은 매우 중요하다. 시민 저널리즘을 더욱 많은 사람들이 이해하도록 돕고, 더 발전시킬 수 있는 단계로 진행하기 위해서는 신뢰성 있는 콘텐츠 확보가 다른 무엇보다 중요하다고 생각한다. 이러한 신뢰성은 기존 전통언론과는 분명 차별화된, 시민 참여가 전제돼야 한다.

■ 최근 한국에 와서도 시민기자제도의 중요성을 얘기한 적이 있다. 미국과 한국의 시민 저널리즘의 토양은 다르리라 생각되는데 무엇이 어떻게 다르다고 보는지, 그리고 한국의 시민 저널리즘에 대해 어떻게 생각하고 있는지 궁금하다.

■ 한국의 언론 상황을 충분히 알지 못하는 상황에서 시민기자제도를 운

영하는 오마이뉴스를 눈여겨 보아왔다. 다른 언론사들의 시스템은 잘 알지 못한다. 그러나 미국과 한국의 시민 저널리즘 양태를 비교한다면 기술적으로 또는 정치적으로 매우 다양한 조건들이 한국에는 갖추어져 있다는 점에서 한국 시민 저널리즘의 발전가능성은 높다고 본다. 특히, 인터넷과 모바일 서비스를 보라. 최근 몇 년 사이에 미국은 계속 뒤처지고 있는 데 반해 한국은 급성장하고 있지 않은가. 미국에서 하나의 거대한 현상으로 자리하고 있는 블로깅은 한국에서는 이미 다른 형태의 온라인 음성을 유행시키고 있다. 그럼에도 한국의 시민미디어가 완전한 뿌리를 내리지 못하고 있는 것은 앞으로의 가능성이 높다는 것을 반증하는 것이라고 생각된다.

■ 한국의 지역언론은 중앙언론, 즉 서울에 본사를 두고 있는 신문이나 방송에 의해 종속되거나 판매시장에서 열세를 면치 못하고 있는 실정이다. 이 때문에 지역신문들이 많은 어려움을 겪고 있는데, 미국의 경우 지역신문의 활성화 방안을 어디에서 찾고 있는지 묻고 싶다.

■ 시민미디어는 이제 언론의 기능을 충분히 수행해내지 못하는 언론이나 그에 소속된 언론인들을 돕기도 하고 때로는 경종을 울려주기도 한다. 무엇보다 지역신문들은 독자들에게 한 발 더 다가서야 한다. 전국지들보다 더 나아지기 위한 최선의 방법이다. 지역사회, 그리고 지역민과 함께할 때만 지역민들에게 격려받을 수 있다. 지역신문에 시민들이 참여하고 바로 그들 스스로의 언론으로 인식할 수 있도록 하는 방법이다. 전국지가 되지 못하려거든 지금 당장 선택해야 할 분야는 시민미디어다.

■ 대화형 저널리즘을 강조해왔는데, 구체적으로 대화형 저널리즘이란 무엇을 뜻하는가.

▓ 저널리즘은 이제 강의, 훈계식에서 대화 형태로 전환해야 한다. 언론인들은 대중의 소리에 더 귀 기울일 줄 알아야 한다는 것이다. 이러한 행위는 취재에 필요한 많은 사람들과의 관계를 더욱 긴밀하게 할 수 있고 더 많은 독자와 시청자까지 그러모을 수 있기 때문이다. 그렇게 되면 시민들은 비판을 환영하며 겸허히 받아들이는 동시에 새로운 정보를 얻으려 할 것이다. 이제 시민들에게 선택권이 주어진다면 전통미디어 대신 새로운 방법, 즉 새로운 형태의 대화가 가능한 미디어를 선택할 것이다. 특히 상호교환과 쌍방향 소통이 가능한 온라인 제휴와 협력은 미래의 새로운 미디어 주역이 될 것이다.

■ 만약 한국에서 시민 저널리즘을 확산시키기 위한 운동을 펼친다면 어떤 방향에 가장 중점을 둘 것인지 궁금하다.

▓ 비단 한국만의 사례는 아닐 것이다. 그에 대한 첫 번째 답은 앞서 언급했다시피 시민들과 끊임없이 대화하고 그들을 격려해야 한다. 두 번째 역시 전술한 대로 전통미디어 조직(편제)에 독자와 시청자들을 끌어들이는 것이다. 세 번째는 시민들에게 그들 자신의 미디어를 만들도록 함으로써 의제 생산과 공유에 참여시키는 것이다. 그럼으로써 시민들도 기자로서의 어떤 목적이나 효과를 누리도록 하고 명예로운 행위임을 인식하도록 해야 한다. 무엇보다 참여를 통해 많은 사람들에게 더 많은 지식과 정보를 제공한다면 그들 스스로 선택하지 않을 수 없을 것이다.

■ 미래의 신문시장과 저널리즘을 어떻게 전망하는가. 또 전통매체들이 이에 대비해야 할 방안이 있다면 무엇이라고 생각하는지.

■ 만약 언론계에 입문하려는 학생들이 무엇을 어떻게 준비해야 하느냐고 묻는다면 나는 저널리즘의 원칙을 이해하는 것보다 위험한 상황을 수행해내는 판단과 유연성이 더 중요하다고 말하겠다. 위압적인 미디어 조직은 더 이상 살아남지 못할 것이다. 우리는 이제 변화해야 한다. 언론인들은 이제 새로운 교육과 철저한 윤리를 토대로 재무장해야 할 때이다. 변화에 대비하지 않으면 도태하기 딱 알맞은 상황이다.

■ 결국 저널리즘에서도 기술이 승리할 것이라고 말했는데, 그렇다면 정보의 홍수 시대에 기자들은 무엇을 어떻게 대비해야 하는가.

■ 새로운 미디어 환경에서 우리는 인간과 기술, 유행과 명성이 혼재된 정보를 동시에 이용하는 방법을 요구받고 있다. 이러한 것은 매우 복잡한 문제일 수 있으나, 아마 시간이 흐르면 해결될 수 있을 것으로 보인다. 그러나 정보의 홍수 속에서도 우리에게 스스로 가장 유용한 정보를 먼저 찾아낼 때, 더 나은 저널리즘을 완수할 수 있을 것이다.

■ 끝으로 한국의 시민기자들에게 당부하고 싶은 말이 있다면.

■ 다른 무엇보다 정확성, 철저성, 공정성, 독립성, 그리고 투명성을 기한다면 차별적인 저널리즘을 수행해 낼 수 있을 것으로 본다. 이러한 원칙은 다른 언론인들과 시민들에게도 전파되거나 쉽게 이해될 것으로 믿는다. 시민기자들이 이러한 토대 위에서 발전해 나갈 때 기성 언론사와 언

론인들에도 경종을 울릴 수 있다.

2007년 10월 25일

댄 길모어, 그는 누구인가?

댄 길모어는 1981년 디트로이트 프리프레스(Detroit Free Press)의 기자로 언론계에 첫발을 내딛은 뒤 25년 동안 현장을 누빈 베테랑 저널리스트 이다.

1994년 새너제이 머큐리뉴스에 합류한 댄 길모어는 10년 동안 IT 전문 칼럼니스트로 눈부신 활약을 했다. 그는 또 주류 언론의 저널리스트로선 보기 드물게 초창기부터 블로그를 운영한 것으로 유명하다. 그의 블로그는 IT 관련 소식에 목말라 있는 많은 독자들에게 엄청난 인기를 누리고 있다. 현재 댄 길모어는 풀뿌리 저널리즘에 대한 자신의 신념을 실천하기 위해 풀뿌리 미디어를 설립해 운영중 이다.

댄 길모어가 2004년 출간한 『우리가 미디어』는 25년 동안의 기자생활 동안 가슴속에서 키워왔던 풀뿌리 저널리즘에 대한 꿈과 비전을 고스란히 담고 있다. 이 책에서 그는 '20세기형 미디어 구조에서 풀뿌리 저널리즘으로의 변화'를 다루었다. 그 바탕에 깔려 있는 철학은 바로 '강의식 저널리즘에서 대화형 저널리즘으로의 변신'이다. 댄 길모어는 아예 "일방적 강의식 저널리즘(journalism as a lecture) 시대는 이제 끝났다"고 선언하고 있다. 그가 내세우는 개념은 '대화로서의 저널리즘

(journalism as a conversation)' 이다. 댄 길모어는 "그동안 거대 미디어들은 일방적 강의 형식으로 뉴스를 전달해왔다"고 비판한다. "내가 뉴스가 무엇인지 얘기해 줄 테니, 당신들은 사든 말든 알아서 해라. 너도 글을 써라. 하지만 게재 여부는 우리가 결정한다"는 방식이라는 것이다.

그는 "21세기의 저널리즘 모형은 양방향적인 대화나 세미나에 가까울 것"이라고 강조한다. 뉴스 생산자와 소비자를 가로막고 있던 경계가 허물어지면서 모든 사람들이 뉴스 생산자가 될 수 있을 것이라는 얘기다. 이 같은 변화의 밑바탕에 인터넷으로 대표되는 혁신적인 커뮤니케이션 기술이 자리 잡고 있기 때문이다.

"관광지 이점 살려
독자 다양화하죠"

스위스 노이에 루체르너 차이퉁을 가다

스위스 중부도시 루체른(Luzern)은 취리히(Zurich)에서 약 60킬로미터 떨어진 전형적인 관광도시이다. '4개의 숲 속 호수'라고도 불리는 루체른 호에 알프스 산맥이 병풍처럼 둘러싸인 아름다운 이 도시는 스위스 건국의 기틀이 된 곳이기도 하다.

'산의 여왕'이라고 불리는 리기 산(Mount Rigi, 해발 1,797미터)이 한눈에 보이는 루체른은 1333년에 만들어진 길이 204미터의 나무다리 카펠교(The Chapel Bridge)가 유명하다. 도시 한복판을 로이스 강이 완만하게 흐르고 거리에는 중세의 고풍스러운 체취가 물씬 풍긴다. 윌리엄 텔의 전설과 관계 있는 곳이다. 특히 오른쪽 기슭의 구시가에는 바이런, 바그너가 여행하며 사색에 잠기던 발자취를 더듬어 볼 수 있는 흔적들이 곳곳에 남아 있다.

취재진은 지난 10월 25일 루체른 주에서 발행되고 있는 지역신문을 찾아 나섰다. 노이에 루체르너 차이퉁(Neue Luzerner Zeitung)과 젬파커 보헤(Sempacher Woche), 빌리자우어 보테(Willisauer Bote) 등 3개의 지역신문이 루체른 주 35만여 명의 시민과 관광객을 주 타깃 삼아 발행되고 있다.

스위스의 주요 관광지답게 신문들은 연중 관광을 테마로 삼아 의제를 생산, 공급하고 있었는데 전통문화도시 구축에 경쟁을 벌이고 있는 국내 주요 관광도시들에게 시사하는 바가 컸다.

취재진이 방문한 곳은 루체른 중심가에서 서남쪽으로 10분 거리에 위치한 노이에 루체르너 차이퉁 신문사다. 유럽의 대부분 주류 신문들이 복합 미디어 그룹으로 변해 가는 추세에 따라 노이에 루체르너 차이퉁 또한 'LZ미디어' 그룹의 한 신문사에 속해 있다.

'LZ미디어' 는 노이에 루체르너 차이퉁을 비롯해 노이에 우르너 차이퉁, 노이에 오브발드너 보헨블라트, 노이에 니드발드너 보헨블라트 등 일간지와 주간지들을 거느린 복합 미디어 그룹이다.

지역의 미디어 그룹사지만 신문사 건물구조가 매우 독특했다. 1층 로비에는 독자와 시민 누구나가 이용할 수 있는 열린 공간이 마련돼 있었다. 이 공간은 기사 제보나 광고 상담, 기자들과의 면담을 위해 마련된 장소로 시민들이 마음 놓고 이용할 수 있는 곳이다. 직원들은 이곳에서 시민 또는 독자들과 정보를 교류하거나 신문 제작 방향에 대한 의견을 나눈다.

취재진이 방문했을 때 건물 모형도 주위에서 신문사 계열사 및 부서

배치에 관한 사항과 신문 제작 시스템에 대해 궁금해하는 시민들에게
설명하는 직원의 모습도 눈에 띄었다.

노이에 루체르너 차이퉁은 국제 소식을 포함한 전국 뉴스와 지역 뉴
스를 비슷한 비율로 할애한다. 루체른에 앉아서 전 세계 주요 사건은 물
론 지역주민들의 소소한 일상까지 한눈에 볼 수 있다. 관광도시이다 보
니 아무래도 관광지에서 벌어지는 에피소드나 관광정책 등이 큰 비중을
차지한다. 루체른에서는 섬머 페스티벌을 비롯해 몇 차례에 걸쳐 세계
적인 축제가 열린다. 축제 기간 지역신문들은 관광객과 주민을 위해 관
광가이드 역할을 자임한다.

"올 여름에 있었던 섬머 페스티벌 때는 음악회 소식을 퍼 나르느라 정
신없이 바빴어요. 축제가 열리면 이곳은 관광객과 기사거리로 넘쳐나
죠." 축제를 담당했던 소피에 그라버(Sofie Grabher · 34) 기자는 한 달 앞으
로 다가온 루체른 피아노 페스티벌 준비로 바빴다. "주민들은 축제 정보
에 민감해요. 아주 자세한 부분까지 알고 싶어 하죠. 왜냐하면 한 해 수
입과 연관되는 경우가 많거든요." 이들에게 있어 독자와 주민의 이익은
신문 제작의 방향을 결정하는 중요한 요소가 되고 있다.

루체른에도 스위스 전역에 배포되는 무료신문들이 속속 등장하면서
기존 지역일간지들을 압박하고 있었다. 노이에 루체르너 차이퉁의 광고
마케팅 담당인 후버트 볼러(Hubert Bohler · 45) 씨는 "스위스 신문은 수입
의 절반 이상을 광고에 의존하고 있고 향후에도 광고 수입을 중시하는
경영 방침이 강해질 것으로 예상하고 있다"며 무료신문의 강세를 점쳤
다. 국내 지역신문들이 안고 있는 딜레마와 다를 바 없어 보였다.

볼러 씨는 "지방지들의 생존이 위협을 받게 된다면 스위스가 전통적으로 유지하고 있는 보도의 다양성이 훼손될 수도 있다"며 "차별화된 전략이 그래서 필요하다"고 말했다.

그러나 그가 말하는 전략이란 특별할 게 없다. "보다 많은 시민들을 기사와 광고에 끌어들이는 것 이상도 이하도 아니"라는 것이다. 온라인과 오프라인을 최대한 활용하고 국제적인 관광지라는 이점을 살려 독자층을 다양화한다는 것이 노이에 루체르너 차이퉁 종사자들의 한결같은 생각이다.

이 신문이 독자에게 다가가는 효과적인 전략 중의 하나는 탄생과 부음 기사다. 루체른에서 나고 죽은 시민들의 이야기는 좋은 기사거리다. 볼러 씨는 "기사 주목도도 상당하다"고 말한다. 부음 기사는 유료다. 고인의 일대기나 주변 사람들의 이야기를 사진과 함께 크게 부각시킨 부음 기사는 이 신문의 주요 수입원 중 하나다. 기사 크기에 따라 차이가 있지만 1건에 500유로(약 60만 원) 정도로 부음 광고보다 비싼 편이다.

독자이자 광고주인 요한 홈멜(Johann Hummel · 54) 씨는 "노이에 루체르너 차이퉁에는 많은 사람들이 소개되고 있다"며 "그중에서도 특히 신생아나 결혼, 부음 관련 기사는 관심이 매우 큰 기사"라고 말했다. 그는 또한 "언제든지 찾아가 기사를 제보하거나 지역 현안에 관한 정보를 파악하도록 공간을 제공해 주고 있어 시민 참여가 친숙하다"고 말했다. 시민의 참여는 온라인 공간에서 보다 활발하게 이루어지고 있다.

노이에 루체르너 차이퉁은 지면의 한계로 반영하지 못하는 세세한 자료나 정보는 웹사이트(www.lzmedien.ch)를 활용하고 있다. 사이트에는 뉴스는 물론 쇼핑, 관광, 취업 등 각종 정보가 망라돼 있다. 독자들은 온·오프라인을 오가며 정보를 탐색하는 데 익숙하다. 오프라인의 물리적 한계를 온라인과의 유기적 연계를 통해 해결하려는 모습은 국내 지역신문들이 추구하는 방향과 비슷한 맥락임을 읽을 수 있다.

스위스 국민들의 높은 신문 열독률은 이러한 전략이 통용될 수 있는 기반이다. 2005년 세계신문협회(WAN) 통계자료에 따르면 전 세계 신문 구독률 10위 국가 안에 스위스가 포함된다.

스위스에서는 지난 1985년부터 1999년 사이에 일간신문이 106개에서 73개로 줄어들었다. 신문시장의 독점현상이 두드러지게 나타난 시기이다. 이러한 독점현상은 독일어권 지역에서 점차 이탈리아어권, 프랑스어권, 레토-로만어권 지역으로 확대되어 가고 있는 추세이다.

스위스의 지역일간신문들은 이러한 독점현상에 대응하여 공동전선을 펴고 있다. 지난 1990년대 말 아르간과 솔로투른 지역에서 발행되는 아르가너 차이퉁과 솔로투너 차이퉁, 올텐너 타그블라트, 초필러 타그블라트는 공동으로 미텔란트 차이퉁이라는 종합신문을 제작하고, 기존의 지역신문은 섹션으로 제작하고 있다. 이들 4개 지역신문이 연합하여 출범한 종합신문의 판매 부수는 20만 부로 지역신문의 생존에 필요한 최소한의 조건을 충족시키고 있다.

반면 아펜젤에서 발행되는 상트 갈렌 타그블라트는 광고 감소로 비교적 재정상태가 좋은 아펜젤러 차이퉁과 통합하여 상트 갈렌 타그블라테스라는 일간신문을 발행하고 있다. 이 지역에서 유일하게 독립성을 유지하던 상트 갈렌 타그블라트가 경쟁지에 흡수되면서, 스위스 동부 지역에서는 노이에 취르허 차이퉁(NZZ) 그룹이 지역 라디오, TV, 일간신문 산업을 완전 독점하게 되었다. NZZ 그룹에서 발행하는 일간신문의 판매 부수는 스위스 동부 지역의 독점으로 전국적으로 32만 부에 달한다. 경쟁지인 블릭도 30만 부를 상회하고 있다.

2006년 12월 19일

스위스의 무료신문

스위스에 무료신문이 상륙한 것은 1999년. 당초에는 메트로와 20미누텐 2종이었으나 메트로가 철수하고 20미누텐이 언론 그룹인 TA미디어에 인수되면서 세력을 크게 확장한 상황이다. 20미누텐은 A4 사이즈보다 약간 큰 타블로이드판. 총 44페이지에 지역 정보를 중심으로 국내외의 정치 뉴스, 일기예보, 방송 프로그램을 포함한 필수적인 정보를 망라하고 있다. 스포츠나 연예계에도 상당한 페이지를 할애해 젊은이들의 관심을 끌고 있다. 광고면은 약 30퍼센트를 차지한다. 스위스의 무료신문은 유료신문을 발행하고 있던 신문사가 독자를 빼앗을 가능성이 있는 무료신문을 스스로 제작하고 있는 것이 특징이다.

노이에 루체르너 차이퉁은 이러한 변화에 발맞춰 종이신문 대신 인터넷 공간을 통한 시민참여를 더욱 활성화하기 위해 퀴즈나 퍼즐 게임을 통해 각종 인센티브를 부여하고 있다.

"독자가 원하는
의제를 담는다"

스위스 취리히 노이에스 뷜라허 타그블라트 시민신문

취재진은 10월 24일 스위스 취리히에 도착했다. 늦가을로 접어든 날씨
는 제법 쌀쌀했다. 충실한 컬렉션을 보유하고 있는 박물관과 미술관에
서부터 아름다운 교회 건축물, 세계적인 쇼핑 거리와 드넓은 호수 위를
유유자적 흘러가는 유람선까지, 취리히는 작지만 모든 것을 갖추고 있
었다. 또한 이 모든 것이 중앙역을 중심으로 몰려 있어 하루면 충분히 돌
아볼 수 있었다.

특히, 1855년 설립된 취리히 공과대학은 지금까지 19명의 노벨상 수
상자를 배출한 스위스 과학산업의 든든한 기초가 되고 있는 곳으로, 시
간이 충분한 여행자라면 잠시 그 학풍이라도 쬐고 갈 일이다.

우리의 방문지는 '이공계의 천국'이라고 하는 취리히에서 약 40분 가량 동북쪽으로 떨어진 반호프슈타라세(Bahnhofstrasse) 44번지다. 그곳엔 노이에스 빌라허 타그블라트(Neues Bulacher Tagblatt)라는 작지만 알찬 마을신문이 하나 있다. 빌라흐(Bulach)라는 조그만 마을에 위치해 있었다. 120년의 역사를 자랑하는 그곳을 들여다보았다.

'시민의 신문'을 사시(社是)로 고집해 온 노이에스 빌라허 타그블라트는 1866년에 창간한 유서 깊은 곳이지만 우리와 다르게 외형은 요란스럽지 않았다.

4층 건물에 자리한 신문사는 2,000여 마을주민 누구나가 자유롭게 오갈 수 있도록 개방돼 있다. 100년도 더 되는 시간 동안 이러한 전통은 유지돼왔다. 특히 1층은 지역에서 생산된 기념품과 문구류 등을 전시, 판매하고 있었는데 이는 회사경영에 보탬이 될 뿐 아니라 지역주민과의 친밀감을 높이는 데도 일조하고 있단다. 취재진이 방문했을 때 4층은 내부공사 중이었다. 이곳에 편집국을 새로 꾸밀 예정이란다. 직원은 제작과 사무, 판매 모두 합쳐 48명. 역사에 비해 작은 규모지만 모든 직원이 한 가족처럼 일하고 있다.

편집국장 베르니에 번하드(Bernie Bernhard · 39) 씨가 취재진을 맞았다. 신문 제작으로 한창 바쁜 시간대였지만 우리의 질문에 진지하게 응해주었다.

"주문형 신문 제작이라고 할 수 있을 정도로 독자 또는 주민들이 원하는 방향의 의제를 설정해 내는 센스가 없었다면 신문사가 이렇게 오래 존재할 수 없었을 것입니다." 번하드 국장은 그렇기 때문에 항상 긴장을 늦추지 않고 있다고 말했다.

건물 3층을 안내하면서 그는 "아주 특별한 룸"이라고 강조했다. 살펴보니 시민들이 신문과 책을 읽도록 공간을 제공하고 있다. 일종의 동네 사랑방 같은 곳이었다. 이곳에서는 주기적으로 신문 제작이나 지역 현안에 관한 주민토론이 열린다.

그는 독자들에 대한 서비스에 주력하지 않으면 생존해 나가기 어려운 상황이라고 말했다. "최근 무료 일간지들이 유럽 전역에서 창간 붐을 일으키고 있는 마당이어서 철저한 지역 위주의 콘텐츠 발굴에 주력하지 않으면 생존하기 어려운 형편이 됐다"고 한다.

다그마 아펠트(Dagma Appelt · 41) 노이에스 빌라허 타그블라트 대표는 창업주의 증손녀쯤 돼 보였다. 상당히 젊었는데 그러고 보니 이곳에서 일하고 있는 직원 대다수가 젊은 편이다. 창업주를 할아버지라고 소개한 그녀는 "가족들이 대대로 100년 이상 한 마을에서 운영해오고 있는 신문"이라고 자랑스러워했다.

주 수입원에 대해 묻자 그녀는 "학교와 공장, 기업 내에서 발생하는 온갖 미담 기사를 다룬다. 삶의 현장을 철저히 파고들며 기사와 광고를 발굴하고 있다"고 말했다. "정부의 신문지원법에 따라 지원도 약간 받고 있다"고 번하르트 편집국장이 부연 설명했다.

보다 많은 지면을 시민에게 할애하고, 독자가 원하는 정보를 제공하는 주문자 중심의 생산방식, 지역밀착형 보도 등의 지역화 전략은 분명 우리에게 시사하는 바가 컸다.

다그마 아펠트 대표는 "주민에게 다가가 끊임없이 설득하고, 끊임없이 구애하라"고 조언했다. "이러한 노력만이 지역신문이 살아남는 길이며, 나아가 새로이 도약하는 길"이라고 일러 주었다.

다그마 아펠트 사장과의 일문일답

■ 100년 이상 '지역을 위한 신문, 시민을 위한 신문'을 사시(社是)로 고집해 온 특별한 이유가 있는지.

▪ 창업주의 뜻대로 시민들에게 다양한 뉴스와 유용한 정보를 제공하기 위해 신문을 제작하고 있는 것은 예나 지금이나 큰 변함이 없다. 특히, 전국 소식보다는 지역 내에서 발생하는 소식들을 주요 뉴스로 다루고 있다. 자녀들의 교육문제와 진로문제, 실업문제, 가족 또는 직장 동료들의 소소한 소식도 큰 비중을 둔다. 이 때문에 시민의 신문 또는 마을신문이란 소릴 듣고 있다.

■ 경영과 편집을 분리해서 운영하고 있는가.

▪ 경영은 주로 내가 지휘하고 편집은 편집국장이 전적으로 맡아 책임을 분리하고 있다. 그러나 시민들의 참여의제 발굴에 있어서는 경영진이나 제작진이 따로 있을 수 없다. 누구든, 언제, 어디서나 시민들의 의견에 귀를 열어 놓고 늘 지면에 반영하는 것을 최우선적으로 여기고 있다.

■ 시민들이 주로 어떻게 신문 제작에 참여하는지.

▪ 이메일, 전화, 팩스 등을 이용하고 있지만 매주 주말이면 전문기자들

은 물론 독자, 시민들이 함께 참여한 신문발전 공개토론을 통해 한 주간의 신문 제작 방향을 반성하고 제안받고 있다. 창업, 개학, 축제행사 등을 꼼꼼히 소개하지 않았다간 이때 질타를 받기도 한다. 신문을 애용하는 3만여 명의 독자들은 우리에게 큰 재산이자 미래이기 때문에 이들 주변의 소식에 늘 초점을 맞추고 있다.

■ 여성으로서 신문사 경영을 꾸려 가는 데 어려움은 없는지.

▩ 한국에선 젊은 여성들이 신문사를 경영하는 것이 어려운가? (웃음) 나는 어렸을 때부터 할아버지와 아버지가 신문에 열정을 갖고 일하는 것을 항상 보아와서 당연히 가족 중 누군가는 이 신문사를 경영해 나가야 할 줄로 믿어 왔다. 내게 기회가 주어진 것을 행운이라 생각하고 열심히 일하고 있지만 전국지들과의 경쟁에서 살아남기 위한 경쟁과 전략은 늘 어렵기만 하다. 항상 진지하게 고민해야만 한다. 스위스는 몇몇 전국지의 영향력이 강하기 때문에 지역의 틈새전략을 이용하지 않으면 고전을 면치 못하는 경우가 종종 있다. 지역신문들은 독자에 대한 세심한 배려와 지역밀착형 마인드 또는 시민 저널리즘적인 사고를 필요로 하기 때문에 오히려 여성이 일하기엔 더 없이 좋은 직장이라고 생각한다.

■ 향후 새로운 발전계획이 있다면.

▩ 주민들과 함께 대화하는 라디오 방송 채널을 확보하는 방안을 강구 중이다. 좀 더 많은 시민들을 신문과 방송에 참여시켜 독자층을 더욱 다양화할 계획이다. 전국지들과 경쟁하고 싶은 생각은 없다. 시장에서의 판

단과 선택은 독자들과 일반시민들이 할 일이다. 우리의 임무는 최선을 다해 주민들이 원하는 신문을 만드는 것뿐이다.

2006년 12월 12일

혁신적 쌍방향 저널리즘의 성과

포랄베르거 나흐리히텐 신문사를 가다 • 상

이노베이션 인터내셔널 미디어컨설팅 그룹은 매년 세계신문협회(WAN)의 의뢰로 혁신적인 시도에 성공한 신문을 '올해의 신문(Newspaper of the Year)'으로 선정해왔다. 올해의 선정사는 오스트리아 포랄베르거 나흐리히텐(Vorarlberger Nachrichten, 이하 VN)이다. 조그만 지역에서 발행되고 있는 지역신문이라는 점에서 국내외 동종업계의 스포트라이트를 받았다. 그만큼 전 세계 언론의 취재경쟁도 뜨거워 최소한 한 달 전에 예약해야 한다.

지난 10월 25일 취재진은 오스트리아 9개 주 가운데 가장 서쪽에 위치한 한 포랄베르그(Vorarlberg) 주 슈바르자흐(Schwarzach) 시에 도착했다. 스위스 취리히에서 2시간 남짓 거리에 위치한 슈바르자흐는 인구 3,700여

명이 오순도순 모여 사는 곳으로 역사적으로 기념할 만한 게 별로 없는 조용하고 소박한 마을이었다. 아무리 생각해도 포랄베르거 나흐리히텐은 올해의 신문으로 선정될 만한 지리적 장점과 인구, 산업구조를 갖고 있지 않았다. 포랄베르그 주 전체 인구를 다해도 40만 명이 채 안 된다.

신문사 종합기획실 차장 겸 경영실장을 맡고 있는 게하르트 베르흐(Gehard Berch · 32) 씨를 만났다. 젊은 나이에 회사의 핵심 간부가 된 그로부터 회사 전반에 대한 소개를 받았다. 그는 자만하지 않고 더 큰 뜻을 달성하기 위해 나름대로의 프로젝트를 구상 중이라고 설명 중간중간에 강조했다. 다소 정형화된 브리핑에서 그간 얼마나 많은 신문업계 종사자들이 이곳을 방문했었는지를 알 수 있었다.

베르흐 씨는 "50여 명에 불과한 신문 종사자들이 혁신적인 쌍방향 저널리즘의 오랜 시도로 주민 38만여 명 중 70퍼센트 이상을 구독자로 만들었다"며 "많은 시민들을 뉴스 생산 과정에 참여하게 함으로써 메이저 신문으로 성장케 한 점이 높이 평가돼 올해의 신문상을 수상한 것 같다"고 말했다. 그는 또 "매주 수요일과 목요일, 토요일에는 본지 외에 별도의 섹션면을 발행해 지역 내 기업과 학교 등을 자세히 소개하고 지역 현안에 대한 이슈를 집중 점검함으로써 차별화를 시도하고 있다"고 덧붙였다.

제2신문과 제3신문을 주중에 발행하고 있는 모습은 국내 전국지에서나 볼 수 있는 전략이었다. 특히 건강과 웰빙, 각종 건축 관련 정보, 구인구직, 부동산 등에 관한 지역소식을 요일별 별도 섹션으로 발행해 전국지나 타 지역지가 감히 포랄베르그 주 내에서 경쟁 상대가 될 수 없도록 차단했다. 젊은층과 노인층을 두터운 독자층으로 구성하고 있다는 점도 바로 이러한 차별화 전략에서 기인하고 있었다. 주중 3회의 섹션 특집을 최대한 활용한 결과다.

뿐만 아니라 이 신문사가 주최하는 테마별 시민 토론광장은 포랄베르그 주 전 주민들에게 큰 인기를 누리고 있다. 여기서 제기된 이슈는 종이신문과 인터넷신문 그리고 라디오 방송을 통해 해설되고 확산된다.

베르흐 씨는 "시민들과 인터넷, 종이신문 간의 절묘한 호흡은 쌍방향 소통을 이루고 더 나아가 독자 증대와 판매 향상에 밑거름이 되고 있다"고 말했다.

지역 뉴스 강화 전략에서 비롯된 것이기도 하지만 국내 지역신문들이 시장의 한계를 극복하지 못하고 쇠락해 가는 현상과는 분명 달랐다. 자기만이 정답이라고 남과 애써 구별 짓고 그 위에서 훈계나 일삼는 게 아니라 항상 독자들과 온 · 오프라인상에서 문제를 논의하고 토론하면서 의제를 생산하고 있는 VN 신문의 경영사례는 고전을 면치 못하고 있는 국내 지역신문업계에 좋은 교훈을 심어 주기에 충분해 보였다.

게하르트 베르흐 경영실장과의 일문일답

■ 포랄베르거 나흐리히텐 신문사가 '올해의 신문' 상을 수상하게 된 데는 어떤 비법이 있었는지.

　■ 지역성과 독립성, 시민 저널리즘 구현 등이 주효했던 것으로 분석된

다. 탄생과 부음 기사는 매우 중요하게 취급하고 있다. 특히 탄생을 축하하기 위해 거의 모든 병원과 가정에서 일어나는 탄생 소식은 기사와 사진을 함께 싣고 있다. 주민들이 보지 않는 신문은 그 어떤 의미도 없기 때문에 지역밀착성을 최우선으로 여기고 있다.

■ 시민기자는 어떻게 운영되고 있고 실제로 얼마나 도움이 되는가.

▣ 당장 경영에 크게 기여하지는 못한다. 그러나 많은 시민들이 자발적으로 기사 생산에 참여함으로써 신문의 홍보와 유료독자 증대에 큰 도움이 되었다. 물론 광고수익에도 장기적으로 도움을 주고 있다. 편집국에서 약간 귀찮더라도 창업주의 정신에 따라 시민들이 제보하는 기사는 우선적으로 검토하고 신중하게 채택하는 게 일상화가 됐다.

■ 자회사가 많은데 전체적인 수익구조는 어떤가.

▣ 신문 수익이 전체의 80퍼센트를 차지하고 온라인사업국과 방송국이 나머지 20퍼센트 부분을 차지하고 있다. 신문이 주력상품이다. 그러나 갈수록 인터넷사업국의 수익구조가 확대되는 추세다. 신문과 인터넷은 더 이상 떨어져서는 생각할 수 없을 정도로 긴밀하게 톱니바퀴처럼 작용하고 있다.

■ 라디오 방송은 주로 어떻게 운영되고 있는가.

▣ 월드와이드 라이프스타일을 지향하고 있지만 라디오도 지역 뉴스를 많이 다루는 편이다. 스팟 뉴스를 통해 지역 소식과 음악, 스포츠, 오락

등의 측면에서 다양한 기능을 수행하고 있으며 라디오를 통한 시민 참여
도 꾸준히 늘고 있는 추세다. 물론 광고수익도 마찬가지로 비례하는 양
상이다.

■ 신문과 방송의 겸업이 가능한가.

■ 텔레비전은 다소 겸업이 어려운 부분이 있지만 라디오를 운영하는 데
는 큰 제약이 따르지 않고 있다.

■ 정기구독자 관리는 어떻게 하고 있는가.

■ 정기구독자들에 대해서는 주기적으로 다양한 경품 서비스를 제공하
고 신문 외에 자회사에서 발행되는 책이나 주간지 등을 무료로 제공하고
있다.

■ 앞으로의 계획이 있다면.

■ 다양한 시민의 의견이 지면에 반영될 수 있도록 공개 시민포럼과 시민
기자 제도를 더욱 활성화해 나갈 계획이다. 특히 동영상과 사진은 시민
들의 제보가 상당 부분 기여하고 있는 상황인 만큼 이 분야에 대한 섹션
과 고정 지면을 더 많이 할애할 계획이다.

2006년 11월 21일

세계신문협회(World Association of Newspapers)

1948년 유네스코헌장에 따라 파리에서 설립된 국제기구로 약칭 WAN
으로 부르기도 한다. 신문에 관한 모든 사항을 연구하고 신문의 사회
적 중요성과 신문의 윤리적 · 경제적 권익을 보호하는 등의 국제적 이
익을 지키며, 관련된 국제단체와의 협력, 언어와 표현에 의한 사상의
자유로운 교류 촉진을 목적으로 한다.

각국의 신문 · 정기 간행물의 발행자와 편집자 단체를 구성원으로
하며 조직은 해마다 1회 열리는 총회와 이사회 · 집행위원회 및 사무
국으로 이루어져 있다. 2001년 현재 93개국 1만 7,000여 개 신문 · 통신
사 등이 참여하고 있으며, 한국은 1971년 한국신문협회가 가입했다.
본부는 프랑스 파리에 있고 한국 지부는 서울특별시 중구 태평로1가
한국프레스센터에 있다.

지역주민을 위한
스피커가 되다

포랄베르거 나흐리히텐 신문사를 가다·중

뉴미디어 시대, '시민참여 저널리즘(Citizen Journalism)'은 우리에게도 이젠 친숙한 용어가 됐다. 첨단 IT기술을 기반으로 방송과 전국지, 그리고 일부 지역신문은 이미 다양한 형태로 시민을 제작 현장에 끌어들이고 있다.

지나치게 사적인 정보와 흥미 위주의 정보들이 저널리즘의 품격을 낮춘다는 지적과 초상권, 명예훼손, 저작권 등 다양한 법률적 시비의 꼬리표가 따라다니고 있지만 시민참여 저널리즘이 대세임에는 틀림이 없다. 이러한 추세를 바탕으로 MBC 'imnews 시민기자', KBS '명예VJ'를 비롯해 한겨레 '필진네트워크', 한국일보 '디지털특파원', 경향신문 '네티즌 세상' 등 다양한 실험이 국내 주류 매체들에 의해 추진되고 있다. 인터넷신문 오마이뉴스는 4만여 명의 시민기자가 활동 중이고, 제주의소리

등 일부 지역인터넷신문은 지역소식을 전적으로 시민기자에게 의존하고 있다. 시민 참여 저널리즘은 시행착오를 거쳐 끊임없이 진화하고 있다. 그러나 쌍방향 소통 채널로서 지역언론의 시민 참여 저널리즘은 미미한 실정이다. 국내 지역신문에서 성공사례를 찾기란 쉽지가 않다. 이것이 우리가 VN을 주목하는 까닭이다.

20유로의 힘, 시민기자들

지난달 25일, 오스트리아 포랄베르그 주 브레넨덴 지역의 한 지방도로 지하터널에서는 불붙은 자동차가 질주하는 모습이 뒤따르던 한 시민에 의해 목격됐다. 크리스티안 폰볼론(33) 씨가 그 주인공. 그는 사고현장을 목격한 순간부터 휴대전화 동영상 버튼을 누르느라 정신이 없었다. 습관적인 대응일 뿐이었지만, 그가 촬영한 동영상은 10여 분 후 VN 홈페이지(www.vol.at)를 통해 빠르게 확산됐고, 다시 10여 분이 지났을 땐 신문사 전문기자들에 의해 해설기사가 붙었다. 크리스티안 폰볼론 씨가 찍은 동영상은 다음날 사진으로 편집돼 조간신문에도 크게 보도됐다. 지면에 반영되면 고료로 20유로(2만 5,000여 원)를 받는다.

시민이 제작한 사진이나 동영상, 기사가 VN에 등장하는 일은 포랄베르그(vorarlberg) 주민들에게 결코 낯선 일이 아니다.

"아뇨, 저는 경험이 없지만 그런 사람들을 여럿 알고 있어요." 시민기자로서의 경험을 묻는 질문에 알렉산드라(25) 씨는 이웃자랑에 목소리를 높였다. "어떤 날 그네들은 시시콜콜한 것까지 쓴다구요. 그래서 저는

될 수 있으면 내 이야기는 하지 말아 달라고 한답니다."

"나와 같은 일반시민들이 올리는 글이나 사진, 동영상을 재미있게 보곤 했어요. 그러던 어느 날, 혼자 사는 노파의 안타까운 사연을 올린 게 계기가 돼 지금까지 오게 됐죠." 시민기자로 활동하고 있는 후버트 페터(46) 씨는 출근해서 VN 웹사이트에 접속하는 게 일과의 시작이다. "돈이요? 물론 채택돼서 받으면 좋죠. 그러나 그것은 큰 문제가 아니에요. 중요한 것은 사소한 정보라도 이웃과 나눈다는 것이죠. 그것이 기쁜 일이건, 슬픈 일이건 간에요."

VN엔 수백 명의 시민기자들이 활동하고 있다. 그러나 여기서 수백이란 숫자는 아무런 의미가 없다. 당장 내일 수십이 될 수도, 수천이 될 수도 있는 문제다. VN은 시민기자들을 '관리' 하지 않는다. 단지 기사로써의 가치가 큰 정보를 시민들로부터 '구입' 할 뿐이다. VN의 홈페이지는 일종의 정보마켓이다. 누구나 사진이나 동영상, 텍스트를 자유롭게 올릴 수 있다. 이중에서 뉴스 가치가 큰 기사는 그날의 지면에 반영된다. 이렇게 반영되는 기사가 지면 전체에서 차지하는 비중이 그리 크지는 않지만, 이러한 지면 반영의 엄격성은 과도한 지출을 막을 뿐더러 기사의 퀄리티와 신뢰성을 확보하는 원동력이 되고 있다.

지역문제 토론광장 '비르거포룸'

VN이 운영하는 '비르거포룸(www.buergerforum.vn.vol.at)' 엔 현재 21개의 인터넷 토론그룹이 활동 중이다. 포럼당 수십에서 수백의 시민들이 참여해 지역문제에 대해 자유로운 의견을 교환하고, 편집국장과 에디터는 이를 모니터하다 비중 있는 문제는 기사화한다. 비단 전자포럼뿐만이 아니다. VN은 보다 전략적이고 심층적인 지역 이슈가 생기면 시민들을 오프라인 광장으로 초대하고 있다.

지난달 21일, 슈바르자흐 시 베짜우 지역 주민들은 '지역관광산업 활성화'란 주제를 가지고 '시민포럼'을 열었다. 여행사 대표와 행정가를 비롯한 5명의 기명패널이 참가해 토론회를 이끌었다. 아이디어가 쏟아졌고, 토론 내용은 온·오프라인 신문과 잡지, 라디오방송 등의 다양한 매체를 통해 공간적 한계를 넘어 퍼져나갔다. 시민들이 의제를 생산하면 VN은 이를 해설하고 확산하는 것이다.

크리스티안 오르트너(Christian Ortner) 편집국장은 "지역주민을 위한 신문을 만든다는 경영신조로 지역문제 해결에 앞장서고 있다"고 말했고, 루스 사장 겸 발행인은 "여러 차원에서 시민의 소리를 들려주는 좋은 길을 가고 있다"고 말하고 있다.

VN의 사이트는 매달 40만 이상이 방문하고 있으며, 하루 140만 페이지뷰를 기록하고 있다. 포랄베르그의 인터넷 사용자 중 70퍼센트가 매일 접속하고 있는 셈이다. 이들을 포함한 VN의 모든 독자들은 '잠재적 기자이자 논객'들이다. 이들은 VN의 주요한 소득원인 동시에 콘텐츠 제공자이고, VN은 이들에게 있어 스피커이다.

베르트너 경영실장은 '다양한 시민의 의견이 지면에 반영될 수 있도록 공개 시민포럼과 시민기자 제도를 더욱 활성화해 나갈 계획이다. 특히 동영상과 사진은 시민들의 제보가 상당 부분 기여하고 있는 상황인

만큼 이 분야에 대한 섹션과 고정지면을 더 많이 할애할 계획" 이라고 말
했다.

열린 공간에서 창의력이 샘솟는다

100여 평 남짓한 지상 3층 건물의 신문사는 입구부터 달랐다. 깨끗한 복
도에서 먼저 반기는 것은 인터넷 홈페이지를 소개하는 대형 멀티비전과
사과를 가득 담은 박스였다. 사과와 같이 달콤하고 영양가 많은 정보만
을 제공한다는 의미라고 했다. 업무국과 편집국, 윤전실 등이 모두 단일
건물에 함께 입주해 있으면서 담배나 커피 대신 누구든 사과를 함께 먹
으며 신문 제작에 관해 이야기하는 장소로도 활용되고 있었다. 직원 건
강을 위한 간식인 셈이다.

모든 부서가 투명한 유리 칸막이로 구분돼 있어 각 부서에서 일하고
있는 모습을 밖에서도 쉽게 지켜볼 수 있다는 점도 특이했다. 간부들이
라고 해서 특별한 룸이 따로 없었다. 심지어 자회사인 라디오 방송국과
인터넷사업국도 한 건물에 있어 규모가 제법 큰 지역신문사라는 걸 쉽
게 읽을 수 있었다.

편집국 내부를 들여다보니 모든 부서가 탁 트인 책상을 마주하고 있
었다. 데스크와 편집국장, 전문기자들이 나란히 마주 앉아 제작에 임하
는 모습이 자연스러웠다. 엄격하고 통제된 분위기는 창의력을 위축시킨
다. 경영진을 비롯한 직원 모두는 이러한 사실을 알고 있었나 보다.

크리스티안 오르트너 편집국장과의 일문일답

■ '올해의 신문'에 선정된 것을 진심으로 축하한다. 편집국 총괄 책임자로서 감회가 남다를 것으로 보이는데, 소감을 듣고 싶다.

■ 지역신문에게 훌륭한 상을 주어 고맙게 생각한다. 우리는 자만하지 않고 항상 진취적인 신문을 만들기 위해 전 직원들과 시민들이 늘 함께 고민하고 있다. 이러한 노력을 바탕으로 한 우수한 기사와 혁신적인 힘, 멀티미디어 그리고 경제적인 힘이 선정되는 데 큰 힘이 되었다고 본다. 혁신에 주안점을 두되, 멀티미디어 그리고 테크놀로지의 활용과 구독자와 광고주에게 우수한 서비스를 제공하기 위해 많은 노력을 아끼지 않은 점을 아마 높이 평가해 준 것 같다. 우리 신문은 지역에서 주중에는 70퍼센트의 구독자와 토요일에는 80퍼센트 이상의 구독자를 가지고 있는데, 이 점 또한 높이 평가받은 것 같다. 물론 여러 차원의 시민의 소리를 들려주는 시민기자 제도와 옳은 길을 가고 있다는 점, 언제나 시민의 등대 역할을 해낼 것이란 가능성에도 높은 배점이 주어진 것 같다.

■ 언제부터 시민기자 제도를 운영했고, 지금은 얼마나 많은 시민들이 기자로 참여하고 있는가.

■ 지난 1945년 11월 6일부터 활동적인 구독자들을 뉴스 생산과정에 참여하도록 유도하기 시작했다. 시민기자와 전문기자, 프리랜서 기자로 나눠 운영하고 있지만 정확한 숫자를 파악할 순 없다. 20만 명의 정기 신문 구독자와 30~40만 명의 인터넷 접속자들은 모두 시민기자로 언제든지

참여할 수 있는 길이 열려 있으며 언제든지 자유롭게 기사를 송고할 수 있다.

■ 시민기자들에 대한 보상은 어떻게 이뤄지고 있나.

▨ 시민기자들이 올린 기사 중 참신성과 시의성이 뛰어난 기사는 즉각 인터넷신문에 반영하고 다음날 지면에도 반영한다. 이 경우 건당 20유로(2만 5천여 원)를 고료로 지불하고 있다.

■ 전국지와의 차별성을 어떻게 구축하고 있으며, 앞으로의 계획은.

▨ 무엇보다 지역밀착화가 차별의 핵심이다. 탄생, 부음 기사는 물론이고 모든 시민들의 생로병사 현황을 지면에 반영하고 있으며 모든 시민의 얼굴을 지면에 담는 것이 궁극적인 목표이다. 이를 위해 수요일과 목요일, 토요일은 별도의 섹션을 발행하여 차별화를 시도하고 있다. 국제사회에서 이것을 인정해 줘서 참으로 기쁘다. 이번 상은 오랫동안 수고한 시민들과 직원들에 대한 칭찬이며 자랑이다. 언제나 바른 길로 가라는 격려로 받아들이겠다. 물론 더 좋고 더 많은 구독자, 더 많은 광고주들이 생겨난 것도 큰 성과로 볼 수 있다. 자만하지 않고, 진보를 지향하면서 발빠른 대응을 해나가겠다.

2006년 11월 22일

지역민의 애정 속에 성장한다

포랄베르거 나흐리히텐 신문사를 가다 · 하

'자연을 닮은 사람들.' 오스트리아를 일컬을 때 빠지지 않는 비유 중 하나다. 정말로 오스트리아는 자연을 많이 닮았다. 국토의 3분의 2를 뒤덮은 알프스 산맥을 최대한 살리기 위해 인간이 사는 곳을 최소화한 정책, 옛것을 계승해 오늘에 맞게 되살린 문화적 센스, 그리고 자연과 가장 닮은 음악 클래식으로 한 시대를 풍미한 곳이기 때문이다. 그래서 오스트리아를 여행하다 보면 현대적 시설에 눈길을 보내다가도 과거의 향수가 떠오르고, 도심을 걷고 있어도 자연의 숨결이 느껴지는 진기한 경험을 하게 된다.

VN이 위치해 있는 슈바르자흐 시는 인구 3,700여 명의 조용한 도시였다. 영화 〈사운드오브 뮤직〉과 모차르트의 고향인 잘츠부르크에서 서북부 쪽으로 1시간가량 떨어져 있어 관광객이 연중 즐겨 찾는 곳은 아니지만 겨울철이면 스키어들의 발길이 줄을 잇는 곳이다. 시민들의 표정은 누구나 밝아 보였고, 한결같이 '올해의 신문'으로 선정된 VN이 지역에 위치해 있다는 점을 대단한 긍지와 자부심으로 간직하고 있었다.

20년 가까이 슈바르자흐 시장을 역임해 왔다는 헬무트 라이테(Helmut Leite · 59) 씨는 "시민들 가운데 상당수가 VN의 시민기자로 참여하고 있어 시민들이 지역 현안에 매우 밝다"고 말했다. 그는 "시민 누구나 기자가 될 수 있기 때문에 시책을 펼치는 과정에서 공무원들이나 시장이 실수를 하게 되면 즉각 지역신문에 알려지게 된다"며 시장인 자신도 지역신문에 가끔 기사와 칼럼을 통해 고백을 하는 경우가 있다고 했다.

라이테 시장은 또 "올해의 신문 상을 수상한 신문이 시의 명소가 됐다"며 "훌륭한 신문으로 거듭날 수 있도록 지원과 관심을 아끼지 않을 것"이라고 말했다. 그는 또 "VN이 지역관광산업 육성과 실업난 극복, 경제활성화 등을 주제로 한 시민포럼을 통해 제시하는 대안은 시책 발굴의 중요한 기초 자료가 되고 있다"며 "매일 VN을 보면서 시정을 연구 개발하고 있다"고 말했다.

슈바르자흐 시 호프스타이그슈트라세(Hofsteigstrase) 동장인 페터 피트쉬아이더(Peter Pitscheider · 45) 씨도 "출근하면 맨 먼저 대하는 게 VN"이라고 자랑했다. 사이트를 1시간가량 검색하면서 어제 일어났던 소식과 포럼에 올라와 있는 주요 토론 내용 등을 검색하면서 그의 일과는 시작된다. 집안이나, 회사에서 일어나는 재미있는 에피소드 중심으로 사진이나 글을 올리고 있으며, 가끔 전자포럼이나 게시판을 통해 동정에 관한 의견을 개진한다. 그는 "지역신문이 가끔 행정의 관행과 잘못됨을 지적하기도 하지만 그때마다 지적이 옳은지 그른지를 신문에 기고하며 옳은 지적일 경우 시정 결과를 반드시 신문에 밝히고 있다"고 했다. 또한 "VN을 찾는 취재진들이 갈수록 늘고 있어 마을 주민들이 좋아하고 있다"는 말도 빼놓지 않았다.

VN에 대한 애정은 다른 시민들도 별반 다르지 않았다. 슈바르자흐 시에서 30분가량 떨어진 곳에서 중국식당을 운영하고 있는 베르너 무프(Werner Muff · 43) 씨는 취재진이 들어선 순간에도 VN에서 눈을 떼지 않았다. 지역신문을 꼼꼼히 읽고 있는 모습이 인상적이었다. 그는 구인구직을 비롯해 지역에서 새로 창업하거나 폐업한 공장과 식당, 사무실 등의 소식이 세밀하게 다뤄지는 VN을 매일 보지 않고는 지역경제 흐름에 뒤처지고 만다며 10년 동안 하루도 빠짐없이 열독하고 있다고 했다.

또 다른 인근 레스토랑에서도 이와 유사한 모습을 찾아 볼 수 있었다. 음식을 기다리는 손님들 테이블에는 여지없이 VN이 펼쳐져 있었다. 이처럼 이 지역 주민들의 VN에 대한 관심과 사랑은 대단했다. 지역신문에 대해 묻자 주인 슈바이쩌 슈타니스(Schweizer Schtanis · 37) 씨는 취재진에게 계속 양 엄지손가락을 세워 보이며 최고라고 말했다. "세계에서 가장 훌륭한 신문이 지역에 있어 정말 자랑스럽다"며 "식당을 찾는 고객들도 이 신문을 찾기 때문에 5부씩을 정기구독하고 있다"고 말했다.

인근 슈퍼마켓과 주유소 등 어디를 가도 마찬가지였다. 취재진에게 노출된 대부분의 신문은 VN이었다. 슈퍼마켓에서 만난 주부 안드레아스 카플란(Andreas Kaplan · 34) 씨는 "VN을 어릴 적부터 계속 보아왔다"며

"소소한 지역 소식을 편하게 읽을 수 있어 대를 이어 30년 이상 구독하고 있다"고 말했다.

시민기자인 에른스트 앙스트(Ernst Angst · 54) 씨는 "VN에 기사를 송고하는 순간이 가장 행복한 시간"이라며 "기사거리를 찾아 마을 이곳저곳을 다니면서 사진을 찍고 취재하여 기사를 완성하는 것만큼 즐겁고 보람된 일이 없는 것 같다"고 말했다. 겨울에는 외국 관광객들이 좋은 취재 대상이라고 귀띔해 주었다. 그녀는 마술사처럼 금세 가방에서 신문을 꺼내 펼쳐 보이더니 자신이 쓴 기사와 사진들을 자랑했다.

슈바르자흐 시민들과 공무원들은 지역신문을 자신의 고향 특산품처럼 소중히 아끼며 애용하고 있었다. VN이 지역밀착형 정보와 뉴스 발굴에 더욱 주력하는 이유가 바로 여기에 있었다. VN은 주민의 사랑을 지역밀착형 보도로 보답하고, 주민들은 또 구독과 적극인 참여로 이에 보답하고 있는 것이다.

2006년 11월 28일

그땐 그랬지

초창기 지역신문의 얼굴

'국민'으로 할까, '우리'로 할까? ▪ 중앙지는 '개판'인데 지방지는 '비판'? ▪ "오늘은 대포광고도 없어요, 어쩌면 좋아요?" ▪ 맥가이버라고 실수 말라는 법 있나? ▪ "기사를 엿으로 바꿔먹다니요?" ▪ 달라진 편집국 풍경, "오메! 내 기사 또 날아갔네!" ▪ "우리는 용감한 뚜벅이 기자" ▪ "그놈의 광고수주가 뭔지, 원……"

'국민' 으로 할까, '우리' 로 할까?

"오늘은 또 무엇으로 요리를 한담, 뭐 좀 싱싱하고 그럴싸한 재료 없나?"

신문사 논설실의 아침은 사설 주제를 결정하기 위한 회의로 이른 시각부터 분주하다. 꼭 요릿집의 하루 시작처럼 진지하게 그날의 주 메뉴를 결정한다. 지역신문 사설은 주로 오후 늦게 마감되지만 사설을 쓰는 논설위원들은 아침 일찍부터 출근하여 설정할 의제를 놓고 갑론을박을 벌인다.

이들은 주로 중앙일간지와 다른 지방 경쟁 신문사들의 사설을 검토 분석하면서 중복을 피해 아이템을 구상한다. 편집국에서 데스크 이상의 자리를 거친 논설위원들이라 밖에서 돌아가는 소식을 분석하는 감각과 의제를 좇는 순발력은 현역기자들과 데스크 못지않다.

통상 지역신문사들의 경우 2~3명의 논설위원들이 상주하면서 사설과 고정 칼럼을 쓰곤 하는데, 그나마 재무구조가 열악한 신문사들은 논설실까지 구조조정 대상에 포함시켜 단 한 명이 논설실을 외롭게 지키는 경우도 더러 있다. 그래서 편집국 부장급들이 돌아가면서 사설을 쓰며 논설실을 지원하는 신문사들도 있다.

이 때문에 가끔 "사주의 입맛과 사시(社是)에 많지 않다"느니, "신문사 논조와 방향이 다르다"며 주필 또는 고참 논설위원은 부장들이 쓴 사설에 불만을 표시하며 수정을 요구하곤 한다. 당연히 언쟁이 붙는 경우도 있다.

"사설이란 신문사가 내는 목소리야, 논리를 비약시키거나 자기 주장을 합리화해서도 안 돼." "그래도 그렇죠, 의견기사를 사주나 사시의 입맛에만 맞출 수 있습니까?"

새만금과 방폐장 등 지역현안을 놓고 자주 벌이던 언쟁이 최근 X파일 파문이 확대되면서 다시 격해지고 있다. 중앙지향적 사고방식을 탈피하고 지역 이슈에 초점을 모아 줄 것을 요청하는 의견과 사주가 운영하는 모회사의 입장까지 고려해서 사설을 쓸 줄 알아야 한다는 의견이 부딪힌다. 그러나 주필 역시 사주의 눈치를 살피기는 마찬가지여서 때론 젊은 논설위원 또는 부장들과 난상토론이 벌어지곤 한다. 이 과정에서 평소 성격과 사설 취향이 그대로 드러난다.

이른 아침부터 독자들의 항의전화에 시달리는 곳은 편집국만이 아니다. 찬반논란이 가열되고 있는 첨예한 지역 현안문제를 놓고 찬성 또는 반대의 어느 한 곳에 무게를 싣는 사설을 내보냈다간 아침부터 전화가 빗발치기 일쑤다.

"왜 도민 전체의 의견인 양 사설에 도민의 이름으로 심판했느냐?" "국민을 다 당신네 독자로 착각하는 거냐?"라며 거센 항의가 빗발칠 때면 나이 든 논설위원도 꼼짝없이 당할 수밖에 없다. 때로는 전화 응대로 오전이 다 가고 마는 경우도 있다.

이 때문에 의견기사임을 내세워 주로 '주장형' 또는 '투쟁형'의 공격적 사설을 지향하는 논설위원들은 늘 '국민' 또는 '시민' '우리'의 표현 방법을 놓고 고민에 빠진다. 다음날 아침 또 무슨 봉변을 당할지 모를 일이기 때문이다.

최근 X파일 파문이 '불법도청'과 '본말 전도론'으로 잇따라 파생되고 있는 데 대한 언론사들의 1면 의제설정과 사설 논조가 각양각색을 이루고 있다. 지방지들의 사설 또한 무척 고민한 흔적을 찾아 볼 수 있다. 광주일보와 매일신문 등 지역신문들은 사설에서 '도민' 또는 '국민' 대신 "우리는 촉구한다" 또는 "우리는 강조한다" 등 '우리'라는 표현을 사설에서 자주 사용했다.

이와는 대조적으로 일부 중앙지 사설에서는 '국민'이라는 표현이 자주 등장하고 있다. 특히 중앙일보는 10일 「DJ, 음모론에 앞서 사과부터」라는 사설 중간 부분에서 "국민은 지금 인권을 앞세우며 노벨평화상까지 수상한 김 전 대통령의 집권 기간 중에도 불법도청이 자행됐다는 사실에 배신감을 느끼며 분노하고 있다"면서 "지금은 불법도청문제에 대한 해명과 사과부터 하는 것이 순서요, 국민에 대한 도리라고 본다"고 강조했다.

또 말미에서는 "정치적 의혹을 제기하는 것은 모욕이라는 얼마 전 노무현 대통령의 발언을 국민이 기억하고 있음을 상기해 둔다"고 밝혔으며 이에 앞선 7일 「YS, DJ는 불법도청 해명하라」의 사설에서도 "자신들의 입장을 국민 앞에 밝히고 사과해야 한다" "국민의 입장에선 도저히 그냥 지나치기 어려운 부분이다"라는 등의 표현이 자주 거론됐다.

더욱이 중앙일보는 이날 사설에서 "믿어달라고 강요할 게 아니라 국민 모두가 믿을 수 있게끔 국정원 스스로가 입증해야 한다"며 "이는 국민의 알 권리에 우선되는 사회적 기본 가치를 허무는 결과다"라고 비판의 날을 세웠다. 자사 신문 2면에 "중앙일보와 삼성은 각각 제 갈 길을 가야 한다"는 내용이 담긴 '중앙일보 기자들은 다짐합니다' 라는 내용의 글을 발표한 이후 불법도청과 관련한 사설에서 '국민' 을 자주 거론하여 강조하고 있음이 눈여겨 볼 만하다.

이 같은 현상은 조선일보에서도 쉽게 찾아 볼 수 있다. 조선일보는 11일 「위헌결정 나오면 어떤 식으로 법 만들 건가」와 「국정원의 탈정권적 개혁 청사진 내놔야」의 두 사설 말미에서 모두 "이렇게 가면 결국 정치인과 국민의 야합으로 국가의 근거를 훼손하는 헌법적 위기가 닥치고 말 것이다" "개혁의 청사진이 국민 앞에 제시돼야 한다"며 국민을 내세워 강조했다.

조선일보는 하루 앞서 「청와대가 도청문제 언제 알았나가 중요하다」는 사설에서도 사설 후미에서 "정부가 아무리 발표를 해 봤자 믿을 국민이 없다"고 주장했고 「도청, 현재부터 규명하고 과거로 가라」의 사설에서도 "국민들은 이런 정치인과 이런 정치인을 거느렸던 대통령들을 어떻게 받아들여야 하는 것인지 답답한 노릇이다"라고 강조했다.

이처럼 사설 속에 강조 또는 주장용으로 등장하는 표현이 지방은 '우리'로, 중앙은 '국민'으로 곧잘 활용되고 있지만 이를 받아들이는 수용자들의 입장에서는 거북스럽다는 반응도 나오고 있다.

사설이 국민의 이해와 대중의 소리 없는 여론을 올바르게 통찰하고 대변해야 한다는 것을 모를 리 없겠지만 사주 또는 사시의 입맛대로 사설이 요리되고 있다는 사실이 거부감을 불러일으키고 있는 것이다.

2005년 8월 11일

중앙지는 '개판'인데
지방지는 '비판'?

"비록 1단기사라도 우리 지역과 관련된 기사는 샅샅이 이 잡듯 뒤져서 철을 하도록."

신문사들이 갈수록 늘어나면서 지방자치단체의 공보실 책임자들은 이른 아침부터 여간 신경이 쓰이는 모양이다. 자치단체장과 관련된 기사는 물론이고 해당 지역과 관련된 신문 또는 방송기사가 늘고 있는데다 일일이 모니터링한 뒤 철하여 매일 보고해야 하기 때문이다.

이 때문에 이른 새벽부터 공보실 뉴스 모니터링 전담 직원들은 한 손엔 풀을, 다른 한 손엔 가위를 들고 눈이 시리도록 기사를 꼼꼼히 체크하며 오려서 철을 하는데, 마치 뉴스와의 전쟁을 치르는 모습이다.

남들이 출근하기 훨씬 전인 이른 새벽 4~5시부터 출근하여 보도된 뉴스와의 씨름을 벌이는 시, 군 공보실도 있다. 어느 한 매체라도 자기 지역과 관련된 기사를 놓쳤다간 오전 내내 비상이 걸리기 때문이다. 특히, 누락된 기사가 뜬금없는 정책 비판기사거나 해당 자치단체장과 관련된 좋지 않은 기사일 경우 담당자는 온종일 시달리기 일쑤다.

후속기사가 취재되기 전에 대책을 수립하고 이를 막기 위함일까. 비판기사에 특히 민감해한다. 선거철이 다가오면서 언론보도에 민감한 반응을 보이고 있는 자치단체장들 때문이기도 하다. 이런저런 이유 때문에 일선 시군의 뉴스 모니터링 전담 직원들의 새벽행보는 늘 바쁘기만 하다.

지금은 가판이 사라지고 또 인터넷 홈페이지를 통해서도 기사를 검색할 수 있기 때문에 새벽부터 일일이 신문들을 뒤져야만 했던 과거보다는 덜하지만 선거가 가까워져 그런지 언론보도에 신경 쓰는 간부들이 많아져서 부담이 이만저만이 아니라는 하소연은 늘고 있다.

그동안 내부 구조조정을 겪으면서 공보와 홍보기능을 통합해 인원이 절반가량으로 줄어들어 일손이 딸리는 지역들이 많아졌지만 업무량은 오히려 늘었다는 푸념이다.

"특히 사장님(지사나 시장, 군수를 보통 지칭) 동정을 잘 챙기라고. 어제 ○○신문 가십에 나온 것을 챙기지 못했다고 아주 혼났단 말이야." 오히려 강도 높은 주문만 늘고 있을 뿐이다. 그날의 주요 뉴스와 자치단체장의 동정 보도 내용을 소상하게 보고해야 하는 담당 과장들로서도 매일 대하는 직원들을 채근하지 않았다간 아침 회의석상에서 깨지기 일쑤니 주문이 많아지는 저간의 사정도 이해는 된다.

그러나 중앙지와 지방지는 말할 것도 없고 방송사까지 뉴스를 체크하며 보고서를 만들어야 하는 공보실의 직원들은 불과 1~2명이 고작이어서 늘 질타의 타깃이 되곤 한다.

한 지역에 9~10개의 신문사가 난립된 가운데 중앙지와 지방지 그리고 방송뉴스까지 일일이 체크해서 이를 국장급 이상에게 보고하는 것이 쉬운 일만은 아니다. 게다가 굳이 이를 실시하는 이유를 모르겠다는 직원들의 불만도 흘러나오고 있다.

이런 이유 때문에 담당 직원들 가운데는 기사 마감시간이 되면 아예 신문사나 방송사 기자들에게 대놓고 묻기도 한다. 오늘 저녁 주요 뉴스 또는 내일 아침신문에 지역과 관련된 기사가 나가는지, 좋은 기사인지 나쁜 기사인지를 꼬치꼬치 묻는 통에 출입기자들과 간혹 언쟁이 붙는 경우도 있다. 마감시간에 신경이 곤두서 있는 기자들이 호락호락 알려 줄 리 만무하기 때문이다. 그러나 미리 대비를 하지 않았다가는 일시에 쏟아지는 기사량을 단시간에 소화해 내지 못하는 경우가 있기 때문에 담당 직원도 절박하긴 마찬가지다. 만에 하나 이슈가 발생할 때를 대비해 미리 만반의 준비를 하느라 늘 분주한 모습이다.

일각에는 '그것도 능력' 이라며 기자들의 일거수일투족을 감시(?)하면서 다음날 아침 지면에 배치되거나 방송될 뉴스를 미리 알아서 보고하는 직원들을 유능하다고 평가하는 간부들도 있다.

간혹 노련미 넘치는 공보실 직원들은 돌아가는 소식을 빠르게 파악해 해당 자치단체장과 관련된 언론사들의 입장이 우호적인지 또는 비우호적인지를 정확히 파악해내기도 한다. 뉴스의 흐름도 매우 정확하게 파악하고 있으니 당연히 기자들에겐 좋은 정보원으로 이용되고 있지만, 이들 또한 그저 정보만 흘리진 않는다. 출입기자들 가운데는 이러한 직원을 평상시 자주 접하면서 중요한 정보를 주고받는 경우가 있다. 아침이면 이들을 통해 귓속말로 전화 모니터링을 대신하는 기자들이 간혹 눈에 띈다. 마치 악어와 악어새처럼 공생 공존하는 모습이다.

"○주사, 오늘 1면 주요 뉴스는 뭐예요?"

"중앙지들은 '개판', 지방지들은 '비판'으로 도배돼서 다른 뉴스는 별로 눈에 띄지 않는군요."

"그리고 사회면은, 혹시 법원 검찰기사 중에 특별한 게 없나요?"

"잠깐만요."

황우석 박사가 세계 최초의 개 복제에 성공했다는 뉴스를 중앙지들이 일제히 1면에 보도한 날, 지역신문들은 60여 년 만의 가장 큰 호우피해를 집중적으로 다룸으로써 '개판'과 '비판'이라고 표현했지만 즉각 알아차리는 눈치다. 그래서 기자실과 공보실은 분리되지 않고 근접해서 공생공존 관계를 계속 유지하는 것일까.

2005년 8월 6일

"오늘은 대포광고도 없어요,
어쩌면 좋아요?"

"오늘은 대포광고(광고료를 받지 못하는 무료광고)를 10건 게재토록 하겠습니……."

나이 지긋한 광고국장의 입에서 말이 주저주저 맴도는 찰나 사주가 즉각 반격을 가하기 시작한다. '다른 신문사들은 비수기에도 바닷가축제다 테니스대회다 해서 이벤트를 마련하고 기획광고를 창출하는데, 도대체 앉아서들 뭐하는 거요?'

해마다 이맘때만 되면 종이신문사들이 겪는 가장 큰 어려움이 광고수익 급감이다. 중앙지도 마찬가지지만 지방지의 경우 그 심각성이 더하다. 이 때문에 지방신문 사주들은 매일 아침 편집국과 업무국 간부들을 불러 모아 지면을 펼쳐 놓고 호통을 치기 일쑤다. 다른 경쟁 신문사들 지면에 게재된 광고가 자사 지면에서 빠지기라도 하면 불똥은 이리저리 튄다. "왜 우리 신문에는 게재되지 않은 광고가 다른 신문사에 게재됐단 말이오? 우린 앉아서 흙 파먹고 사는 사람들만 있나?"

처음엔 업무국장이나 광고국장에게 추궁하더니 이내 불똥은 편집국장에게로 튀고 만다. "도대체 출입처 기자들은 출입처를 장악하지 못하고 놀기만 하는 거야, 뭐야?"

변명의 여지는 없다. 변명을 했다간 더욱 거세게 쏟아질 공격의 화살 세례를 피해낼 재간이 없기 때문이다. 편집국장은 쥐죽은 듯 시선을 아래로 깔고 앉아서 당하곤 한다. 고래고래 지르는 소리가 문밖을 넘어 편집국으로까지 흘러나오는 경우도 있다. 무더운 여름날엔 스트레스를 더욱 가중시키는 요인이다. 마치 기차 화통 삶아 먹은 소리 같다.

이른 아침부터 간부회의에서 한바탕 소란이 끝나면 다시 국 간 또는 부서간 회의에서 이 문제들이 논의되는데 편집국 경제부서에 가장 빠르게 파장이 몰려온다. 지방신문 광고주들이 주로 기업체나 경제단체 등이지만 낯선 외지업체들은 지역에 이전해 사업을 추진하는 과정에서 지역신문시장을 파악하지 못하기 때문이기도 하다. 이들은 예산이 허용하는 범위 내에서 한두 군데만 광고를 내곤 하는데 그 덕분에 나머지 7~8개 신문사들은 아침부터 비상이 걸리기 마련이다.

지방신문사가 한 중소도시에 10여 개나 난립하는 까닭에 예산의 한계로 인해 광고를 모두에게 줄 수 없다는 업체들의 하소연과는 별개로, 이 때문에 졸지에 경제부 기자들의 출입처 장악문제가 간혹 도마 위에 오른다. 사주에게 된통 당하고 나면 편집국장은 경제부 기자들을 모아 놓고 스트레스를 다시 기자들에게 전가한다. "출입처 관리를 도대체 어떻게 했기에 우리 신문을 우습게 보는 거요?"

인력이 이리 저리 빠져나가 가뜩이나 기사 부담이 많은 기자들로서는 이래저래 아침부터 무거운 발걸음으로 취재현장을 누비기 시작하는 날이 무척 많아졌다. 이 같은 원인은 신문의 주 수입원이 광고수입이기 때문이기도 하다. 전체 수입 중 광고 수입과 판매 수입 비중이 약 8 대 2 정도로 광고수주가 신문사의 재정을 좌우하는 실정이다. 그러나 광고시장도 판매시장 못지않게 왜곡돼 있는 상황에서 한 건의 광고를 수주하기 위해서는 온갖 방법을 다 동원하는 모습들이다.

이런 이유로 광고주의 홍보성 기사를 게재하거나 광고를 주지 않는 기업에 대해 마구잡이식 비판기사를 쓰는 등의 편법이 자행되기도 한다. 또 광고주는 광고를 미끼로 신문의 편집에 영향을 미치려 하기도 한다. 일종의 게이트 키퍼 행세를 하려는 광고주들은 비판기사를 많이 쓰는 신문사들은 자체적으로 블랙리스트에 올려 놓고 경쟁신문사들에 비해 불이익을 주곤 한다.

차마 눈뜨고 볼 수 없는 선정적인 퇴폐광고나 불법조장이 우려되는 고리의 사채금융 또는 '카드깡' 광고를 실었다가 문제가 되는 경우도 간혹 있다.

한여름 비수기, 그래서 지방신문사 광고면엔 대포광고가 넘쳐난다. 평소에 광고를 많이 내준 기업이나 광고가 나올 만한 업체의 이미지 또는 명함광고를 동의 없이 슬그머니 내준 뒤 생색을 내곤 하지만 결국 그 피해는 광고부 직원들에게 전가된다.

고정 급여 대신 광고수주 대비 리베이트(건당 평균 10~30퍼센트)를 받아 근근이 생활을 유지하는 영세한 지역신문사 광고부 직원들은 이런 대포광고 때문에 급여통장이 마이너스인 경우도 더러 있다.

올해도 비수기가 어김없이 닥쳐오면서 각 지역신문사들은 갖가지 행사를 추진하면서 기획광고를 수주하느라 바쁘다. 그 모습도 각양각색이다. '바다 마라톤대회' '직장대항 테니스대회' 등 한여름 이열치열 행사를 펼치는가 하면 '바닷가 미인대회'라든지 '인기가수 콘서트'를 기획, 광고주들에게 손짓하고 있는 모습을 쉽게 찾아볼 수 있다.

그러나 이런 행사마저도 추진하지 못하는 지방신문사 광고부 직원들은 대포광고 찾기도 어려운 지경임을 호소하고 있다. 이들은 편집국 문턱에서 기웃거리며 경제부 기자들과 눈이라도 마주치면 슬픈 미소를 지으며 하소연한다.

"○○ 기자님 대포광고도 없어요. 어쩌면 좋아요……."

2005년 7월 23일

맥가이버라고
실수 말라는 법 있나?

'단 한 자의 오자도 허용하지 않는 철통교열'

'교열부는 편집국 최후의 보루'

17년 전 신문사에 막 입사한 나에게 편집국 벽 모퉁이에 크게 써 붙어 있던 문구는 매우 인상적인 기억으로 남아 있다. 신문사 기자, 하면 외근 부서 또는 편집부가 가장 중요한 줄 알았던 내게 이 문구는 일종의 빨간 펜이었다. 나의 생각은 여지없이 교정되었다.

수습과정은 교열부 선배 기자 옆 빈 자리에서부터 시작됐다. 오전부터 기사작성법과 오탈자 찾아내는 법에 관한 전문 교열서적을 탐독하고 오후가 되면 직접 선배들로부터 교열 요령을 체득하는 시간을 보냈다.

기사를 마감하기 시작하는 오후 3시가 넘어서면 자리에서 꼼짝달싹

할 수 없을 정도로 일감이 순식간에 쌓여 신경이 발끝에서 머리끝까지 곤두서곤 했다. 외근부서에서 계속 날아드는 기사를 한 자 한 자 꼼꼼히 확인한 후 선배 교열기자에게 다시 검토를 받아야 비로소 통과됐다.

누락된 글자가 없는지, 한자 표현이 틀리지 않았는지, 지명과 이름에 오자는 없는지 다시 보고 또 다시 봤다. 그렇게 눈을 크게 뜨지 않았다간 금세 불려 다니며 책망을 당하던 시절이었다. 교열부장 외에 6명이 '철통교열'을 강조하면서 교열업무를 보았는데 그 숫자가 편집부보다는 덜했지만 일부 외근부서보다는 많았다.

기사 마감이 끝날 때까지 원고를 꼼꼼히 두 번 세 번씩 정독하며 다시 보다가 편집부 기자들이 편집실에서 직접 제목과 기사를 따 붙이는 저녁시간이 되면 교열부는 다시 2라운드에 돌입한다. 칼과 풀을 들고 열심히 기사를 따 붙이며 신경이 곤두서 있는 편집부 기자가 기사가 넘쳐 기사 일부를 싹둑 잘라내거나 제목을 다른 곳에 잘못 붙이기라도 하면 옆에 지켜서 있다가 즉시 이를 수정하도록 지시하는 것이다. 물론 이 과정에서 고성이 오가거나 '지나친 월권'이라며 서로의 고유 업무영역을 놓고 다툼까지 벌이는 일이 다반사였다.

그러나 지금은 상상도 할 수 없는 일이 됐다. 교열부 전문기자들이 하나둘 자리를 비우더니 지금은 아예 교열부를 편집국에서 찾아볼 수 없게 돼 버렸기 때문이다. 지역신문사들은 IMF 외환위기 이후 경영난을 핑계로 서로 짜기라도 한듯 1997~1998년 사이에 교열부 기자들을 모조리 해고하거나 편집부 또는 조사실로 자리를 옮기도록 했다. 나중에는 조사실까지 없애고 말았다. 교열부 자리는 외근기자들의 차지가 되었다.

당직 외근기자 1~2명이 그 자리에 앉아 교열을 보곤 하는데, 문제는 대충대충 교열을 봤다간 다음날 시말서 또는 엄중경고가 쏟아진다는 데 있다.

초기 일부 신문사들은 아웃소싱을 하거나 국어교사 또는 출판사 등에서 근무한 경험이 있는 한두 명을 계약직으로 채용해 교열을 보도록 했지만 교열부를 없앤 신문사들이 별 애로사항 없다는 듯이 신문을 제작해내자 그마저도 서둘러 없애고 말았다.

그러다 보니 가끔 결정적인 오자가 눈에 띄는 경우가 발생하곤 하는데 사주들은 이때마다 책임을 편집국 교열당직기자들에게 전가하곤 한다. 기사를 작성하는 기자와 데스크에 일차적인 책임을 묻는가 하면 그것도 모자라 교열을 본 당직기자에게 최종 책임을 추궁하는 게 보편화됐다. 이 때문에 오탈자 사고가 발생하는 날이면 전날 교열당직 외근기자가 불려가는 일이 지금도 자주 발생하곤 한다.

자칫 성의 없이 교열을 봤다간 기사가 중간쯤에서 엉뚱하게도 다른 기사로 바뀌어 자리하고 있는가 하면 1면 톱 제목이 중톱 제목과 바뀌거나 특히 한자가 틀리는 경우가 꼭 뒤따르기 마련이다. 교열의 제 역할을 잘 알지 못하거나 교열 수습을 받지 않은 신세대 기자들일수록 반갑지 않은 '마의 오탈자'가 자주 찾아든다.

그뿐인가. 외근부서별로 값싼 디지털카메라를 한 대씩 배치하여 어지간한 기자회견이나 인터뷰 사진은 취재기자가 직접 찍게 한다. 조사실 전문기자를 없애는 바람에 이제 지역신문사 기자들은 필요한 자료까지 직접 챙겨야 하는 상황이다. 1인 3역 이상의 역할을 수행하느라 일선 기자들의 불평불만이 늘고 있지만 사주나 임원들은 당연하다는 듯이 취재면 취재, 교열이면 교열, 사진이면 사진, 뭐든 다 잘하는 맥가이버식 기자를 원하고 있는 게 현실이다. 최소의 인원으로 최대의 효과를 누리겠다는 것일까.

지금도 매일 아침 출근시간이면 편집국 외근기자들은 칠판에 쓰인 당직순번을 가장 먼저 확인하곤 하는데 그럴 때마다 어김없이 "또 오늘 교열당직이야?"라는 짜증 섞인 말이 어김없이 튀어나온다. 교열당직을 선 다음날 오탈자가 1면에 대문짝만하게 발생해 문책이라도 당하면 간혹 후배기자들은 임원실을 향해 투덜댄다.

"쳇! 제 아무리 맥가이버라고 실수하지 말라는 법 있나요?"

2005년 5월 18일

"기사를 엿으로
바꿔 먹다니요?"

　"분명 어제 저녁 마감시간까지만 해도 1면 톱기사였는데 아침에 신문을 보니 기사가 깡그리 없어진 거예요."

　밤늦은 시간까지 편집기자 옆에 붙어 앉아 교열까지 다 보고 퇴근했다는 3년차 후배기자는 출근하자마자 흥분을 가라앉히지 못하고 씩씩거린다. 아침 신문을 주워드는 순간 1면 톱을 장식했을 기사와 자신의 이름 석 자를 보면서 흐뭇함을 만끽하려 했으나 기사가 모조리 빠져버린 것이다.

　김이 새도 보통 샌 게 아닌 모양이다. 지역 중견업체의 최종 부도에 이르기까지의 배경과 관련 업계에 미칠 파장을 며칠 동안 잠 못 이루며 취재해 단독으로 보도하려 했건만 물거품이 된 것이다. 후배기자는 분을 삭이지 못했다. 막무가내로 담당 부장에게 따져 보지만 데스크도 모르는 일이라고 고개를 설레설레 젓는다. 누군가 옆에서 "혹시 편집이나 인쇄 에러가 발생한 건 아냐?" 하면서 분위기를 바꿔 보려고 하지만 아침 내내 편집국은 시끌벅적하기만 하다. "그 업체는 그냥 부도가 아니라 고의부도예요. 사주의 부도덕성을 만천하에 고발했어야 하는 건데……."

후배기자는 자신의 기사가 엄청난 파급효과를 가져 올 것으로 믿었던 모양인지 단 한 줄도 기사화되지 않은 데 대한 분함을 계속 토로했다. 그 순간 다른 부서 데스크에서 새어 나온 말이 시선을 사로잡았다. "밤새 누군가 그 기사를 또 엿으로 바꿔먹은 모양이군."

시선들은 곧장 그쪽으로 쏠렸다. 지금은 거의 찾아보기 어렵지만 비판이나 가십거리 기사를 쓰고 난 뒤 해당 업체에게 이를 통보해 주고 기사를 광고나 촌지와 맞바꾸는 부도덕한 경우를 빗댄 사례가 가끔 있었기 때문이다. 소동은 더욱 커지고 말았다.

잠시 후 국장이 출근하자마자 그 기사가 빠지게 된 배경을 설명하고 사과를 했지만 후배기자는 도무지 이해가 가질 않는다는 표정이었다. "아니 아무리 배가 고파도 그렇지 특종기사를 엿과 바꿀 수 있나요?" 하면서 진지하게 따지고 든다.

그런데 어째 항의의 논조가 이상하다. 배가 고프다니? 설마 그 기사가 진짜 엿뭉치와 바뀌었을 것이라고 믿었던 것일까? 혹시나 했더니 역시나다. "국장님 아무리 그래도 그렇지 그 기사를 통닭이나 케이크보다 훨씬 싼 엿과 바꿔 드실 수가 있나요?" 하는 게 아닌가. 한바탕 웃음바다를 이루고 사무실 분위기는 평소의 모습으로 돌아갔지만 그 후배기자는 그 날 상처로 한동안 의기소침했다.

돈줄을 쥐고 있는 모기업 보호를 철칙(?)으로 여기는 지역신문사들이 모기업과 관련된 업체의 나쁜 정보나 악영향을 미칠 소식을 아예 취급하지 않는 것이 비단 어제 오늘의 이야기만은 아니다. 만약 그러한 기사가 게이트 키핑 과정에서 소홀히 취급돼 여과 없이 보도됐다가는 다음날 날벼락(?)이 떨어진다. 대부분 지역신문사들의 모기업은 주로 건설업과 운수업, 학원사업 등이다. 때문에 '지역 건설업체가 지은 아파트 분양이 저조하다' 든지, '택시 및 버스업계의 횡포가 이만저만이 아니다' 라든지, '사립학원 재단의 비리사실 폭로' 등에 관한 제보가 와도 때론 무시해야 하는 경우가 많다.

기자 초년병 시절엔 이러한 내막을 잘 모르고 기사를 작성했다가 실망과 낭패를 당하기 십상이다. 분명히 편집국 마감시간 때까지만 해도 면 톱기사로 올려졌던 기사가 다음날 아침에 보면 빠져 있기 때문에 해당 기자와 데스크 간에 잦은 실랑이가 벌어지곤 한다.

그럴 때면 해당 데스크들은 "간밤에 그 기사를 누군가 엿으로 바꿔 먹었나 봐" 하면서 진담 반 농담 반투로 어물쩍 넘기기 일쑤다. 그러나 이같은 억지주장에 감정을 억누르지 못하는 일부 후배기자들 중에는 끝내 자존심이 상했던지 사표를 던지는 경우도 더러 있다.

2년 전 "기사를 엿으로 바꿔 먹다니, 차라리 제 사직서와 바꿔 주시죠?" 하면서 다른 언론사로 기어코 떠난 후배기자는 가끔 전화를 걸어와 지금도 그러는지 물으며 약을 올리곤 한다.

2005년 4월 28일

달라진 편집국 풍경,
"오메! 내 기사 또 날아갔네!"

1990년대 초반까지만 해도 지방일간지 편집부 기자들의 책상엔 항상 긴 눈금자와 칼 그리고 울긋불긋한 색연필들이 필수 장비처럼 놓여 있었다. 전날 지면 위에 색연필로 레이아웃을 하면서 글자의 크기를 급수나 호수로 지정해 표기해 놓던 기억이 난다.

활자화된 본문과 제목을 직접 칼로 오려 붙였던 시절이 엊그제인 것 같은데 벌써 15년 넘게 흘렀다. 당시 편집부 데스크에서는 매일 마감시간이 다가오면 외근 중인 기자들에게 기사 재촉을 했고, 각 면 편집기자들은 톱기사와 제목을 챙겼다.

"오늘 1면 톱 미다시(제목을 뜻하는 일본식 은어)가 뭐야?"

"야마(기사의 주제를 뜻하는 일본식 은어)를 잘 보고 캡션(장 · 절 · 페이지 등의 제목 또는 신문 편집과정에서 사진 또는 삽화 설명)을 뽑아야지."

처음 편집국에 들어섰을 땐 도무지 알아들을 수 없는 용어들이 편집부와 전산실, 제판실에서 사용되고 있었다. 그냥 제목이라고 해도 좋을 걸 꼭 미다시니 캡션이니 헤드니 하며 외래어 표기를 굳이 썼던 이유는 배웠던 사람(바로 위 선배)의 취향에 따라 서로 다른 것이었음을 나중에야 알 수 있었다.

사진 설명을 꼭 캡션이라고 붙이고 기사의 첫 단락, 즉 리드를 야마라고 불러야 했는지 처음 수습기자 시절엔 항상 궁금했었다. 지금도 가끔 논설실의 원로 선배들이 편집국에 들러 사설이나 칼럼을 쓰기 위해 부장들에게 "어이, 그 기사 야마가 뭐야?" 하곤 하는데 그때마다 젊은 후배 기자들은 잘 알아듣지 못해 어리둥절해한다.

제목을 뽑지 못하고 머리를 쥐어짜는 후배 편집기자들에게 "머리를 푹 삭혀야 감동적인 미다시가 쏟아져 나온다"고 늘 강조하던 편집부장의 카리스마는 마치 거대한 오케스트라의 지휘자처럼 보였다. 지금 같으면 후배들에게 당장 되받음(?)을 당할지도 모르지만 그 당시엔 신문 제작 시스템이 모두 편집부에 집중됐었기 때문이다.

당시에는 편집부에서 "자, 마감 시간 10분 전, 1초라도 늦으면 그 기사 휴지통행인 줄 다 알지?" 하며 외근기자들을 채근한 뒤 원고지에 깨알같이 적힌 기사들을 전해 받고는 이를 보고 제목을 뽑은 뒤 다시 전산실로 넘겼다.

편집자들은 레이아웃과 제목지를 들고 데스크의 1차 관문을 통과해야 했는데 제목의 글자 크기와 색깔, 무늬를 놓고 일대 실랑이가 벌어지기도 했다. "이 제목은 '아미 ○퍼센트', 이 제목은 '베다'" 하면서 제목 크기와 모양을 통과시키는 데스크 관문은 어찌 그리도 길었던지, 지금 생각해도 아찔하기만 하다.

지금은 편집국에서 사라진 모습들이지만 당시 수동식 시스템에서도 특별한 경우를 제외하곤 용케 마감시간을 모두 지켜냈던 게 신통하기만 하다. 지금도 간혹 편집국에서 마감시간이 되면 편집부장의 목소리가 커지는 경우가 있지만 그때와는 상황이 다르다. 모든 편집 시스템이 전산화된 상태에서 마감시간이 다 되어도 외근부서 자리는 듬성듬성 자리가 비어 있다. 출입처나 취재현장에서 기사를 전송하면 곧바로 해당 데스크에게 전송되기 때문에 얼굴을 맞대며 마감지을 필요가 없게 된 것이다. 당일 마감 시 취재 메모도 데스크들 간에 연결된 컴퓨터를 보고 확인하고 기사도 데스크 컴퓨터에서 승인하면 곧바로 편집기자의 컴퓨터로 전달되기 때문에 큰소리로 떠들 필요가 없다.

전송되지 않은 기사가 있으면 편집국 내부 직통전화나 노트북 간에 연결된 메신저로 편집부에서 알려오는데, 가끔은 오히려 기사 입력량이 일시에 몰려 기사전송이 잘 되지 않는다는 외근부서의 항의 목소리가 더 크다. 때로는 마감시간에도 꼭 절간 같은 분위기가 흐른다. 컴퓨터 기사 전송에 익숙지 않은 국장이나 부국장 석에서 갑자기 큰소리로 튀어나오는 말에 웃음바다를 이루는 것을 제외하곤.

"오메! 내 기사 또 날아갔네, 우째야 쓰까이."

2005년 4월 27일

"우리는 용감한
뚜벅이 기자"

"이제 웬만하면 중고차라도 한 대 구입하시죠. 명색이 부장님이신데……." 차 없이 걸어다니며 취재하는 모습이 안쓰러웠던지 그를 만날 때마다 후배들이 입버릇처럼 하는 말이다. 그러나 그의 답변은 늘 같다.

"난 지금 이대로가 좋아. 걷다 보면 운동도 되고, 차 막히는 시내 구석구석을 취재할 수 있어서 좋고……."

그는 아침 일찍 무궁화호 첫 기차를 타고 출근하여 하루 종일 걸어서 취재를 한다. 오후 마감시간에는 부장으로서 게이트 키핑 업무까지 소화해내야 한다. 그의 나이는 마흔여섯. 나와 거의 비슷한 시기인 15년 전쯤 신문사에 입사한 그는 입사동기들에 비해 나이가 5~6세가량 많았지만 부지런하고 일에 대한 열정이 가장 강했다.

차 없이 오직 걸어서 다니며 취재하기를 고집하는 그가 동료들 사이에서 ‘뚜벅이 기자’라는 별명을 얻은 것이 벌써 15년째 접어든다. 중간에 서로 신문사를 옮기는 바람에 지금은 나와 떨어져 근무하게 됐지만 가끔 취재현장에서 만나곤 한다.

그런데 그가 얼마 전 김제에서 완주 삼례로 이사를 했다고 한다. 할머니와 부모님을 모시며 김제에서 매일 출퇴근하던 그는 “커가는 두 자녀들의 학비부담 때문에 맞벌이를 하지 않고서는 살 수 없는 지경에 이르게 됐다”며 “막노동이나 다름없는 아내의 일터가 삼례 근처여서 둘만 떨어져 나와 살게 됐다”고 자초지종을 설명했다. 그래서 군산에서 전주로 향하는 아침 6시 무궁화호 열차에 몸을 싣고 출근하여 오전 업무회의를 마친 뒤 걸어서 출입처를 돌며 취재를 하고 오후엔 회사에 들어가 다시 마무리를 한 다음 기차로 퇴근한다는 것이다.

집이 삼례역에 가깝고 회사는 전주역에 가깝기 때문에 다행히 출퇴근은 편하다고 하는데, 문제는 신문사 인력이 하나둘씩 빠져나가고 있는 현실이다. 그 바람에 지금은 고작 2명이 경제부를 이끌어 나가고 있다고 한다. 더욱이 연합뉴스를 제공받지 않고 있기 때문에 일에 대한 부담이 다른 신문사 부장들에 비하면 두세 배 힘든 상황이다. 그럼에도 뚜벅이 취재를 고집하고 낙종이라는 것을 모르고 사는 별종으로 통한다.

정치부와 사회부에 인력을 우선 배치하곤 하는 지방신문사에서 경제부에 대한 인사홀대(?)는 비단 어제 오늘 일만은 아니다. 지역경제 기반이 열악한 탓도 있지만 영세한 지역신문사들은 약속이나 한 듯이 인력을 최소화하여 인건비 부담을 줄이기 위해 한 외근부서에 부장을 포함해 4~5명을 넘기지 않고 있다.

특히 기사 부담이 덜하다는 이유로 경제부의 경우 1~2명만을 배치하는 기막힌 현상도 쉽게 찾아볼 수 있게 됐다. 이 때문에 부장들이 출입처를 서너 군데씩 담당하지 않으면 항상 물먹기 십상이다. 이런 '뚜벅이 부장'의 마음을 출입처에서 누군들 알겠는가?

그런데 '뚜벅이 부장'이 최근 또 하나 출현해 화제가 되고 있다. 그 신문사는 경제부장 혼자서 경제면 전체를 채워 나가야 하는 더 힘든 상황이라고 한다. 부장이 기자 몫까지 해온 셈이다. 그런데 그가 타고 다니던 차가 어찌나 오래됐던지 조그만 사고였음에도 폐차를 할 수밖에 없어서 두 달 전부터 뚜벅이가 됐다는 것이다.

덕분에 경제부 출입처에서는 나이가 마흔 후반인 '두 뚜벅이 기자들' 때문에 화제라고 한다. 경험 없는 젊은 기자들은 감히 상상도 못하는 취재 아이템으로 오전부터 출입처를 파고들기 때문에 '뚜벅이 특종머신'으로 통하기도 한다나?

오로지 로컬 뉴스만으로 지면을 메워야 하는 열악한 상황에서도 두 뚜벅이 부장들은 남들이 자가용을 타고 다니며 취재할 때 항상 걸어서 취재해야 하는 이중삼중의 부담을 곧잘 극복해내고 있다. 가끔 술이라도 한 잔 들어가면 그들 둘은 어깨를 부둥켜 끌어안고 "우리는 뚜벅이, 용감한 뚜벅이 형제" 하면서 서로를 챙기며 의지하곤 하는 통에 좌중을 웃음바다로 만들기도 한다.

그런 그들을 볼 때마다 가슴 한 구석에 가슴 한 구석에 뭉클하게 치밀어 오르는 것이 있다. '열악한 지역언론 환경 속에서도 저렇게 꿋꿋하게

생활하면서 소신과 보람을 잃지 않는 기자들도 있는데…….'

물론 개중에는 고급 승용차를 타고 다니면서 허세를 부리거나 이권에 개입하면서 촌지만을 밝히는 몇몇 소수의 기자들이 지역언론 종사자 전체를 욕되게 하는 경우도 있지만 주변의 대부분 기자들은 올곧은 사명감과 기자로서 정도를 실천하려는 의지를 갖고 살아가고 있다.

허약해질 대로 허약해진 지방언론의 건강회복, 바로 그런 기자들이 있기 때문에 충분한 가능성이 있다고 해도 좋지 않을까?

2005년 4월 5일

"그놈의 광고수주가
뭔지, 원……"

10년 전만 해도 한 도에 많아야 3개, 그렇지 않으면 1~2개의 지방신문사가 오붓하게 경쟁하고 있었다. 당시엔 각 시·군에서도 계도용으로 별도 홍보예산을 편성해 지방신문을 다량으로 구입, 배포하는 등 지역신문 활성화에 한몫했다. 지금은 모두 폐지돼 어림없는 얘기지만 말이다.

당시 편집국에선 '신문 구독부수 기자별 현황'을 막대 그래프로 그려 놓고 매일 확인하던 터라 출입처에 따라 그래프 길이가 천차만별을 이루곤 했다. 즉, 도청이나 시, 군청 출입기자들의 경우 주기적으로 배포되는 계도지나 홍보용 구독부수로 인해 내근부서 또는 끗발 없는 출입처를 가진 기자들에 비해 그런 대로 대우가 괜찮던 시절이었다.

사주의 경영부담을 덜어 준다며 편집국 수장인 국장이 나서 독자 확보와 광고수주를 위해 진두지휘를 했던 기억도 생생하다. 경영주로부터 예쁨 받고, 자리도 보전할 수 있는 일석이조의 효과를 누리려는 시도였을 테다. 그러나 출입처에서 고군분투하는 기자들 입장에서는 당장 기사거리가 아물거리고 경쟁사 기자들의 일거수일투족에 민감해야 할 판에 웬 광고며, 신문부수 챙기기란 말인가.

독자 확보는 문제가 되지 않았다. 출입처에서는 좋은 기사든 나쁜 기사든 신문구독을 해야 기사를 볼 수 있기 때문에 구독을 한다. 문제는 항상 광고였다. 출입처도 변변치 않은 곳인 데다 '혀 짧은 소리(회사의 광고나 협찬 건을 요청할 때 쓰는 비유적 표현)'는 제대로 해본 적 없는 터라 매일 국장 지시를 묵살하기 일쑤였다. 이런 기자들을 바라보는 사주 또는 국장의 눈빛이 얼마나 따가웠겠는가.

항상 후배들과의 술자리에서는 입버릇처럼 "기자는 항상 기사로만 승부를 걸어야 한다"며 애써 수치심을 거두려 노력했지만 그놈의 광고 얘기는 그때나 지금이나 편집국에서 떠날 줄을 모른다. 물론 광고를 잘하는 기자들이 있기는 하다. 솔직히 사주나 국장에게 싫은 소리가 듣기 싫어 나도 몇 차례 광고수주를 시도해 보긴 했다. 하지만 광고수주를 위해 출입처에 들어서는 순간, 취재할 때 당당함은 사라지고 풀이 죽어 목소리는 기어 들어간다. "저 거지인뎁쇼, 한푼 도와줍쇼"라고 하는 게 오히려 나을 정도로 말하기 힘든 게 바로 기자들의 출입처 광고수주다.

이러한 고통을 아는지 모르는지 기자들에게 "단 한 건의 광고만이라도"를 외쳐대는 선배들은 얄밉기도 하지만 불쌍하다는 생각도 든다. 사주가 오죽 볶아대면 그럴까 싶어서 말이다. 아무튼 후배기자들만이라도 떳떳이 취재하고 오직 기사로 승부를 걸 수 있는 환경을 만들어 주어야 할 텐데…….

2005년 3월 9일

홍보담당자 60.9퍼센트 "기자들이 사업후원 요구"[13]

한국언론재단 남재일 연구위원이 기자 303명과 홍보담당자 314명 등 모두 617명을 대상으로 실시한 조사결과, 정부와 기업·공기업 등 홍보담당자들의 60.9퍼센트가 기자들로부터 사업후원 요구를 받은 적이 있는 것으로 나타났다. 또한 홍보담당자들의 33.1퍼센트는 촌지나 선물이 기사화 여부에 어느 정도 영향을 미친다고 생각하는 것으로 조사됐다.

남 위원은 언론 윤리와 관련된 사안에 대한 경험과 인식을 살펴보기 위해 조사를 실시했으며, 한국언론재단이 펴낸 『한국 언론윤리 현황과 과제』(공동연구 송용회 이화여대 언론홍보학부 교수, 보조연구 주익현 고려대 언론학부 박사과정)에서 조사결과를 공개했다.

그 내용을 보면, 먼저 홍보담당자들에 대한 설문조사 결과 이들 중 상당수가 지난 2년간 기자들로부터 사업후원이나 광고수주, 신문구독 등의 영업적 요구를 받은 경험이 있는 것으로 조사됐다. 홍보담당자들의 60.9퍼센트가 기자들로부터 사업후원 요구를 받은 것으로 나타났고, 광고수주 요구에 대한 경험도 57.4퍼센트로 조사됐다. 특히 기업의 39.2퍼센트는 7회 이상 광고수주 요구를 받은 것으로 나타났다.

신문구독 요구는 평균 73.0퍼센트가 받았다고 응답했다. 기업이 7회 이상 요구받았다는 응답이 28.4퍼센트로 가장 높았고, 정부기관은 0퍼센트였다. 남 위원은 "정부기관에 대한 신문구독 요구가 없어진 것은 노무현 정부 들어 정부와 언론의 관계가 공식화되면서 나타난 새로운 현상"이라고 지적했다.

지난 2년 동안 편파보도에 대한 조사결과 응답자의 평균 82.1퍼센트가 '언론의 편파보도를 경험했다'고 응답했다. 하지만 편파보도에 대한 시정요구를 한 경험은 평균 70.1퍼센트로 떨어졌으며, 편파보도 정정은 평균 58.0퍼센트로 더욱 낮은 것으로 조사됐다.

홍보담당자들은 부당한 기사에 대한 대응 방법에 대해 평균 56.1퍼센트가 '없다'고 응답했으며, 편집국 간부에게 항의한 것은 평균 24.8퍼센트, 광고국 간부에게 항의한다는 비율은 6.1퍼센트로 나타났다. 언론중재위 제소나 조정신청은 4.1퍼센트, 해명자료 배포 3.5퍼센트, 기자 출입정지와 광고철회 또는 배정축소가 2.9퍼센트인 것으로 나타났다.

13) 남재일·송용회, 『한국 언론윤리 현황과 과제』, 한국언론재단, 2007년.

6장

지역 단상

지역언론인으로 살아간다는 것

귀 막은 의원님들, 밥값은 하셔야죠? ■ 신문의 날, 반성과 성찰은 넘치지만…… ■ 영남 파시즘 그리고 양반주의 ■ 지리산에서 소통을 생각하다 ■ 첫눈 내리던 날, '혼불'과 마주하다 ■ '풀뿌리 저널리즘', 그 밑알을 엿보다 ■ "몇 시간 지나면 부패되는 상품인 줄 알면서도……"

귀 막은 의원님들, 밥값은 하셔야죠?

'말 타면 경마 잡히고 싶다'는 말이 있다. 사람의 욕망은 끝이 없음을 이르는 말이다. 요즘 지방의원들의 행태가 딱 그 모양이다. '풀뿌리 민주주의 씨앗'을 자처하며 민선 3기까지만 해도 무급제로 일해왔던 지방의원들이 민선 4기 들어 달라졌다.

유급제를 관철시키더니 1년도 안 된 올 초엔 보좌관을 두게 해 달라고 떼를 썼다. 의정활동을 도울 사람을 따로 두겠다는 것이었다. 서울과 경기도 의회가 추진하니 다른 지자체 의회도 가만 있을 리 없다. 너도나도 앞다퉈 유급 인턴 보좌관제를 시행하겠다고 나섰다. 그러면서도 왜 보좌관이 필요한지에 대해서는 주민들을 설득시키지 못했다. 이내 수그러들었지만 지자체 허리띠를 더 졸라매게 만들 보좌관제 도입과 의정비 인상안이 연내 심심치 않게 거론돼왔다. 그러더니 결국 약속이나 한 듯이 전국 각 지방의회마다 의정비를 일제히 올렸다. 그것도 두 자릿수나 끌어올려 주민들의 원성이 봇물을 이루고 있다. 연봉이 90퍼센트 이상 오른 곳도 있다. 보좌관 타령을 한 지 1년도 지나지 않아서다. 내년에는 또 무엇을 달라고 조를지 걱정이다. 지방의원들의 의정비 인상이 상향평준화돼가고 있으니 내년에도 인상은 불 보듯 뻔하다. 전북 도내에서는 무주군 의회가 무려 98퍼센트나 인상하려다 한 발짝 후퇴하긴 했지만 대부분 두 자릿수 인상을 강행했다. 올해 공무원 봉급 인상률 2.5퍼센트, 정규직 근로자 임금 인상률 5.2퍼센트에 비하면 터무니없는 숫자다. 지방의원들이 근로자 월평균 임금 이상을 받는 곳도 수두룩하다. 게다가 지방의원들은 별도의 직업을 가지고 있어도 누가 나무라는 법이 없다.

한때 유급제는 지방의원들의 숙원사업이었다. 지방의원들의 질적 수준을 높이기 위해서는 꼭 필요하다고 했다. 경제기반이 안정돼 있지 않은 상황에서는 제대로 된 의정활동을 할 수 없다는 논리였다. 민선의회가 도입된 뒤 횡령, 뇌물, 정치자금법 위반 등으로 인해 사법처리되는 지방의원들이 늘어나고 있는 것은 그만큼 경제기반이 불안하기 때문이라는 주장이었다.

반대 의견도 만만치 않았다. 재정형편 때문이었다. 국고지원 없이는 공무원들 월급도 못 주는 지자체가 적지 않은데 의원들 월급까지 부담하기에는 무리가 있다는 의견이었다. 그토록 열악한 지자체 재정상황에서 유급제가 도입됐다. 그렇다면 1년간 지방의원들의 성적표는 어떤가?

불철주야 민의를 헤아리며 뛰어다니는 의원들도 있지만 의원직보다는 개인의 영예나 사리사욕에 치중해 손가락질 받는 의원들도 적지 않다. 유급제가 됐으니 지방의원들도 자리만 차지하고 무능하다는 '반식재상(伴食宰相)' 소릴 들어서는 안 된다는 따가운 눈총에도 아랑곳하지 않는다.

그러나 지방의원들이 올 의정비 인상 과정에서 보여준 태도는 한결같았다. 지자체 집행부에 대한 감시와 견제 대신 '군림'을, 지역주민의 의견수렴은 '외면'으로 철저히 일관한 채 오직 자기 밥그릇 챙기기에만 골몰하는 듯한 인상을 지울 수 없었다. 재정자립도가 낮은 지자체 의회일수록 인상에 더욱 혈안이 돼 의정비를 큰 폭으로 올렸다.

의정비 인상안을 심의하고 있을 무렵 전북은 전국에서 전남 다음으로 재정자립도가 가장 낮다는 통계자료가 발표됐다. 게다가 저소득층의 소득부진으로 소득분배 구조는 더 악화돼 국민 5명 가운데 1명은 상대적 빈곤상태라는 통계도 함께 나왔다. 눈이 있고 귀가 있는 지방의원들이라면 이를 모를 리 없을 텐데 어떤 반대 의견도 없었다. 4대 지방의회 출범 이후 서민생활과 직결된 의원발의조례는 과연 몇 건이나 처리됐던가.

지방의회 스스로가 의정비를 낮추는 결단을 바라는 목소리가 비등하다. 그런데도 귀를 꼭 막고 있으니 답답할 노릇이다.

2007년 11월 7일

정신 나간 지방의회, 의정비 최고 90퍼센트 인상[14]

지방의회들이 의정비를 마구잡이로 인상해 유권자들의 따가운 눈총을 받았다.

옥천군의회는 2009년 의정비를 2,376만 원에서 64.14퍼센트 인상된 3,900만 원으로 의결했다. 옥천군의원들은 당초 "시군장단 협의회가 의정비 인상과 관련해 하한선을 정해 달라고 했을 때 지방자치제도에 관여하는 것은 월권행위라고 입장표명을 하고 이제 와 권고에 따르지 않을 경우 페널티를 적용하겠다는 것은 자율권을 침해하는 것"이라고 주장하고 있다. 그러나 옥천군농민회는 의정비 인상을 본격적으로 저지하기 위해 1인 시위를 벌이는 등 사회단체와 주민들의 비난이 계속될 것으로 보인다.

제천시의회 역시 2,604만 원이던 의정비를 61.5퍼센트 인상해 4,200만 원으로 인상했다. 이들은 제천시의 재정능력과 주민의 소득수준 향상, 의원의 의정활동 실적, 물가인상률을 감안해 의정비를 상향 조정했다고 설명했으나 농민과 시민단체들은 강력 반발하고 있다.

또 전북 무주군은 2,120만 원이던 의정비를 98퍼센트 인상한 4,200만 원으로 의결했다가 행자부에서 권고를 받고 3,696만 원으로 74퍼센트 인상안으로 수정했다. 여수(24퍼센트)와 경남 통영시(59퍼센트) 지방의회도 의정비를 올렸다. 3,284만 원에서 5,495만 원으로 67퍼센트 인상한 서울 강북구의회와 5,480만 원으로 53퍼센트 인상한 노원구의회 등도 시민단체와 유권자들의 눈총을 받고 있다.

지방의정비의 과도한 인상률과 4,000~5,000만 원대의 고액연봉은

어려운 나라살림과 국민들의 경제소득 현황에 비추어 볼 때 터무니없
다는 것이 대부분의 반응이다.

행자부는 지방의원 의정비 인상에 대해 비난 여론이 봇물 터지듯 나
오자 재정자립도가 평균 이하면서 의정비와 인상률은 평균 이상인 단
체 44곳에 하향 조정을 권고했다. 그러나 얼마로 낮춰 달라고 못박지
못하고 법적 구속력이 없는 구두 가이드라인이어서 실효성이 없다는
비판이 일고 있다.

14) 프런티어타임스, 2007년 12월 25일.

신문의 날,
반성과 성찰은 넘치지만……

'좋은 신문 좋은 나라'

'세상을 바꾸는 힘 미래를 깨우는 힘'

'신문 읽는 습관이 가장 큰 투자입니다'

제51회 신문의 날을 맞아 한국신문협회가 공모를 통해 선정한 올해의 신문 표어들이다. 신문의 날은 1896년 4월 7일 탄생한 우리나라 최초의 민간신문인 독립신문 창간일에 맞춰, 1957년 한국신문편집인협회가 제정한 날이다.

역대 신문의 날 표어들을 곰곰이 살펴보면 시대상황이 투영돼 있음을 읽을 수 있다. 신문의 날이 제정된 이후 신문 표어를 채택해 공식적으로 공표한 것은 1959년 제3회 신문의 날부터다.

경향신문 폐간조치로 어수선했던 1959년 '언론의 자유'로 출발한 신문의 날 표어는 1960년에 '악법의 철폐'로 얼굴을 바꿔단다. 투쟁적 표현이 당시 암울했던 언론 상황을 알려준다.

이후 박정희 정권하에서는 '신문의 책임(1961)' '신문의 품위(1962)' '신문의 자주(1969)' '신문의 단결(1971)' 등 딱딱한 느낌의 표어가 선정됐다. 군사정권 시절 쿠데타를 지지했던 언론이 그만큼 경직돼 있었음을 느낄 수 있다.

신군부가 등장한 1980년 제24회 신문의 날에는 '언론의 자유와 책임'이 표어로 선정된다. 1979년 10·26사건으로 박정희 유신체제는 종말을 고하였지만 전두환을 중심으로 한 신군부 등장은 언론환경을 다시 경직시켰다. 그러나 이 시기에는 '언론의 국제화(1983)' '현대화를 다지는 언론(1984)'이라는 그럴싸한 개념이 등장한다. 보수신문이 신군부의 국가보위입법회의(국보위) 설치 찬양가를 불러댄 시기다. 1986년에 등장한 '화합을 다지는 신문'이란 표어도 독특하다.

암울한 군사정권 시절, 내적인 자정과 자율을 강조하는 표어는 찾아볼 수 없었다. 그러다가 1991년 '자정으로 신뢰회복, 자율로 책임완수'라는 표어에서야 내재됐던 자정의식이 거세게 표출됐다.

최근엔 '독자'란 표현이 자주 등장한다. '독자에게 떳떳한 신문(2003)' '독자를 주인으로(2004)' '독자와 함께 미래로(2005)' 등 '독자와 함께 가겠노라'는 표어가 최근의 경향이었다.

신문의 날을 전후로 한 신문주간 포스터도 갈수록 독자 중심의 신문,

또는 현대화를 상징하는 그림이 자주 눈에 띈다. 올해 한국신문협회가 신문주간 포스터 대상에 선정한 '신문을 펼치면' 시리즈는 여러 의미를 되새기게 한다.

신문과 기술의 융합을 상징하는 포스터는 신문이 더 이상 활자매체로서 뿐만 아니라 입체적 메시지를 시각적으로 전달해야 한다는 대안을 암시해 주는 듯하다. 왜 이런 현상이 나타나고 있을까. 뉴미디어의 약진에 따른 올드미디어 퇴조현상 때문이라고 말하는 학자들도 있다.

한국언론재단이 최근에 내놓은 연구서 『2006 국민의 뉴스 소비』에서 뚜렷하게 나타난다. 언론수용자의 의식조사 결과에 의하면 종이신문의 가정 구독률은 1998년도 64.5퍼센트였으나 2002년 52.9퍼센트, 2004년 48.3퍼센트, 2006년 40퍼센트로 갈수록 감소하고 있다. 8년 사이에 24.5 퍼센트 하락한 것이다. 신문의 위기가 아닐 수 없다.

국내 인터넷 사용자의 초고속 인터넷 가입률이 91퍼센트 수준에 이르고 있으며, 인터넷이 전 국민의 75퍼센트가 사용하는 생활매체로 성장하고 있는 것과는 대조를 이룬다.

신문이 무엇인가? 신문은 400년 역사를 자랑하는 매체다. 조선조 말 근대 신문은 개화의 도구로 도입됐다 해서 한국의 신문 탄생 배경이 '도구적 언론관'의 출발이라고 보는 시각도 없지 않다.

아무리 뉴미디어가 새로운 커뮤니케이션 기술의 확장을 가져온다 해도 신문은 언론의 역사일 뿐만 아니라 아직까지는 전체 사회성원의 사회화 과정에도 중대한 역할을 담당하고 있다. 신문의 의미를 어떻게 풀어보든지 간에 신문은 문화적 산물이며 사회적 현상이라고 감히 말할 수 있다. 인간의 지식과 행위, 의욕을 변화시킬 수 있는 중요한 미디어임에 틀림없다.

그런 신문이 뉴미디어 확산에 쉽게 시장기반이 흔들리고 있는 데는 보완수단이나 대체기능을 다하지 못한 탓도 있겠으나 아직도 정치권력을 통제하는 언론권력으로, 또는 카멜레온과 하이에나 역할에 충실하기 때문이란 지적이 만만치 않다. 신문의 날마다 외쳐 왔던 나름의 반성과 자율이 그간 구두선(口頭禪)에 불과했다는 것을 반증한다.

강준만 전북대 신문방송학과 교수는 그의 저서 『권력변환』(2000)에서 이렇게 지적한다. "언론은 여전히 카멜레온과 하이에나의 속성을 갖고 있지만 정치권력에 당당히 대응할 수 있는 언론권력으로서 오히려 정치권력을 통제하고 지배하기 시작했다는 점을 부인하긴 어려울 것이다."

더 큰 문제로 그는 언론권력 간, 또는 시민사회와 언론권력 간 '침묵의 카르텔'을 지적했다. 그는 특히 "수구 기득권의 동맹언론이 거대한 사회적 침묵의 카르텔을 형성한 채로 한국사회의 진정한 문제가 무엇인지조차 알지 못하게 하는 은폐의 메커니즘으로 작동하는 것을 주의해야 한다"고 강조했다.

올해도 어김없이 신문의 날을 맞아 신문들은 회고와 반성, 성찰을 다짐하고 주문하는 사설과 칼럼들을 잇따라 내놓았다. 보수와 진보, 중앙과 지역 간 차이가 활자와 지면에 묻어났다.

주5일제 이후 토요일판을 발행하지 않은 지역신문들은 신문의 날을 맞아 일찌감치 각 사의 입장을 정리했다. 전북일보는 4일 지역언론 실태를 통렬하게 비판하며 자성을 촉구하는 내부 칼럼을 실어 언론계 안팎

의 시선을 끌었다.

전북일보 조상진 논설위원의 「네가 기자냐」라는 칼럼은 제목에서부터 그 의도가 확연히 드러난다. "지방신문의 현실은 열악하다 못해 참담하다"고 한 이 칼럼은 "신문사를 사업의 방패쯤으로 생각하는 사주들이 상당수인데다 기자들 또한 저임금에 허덕이다 보니 공정성이고 전문성은 생각할 여력조차 없다"고 따끔하게 지적했다.

조 위원은 칼럼에서 "사주와 그에 빌붙어 있는 건달 간부들, 자치단체 등 출입처의 애완견으로 전락한 일부 기자들, 광고와 기사의 바꿔먹기, 공공연한 협찬 압력과 인사청탁, 골프접대 한번에 바뀌는 논조 등이 심심치 않게 눈에 띈다"며 "그러고도 지방언론을 믿어 달라고 할 것인가"라고 일갈했다. 기자들의 성찰과 자성을 주문하는 글이다.

대전일보는 6일자 사설 「좋은 신문이 좋은 나라 만든다」에서 다짐을 정리했다. "위기를 맞고 있는 신문이지만 매체의 장점을 살려 나간다면 신문을 진화시킬 수 있을 것"이라는 이 사설은 "앞으로도 정론직필로 꿋꿋이 시시비비(是是非非)를 가릴 것을 독자들에 재삼 다짐한다"고 각오를 밝혔다.

제주일보도 신문의 날을 하루 앞둔 6일자 사설 「제51회 신문의 날을 맞는 다짐」에서 입장을 밝혔다. "공익을 외면하고 사적 상업주의에 빠지면 그 신문은 독자들의 신뢰를 잃게 되며 끝내는 상품으로서의 가치를 잃고 만다"며 "올해 신문의 날을 보내며 모든 신문은 언론으로서의 도덕성과 전문화, 그리고 정의로운 경영이라는 시대적 책무를 다짐해야 한다"고 촉구했다.

보수신문들의 신문의 날 표정이 궁금하지 않을 수 없다. 중앙일보는 신문의 날 하루 전인 6일자 사설 「신문 읽는 국민이 좋은 나라 만든다」에 서 "신문을 읽어 좋은 나라를 만드는 것은 독자들의 몫"이라고 밝혔다.

중앙일보는 이 사설에서 "독자들의 다양한 요구에 부응하는 것이 신 문이 감당할 몫"이라고 하면서도 FTA를 다시 거론했다. "FTA 체결 과정 에서 보았듯이 사회적 의제를 설정하고, 공론화하는 것도 신문의 중요 한 책무"라고 했다.

동아일보는 7일 '제51회 신문의 날' 특집기사를 다루며 「정부광고, 공 정위 앞세워 비판언론 통제」「4년 동안 이틀에 한 번꼴로 무차별 중재신 청」이란 제목의 기사와 함께 「위헌 신문법 치하에서 맞는 신문의 날」이 란 사설에서 여러 가지 서운한 점들을 토로했다.

"정부와 국회가 조속한 시일 내에 위헌 신문법 전체를 폐기하고 새로 입법하기를 다시 한번 촉구한다"는 동아일보 사설은 "현 정권은 위헌 신 문법을 바로잡을 것인지, 아니면 그대로 놔둘 것인지 명확한 태도를 밝 혀야 한다"며 신문법을 집중적으로 거론했다.

한국일보 7일 사설은 의표를 찌르는 듯하여 시선을 끈다. 「신문의 날 에 신문을 생각한다」는 사설은 "시민들이 신문을 단순한 영리기업으로 생각하지 않는 이유에 바로 신문의 본질적 기능이 존재한다. 독립신문 창간사에 담긴 '국민의 대변자, 정부와 국민의 매개자, 부정부패의 감시 자' 역할은 지금도 유효하다"고 말했다. 그리고 "그런데 요즘 우리 신문 은 갈등 중재는커녕 스스로 갈등을 생산하는 구조가 고착되고 있다"며 "보편타당한 공론의 형성과 올바른 방향 제시에 충실한 것이 신문의 정도이자 살 길이다"라고 답을 내린다.

신문협회보는 최근 356호에서 「온라인은 올드미디어의 보완수단」이라는 제목의 기사에서 "모든 신문이 신문 홍보에 동참하고 있고 신문 광고의 붕괴는 오해라는 것이 최근 세계광고대회에서 재확인되었다"고 보도했다.

그러나 정보기술의 결실은 뉴미디어로 구체화되어 국내 수용자들의 이용행태와 반응에서 나타나고 있다. 거대 매체들의 독과점 구조가 깨지지 않고 언론권력의 '침묵의 카르텔'이 유지되는 한 독자들은 신문을 의심하고 신문인에 대한 존경의 마음도 잃게 될 것이다.

2007년 4월 7일

영남 파시즘 그리고 양반주의

파시즘은 국가가 권위주의적인 방식으로 정치·사회·문화·경제 등 개인생활 전반을 통제하려는 현상이다. 이탈리아어인 파쇼(fascio)에서 나온 말이다. 원래 이 말은 나무막대기 묶음에 도끼날이 결합된 것을 의미한다. 나무막대기는 '처벌', 도끼는 '처형'을 뜻한다.

끔찍한 파시즘 담론이 새해 우리 사회에서 '대중화' 되고 있음은 매우 유감이거니와 역설적이다. 인혁당 무죄판결은 박정희 유신 파시즘의 망령을 되살리며 '박정희 신드롬' 논쟁에 다시 불을 붙였다.

경남 합천군에서 벌어지고 있는 '일해공원' 문제는 또 다른 '파시즘 숭배'로 볼 수 있다. 대중적 포퓰리스트 수사법을 가장하여 과거의 영광 재현을 위한 영웅적인 노력을 주문하고 있으니 소름끼칠 정도다. 합천군이 2004년에 완공한 '새천년 생명의 숲'에 전두환 전 대통령의 호를 따서 '일해(日海)공원'으로 이름 붙이기로 해 광주와 경남지역 시민사회 단체들이 성명을 내고 삭발을 하며 반발하고 나선 것은 먼 남의 얘기가 아니다.

너무 참담하여 역사에서 잊어버리고 싶은 기억이 있다면 바로 광주 5·18민주항쟁 아니던가. 그런데 합천군은 지역에서 배출한 역대 대통령을 기념해 군민의 자긍심을 고취시키고, 관광명소 부각을 통한 지역경제 활성화를 위해 일해공원이라는 이름을 고집하고 있다. "박정희기념관도 들어서는 마당에 전두환공원쯤이 무슨 대수냐"는 입장이다.

서로 다른 공간에서 살아왔지만 같은 시대를 지나왔다는 사실을 잠시 망각한 것일까? 합천군수는 한 술 더 떠 "상생과 화합 차원에서 광주가 이해하고 도와 달라"고까지 말했다. 더 놀라운 사실은 합천에 독재자 전두환 전 대통령의 아호를 딴 일해공원이 있다면, 인근 창녕에는 전두환 씨의 조상을 모신 호국공원이 있다는 점이다. 학계에서 이를 두고 '영남 파시즘' 또는 '영남 패권주의'라 부를 만하다.

피해자인 호남의 항변은 전혀 의식하지 않고 있는 듯하다. 오히려 합천군의회는 전 대통령의 아호를 딴 공원 명칭에 반대하는 군의원에 대해 사과하지 않을 경우 제명 절차를 밟겠다고 한다니 참으로 놀라지 않을 수 없다. 이쯤 되면 광주뿐만 아니라 호남사회 전체가 분개할 일 아닌가.

그런데도 전북사회는 조용하기만 하다. 상생과 화합을 저해하고 지역주의를 조장하는 이데올로기로 왜곡돼 받아들여질 수 있기 때문이라는 양반주의적 사고 때문일까?

새삼 명토 박아 둔다. 굴곡 많은 호남의 역사와 그 업보는 전북을 항상 비켜가지 않았다는 점을. 그래서 더욱 이번 사건을 전북도적 관점에서 고찰해 볼 필요가 있다. 받아들이기에 따라 일해공원 명칭 제정을 반대하는 여론이 되레 지역감정을 조장하는 '옹졸하고 편협한' 태도로 오해받을 수도 있지만 그렇다고 쉽게 간과해선 안 될 사안들이 많다.

사법적인 단죄가 있었다고는 하나 피해자들이 버젓이 생존해 있고 '광주'에 대한 공식적인 사과는 아직 없다. 그런데도 살아 있는 인물에 대한 칭송이 과연 올바른가의 문제를 지역적인 것으로 넘기기엔 사안이 간단치 않다. '대의를 위한 어쩔 수 없는 희생'이었다든지, '결과적으로 경제발전에 크게 이바지하지 않았냐'며 면죄부를 줘 군사정권을 옹호하고 합리화하려는 정서가 상존하고 있기 때문이다.

전두환 씨의 과거 행적에 대한 시대적 평가는 분명하고도 정확하게 내려져 있다. 굳이 '80년 광주'를 이야기하지 않더라도 교과서에서 그는 '12·12 군부쿠데타의 주역이며 부정축재자'로 규정돼 있다. 법원의 부정축재 환수조치에 맞서 자신의 재산이 '29만 1,000원'뿐이라고 주장해 법을 조롱하고 국민을 분노케 했던 인물이다. 야만적 강권통치를 앞세워 민주주의를 외치고, 자신의 불법적 집권을 반대한 수많은 시민들을 삼청교육대로 내몬 독재자였다. 상황이 이러한데도 한나라당 대선주자들은 "잘 모르겠다"며 입장을 회피하고 있다.

일해공원문제는 단순한 공원 이름의 작명문제가 아니다. 역사의 시계를 거꾸로 되돌리는 사건이다. 파시즘은 끝났어도 그들이 뿌려놓은 씨앗들은 남아 있다. 마치 잡초가 옥토를 불모의 땅으로 만들듯 그 씨앗들

이 이 땅의 민주주의를 황폐하게 만들도록 놔두어서는 안 된다. 영·호
남 역사인식의 격차는 이래서 영영 좁힐 수 없는 걸까?

2007년 2월 6일

일해공원, 그 후 어떻게 됐나?

경남 합천군은 2007년 1월 29일 새 명칭 확정공고를 했으며, 7월 5일 간
판을 바꾸어 달았다. 밤에 몰래 누군가 '일해'라는 글자를 뜯어내고,
시민단체에서 집회를 열고 또다시 글자를 뜯어냈지만 합천군은 다시
붙여 놓았다.

반발은 거셌다. 합천과 경남·광주전남·전국 단위로 반대대책위
가 결성되었다. 5·18을 다룬 영화 〈화려한 휴가〉를 2007년 8월 23일
합천에서 상영하기도 했다. 반면 전사모(전두환 전 대통령을 사랑하는 모
임)는 합천에서 일해공원 지지 집회를 열고, 2007년 8월부터 한 달 동안
일해공원 지킴이 릴레이 시위를 벌이기도 했다.

네티즌들은 한때 합천군청 홈페이지가 장애를 일으킬 정도로 몰려
들었다. 하지만 2007년 하반기부터 일해공원 반대 활동은 뜸하다.[15] 반
대대책위는 일해공원 반대운동에 불을 붙일 기회를 모색하고 있다.

15) 「'일해공원' 논란 1년, 요즘은 어떻게?」, 오마이뉴스, 2008년 1월 17일.

<h1>지리산에서
소통을 생각하다</h1>

정책 결정의 분업 구조 때문일까. 모든 게 따로 논다. 한미 FTA, 전시작전통제권 등 국가적 이슈에 대한 보수·진보 간 대립이 끝이 없다. 게다가 지방은 수도권 규제완화 정책과 지역발전특별법 등을 놓고 수도권과 비수도권, 지역 간 대결구도가 첨예하다.

중앙이건 지역이건 언론사마다 '희망을 말하기가 두렵다'는 표현을 주저 없이 사용한다. 소통이 부재한 탓이다. 소통 채널이 없는 때문이기도 하다. 모든 것을 훌훌 털어 버리기 위해 가을이 오는 길목을 찾아 나섰다. 불안감의 확산을 통제하기 위해 시간의 흐름이 최대한 멈춘 곳을 향했다.

9월의 마지막 일요일인 24일 오전 전주에서 찻길을 달려 지리산 정령치를 향했다. 주5일제 시행 이후 주말이면 동료 또는 후배기자들과 가끔 찾는 정령치 코스는 그리 오랜 시간이 걸리지 않는다.

지리산 관광도로를 따라 해발 1,000미터를 단숨에 올랐다. 걸어서 오르면 한나절도 부족할 시간이지만 운봉읍에서 불과 30여 분 남짓 차로 달리면 닿을 수 있다. 지리산 10경의 하나인 정령치가 가을 옷을 위에서 부터 갈아 입기 시작한다. 기원전 84년 마한의 왕이 진한과 변한의 침략을 막기 위해 정장군을 파견하여 지키게 했다는 정령치. 그래서인지 지금도 사방이 시야에 쏙 들어온다.

남원시 주천면 육모정과 산내면 뱀사골을 경유하는 코스도 좋지만 너른 운봉마을의 평야지대를 거쳐 국도를 따라 오르는 코스는 여러 가지 눈요깃거리를 제공해 준다. 멀리 그리고 가까이, 굽이치는 하늘과 맞닿은 능선들과 어우러진 황금빛 너른 들녘 사이에서 이름도 모르는 야생 꽃과 나무들을 만나는 일은 행복하다. 울울창창한 숲길을 따라 달리다 보면 고단한 삶의 찌꺼기들이 순식간에 달아나 버리기도 한다. 불안한 시간의 흐름을 의식할 필요가 없다. 소통의 채널에 애써 호흡 맞출 필요도 없다.

정령치 정상에 올라서면 바로 눈앞에는 유순하게 흘러내리는 만복대가 다가오고, 뒤로는 운봉평야가 멀리 내려다보이는가 하면 꾸불꾸불하게 포장된 정령치 도로가 시원하게 펼쳐져 보인다. 반야봉의 큰 덩치가 금세 손으로 붙잡을 수 있을 만치 가까이 시야에 잡히는가 하면 멀리 뭉게구름 사이로 천왕봉도 바라보인다. 오늘은 시계가 좋아 사방의 전망이 탁 트인 게 시원하기만 하다. 날마다 머리에 빛을 이고 살았지만 이렇게 친절하고 깍듯한 햇빛은 근래 구경을 못해 봤다.

정령치 정상에 오르니 늙은 장승들이 가장 먼저 정중하게 맞이해 준다. 근처엔 시린 듯 부르르 몸을 떠는 것 같아 보이는 주목들이 가지마다 경이로운 풍경을 안겨 준다. 무언가 긴히 할 말이 있을 듯싶은 여섯 장승들은 오래된 친구처럼 반갑다. 가식 없이 허물을 벗어 버리고 모든 속내를 드러내고 서 있는 모습에선 마음속의 고민을 모조리 털어 내놓고 내 눈을 깊이 들여다보던 친구의 모습이 보이는 듯했다. 말없는 저 장승과 과목들은 여기서 수도자들의 영성과 인간적 고뇌도 함께 다독이며 어루만져 왔으리라.

장승들 바로 옆 빛살로 활개 뻗은 갈대의 가는 허리는 나긋나긋 춤을 추며 우리를 반긴다. 살랑거리며 노니는 춤사위가 마치 한 맺힌 몸짓인 동시에 절망 이전의 체념인 듯 미소로 나붓거린다. 노여움도 원망도 계절에 대한 앙탈도 없이, 갈대처럼 세상일에 초연하며 부는 바람대로 살 수만 있다면, 일순간의 머무름만으로도 덕지덕지 묻은 세상 속기를 한 줌이나마 털어 낼 수 있다면 좋으련만. 문득 세상은 나를 향해 어떻게 열려 있는가를 생각한다.

시계를 핍진한 세속에 두고 온 나는 어느새 시간이 머문 곳에 한참을 서 있었다. 소통 채널이 더 이상 필요 없는 곳이기 때문이다. 그저 순응하면 되는 것이다. 떠나오기 전 다시 바라본 정령치 정상은 스산한 가을바람이 이리저리 헤매며 거닐고 있었다.

정령치를 내려오다 선유폭포를 만났다. 선녀들이 내려와 목욕을 하는 곳이란다. 파랗게 맑은 물속은 가을햇살이 굴절하여 바닥이 보이지 않을 만큼 깊게 보였다. 한기를 느낄 만큼 물은 차갑다. 하 여름 불타던 이 계곡에는 어느덧 불이 꺼진 듯 무수한 나뭇잎이 떨어져 땅과 물이 닿는 곳을 덮고 있었다.

가을은 슬픈 계절만은 아니다. 산길을 걷다 보면 이따금 낙엽이 쌓인 더미에 무릎이 빠져 바스락 이는 나뭇잎을 헤집고 꼬부랑길을 오르기도 하고, 형형색색의 모습에서 탄성을 지르며 순간의 행복감을 맛보기도 한다. 풍요로움도 맛볼 수 있다.

호랑나비 한 마리가 길옆 활짝 핀 코스모스와 노니는 모습이 하산하는 발걸음을 멈춰 세웠다. 서로 잘 어울리는 코스모스와 황금빛 들녘 사이로 정령치 정상이 아릿하게 보인 순간 그리움이 샘솟는다.

여름 내내 자신의 존재를 알리기 위해 산과 들을 뜨겁게 헤매던 매미는 어느덧 허물을 벗고 마을 어귀에서 계절의 순환에 순응하고 있었다. 기약도 없이 행장 하나 챙기지 않고 홀가분한 몸으로 길을 떠나는 나그네처럼 이 가을을 온몸으로 앓다 길을 떠나는 여행자 같다. 세월의 이끼와 함께 겹겹이 쌓인 갈색 이파리들도 정적에 싸여 계절의 순환을 음미하고 있었다. 자연의 계절순환은 소통이 부재하거나 소통 채널 없이도 가능하다. 그저 순환의 법칙에 순응하면 그만인 것이다.

그러나 일상의 차원에서 우리는 소통 부재 혹은 소통의 불통이라고 부를 만한 사건들을 너무 자주 만난다. 지금 우리 사회 보수는 폭력을 너무 쉽게 받아들이는 경향이 있는 반면 진보는 거꾸로 폭력을 너무 쉽게 극복할 수 있다고 믿는 경향이 있다.

복잡해질수록 더욱 날카로워진다. 이러한 소통의 부재는 지역을 더욱 숨통 조이게 한다. 지역 내 소통 채널이 절대 부족하기 때문이다. 지역언론이 있지 않느냐고 반문하고 싶겠지만 대부분의 지역에선 있으나 마나하다.

지역신문 구독률이 한 자릿수를 맴도는 지역에서 10개 이상의 지역일간지가 무슨 소통 채널을 다하겠는가. 대부분 소통 채널을 중앙에 맞추어 놓고 있기 때문에 지역 내 소통 부재 현상은 날로 심각해진다. 중앙의 보수와 진보, 지역 간 꽉 막힌 소통이 문제다. 막힌 소통이 정령치에서 바라보이는 시계처럼 확 트일 수만 있다면 얼마나 좋을까.

2006년 9월 25일

첫눈 내리던 날,
'혼불'과 마주하다

"살아 있는 사람들한테는 누구에게나 혼불이 있다고 합니다. 혼불이란 정신의 불, 목숨의 불, 감상의 불, 또는 사람을 가장 사람답게 하는 정령의 불을 가리키는 것이지요."

최명희의 『혼불』은 그 안에 무수한 '작은 이야기'들을 섞고 있다. 노래의 한 대목, 풍속에 대한 문서자료, 물건의 유래, 고사와 민담, 때로는 방대한 사료까지도 서슴없이 인용된다. 때로는 '읽기'가 지겨울 적도 있지만, 정확하고 다채롭게 기술된 겨레의 숨결을 드러낸 풍속사로서 우리네 민족문화의 면모를 보여주고 있다.

"언어는 정신의 지문(指紋)인데, 혼을 어떻게 기계로 담아내느냐"며,

컴퓨터 키보드를 끝내 거부하고 수만 장의 원고지 칸을 또박또박 채워 간 사람. 그 많은 수상들이 되레 무색한 진정한 장인정신을 가진 아름다운 사람이기에 난 매일 아침 그녀를 찾는다.

매일 아침 걷는 산책로엔 늘 그녀의 글들이 새겨진 조그만 돌비석과 얼굴을 그려낸 석상이 나를 반긴다. 첫눈이 수북이 쌓인 일요일 이른 아침 초등학교에 다니는 아들을 깨워 하얗게 수놓은 건지산 자락을 산책했다.

집에서 30분 거리에 위치한 전주 덕진공원 인근에 자리한 최명희 혼불 문학공원은 도심에 위치해 있어 시민들이 즐겨 찾는 곳이다. 운동에 별 관심을 갖지 않았던 내가 아침운동을 하게 된 것은 언론계에서 활동 중인 40대의 또래 기자들이 최근 갑자기 건강을 해치거나 심지어 과로로 돌연사를 당하는 사례가 잦아지면서 주변에서 헬스장이나 골프연습장에 나가길 권유했기 때문이다.

하지만 최명희 문학공원이 위치한 건지산을 마주하고 사는 나는 이른 아침 산책하면서 나름대로 사색에 젖어 보는 1시간가량이 어느새 기다려지는 가장 소중한 시간이 돼 버렸다. 아파트 단지를 벗어나면 건지산 정상에 오르는 데 걸리는 시간은 불과 20~30분. 다시 능선을 타고 20~30분 가량 걷다 보면 최명희 문학공원을 비롯해서 세계 소리문화전당과 동물원, 체력공원 등을 만날 수 있다.

이처럼 하루를 상쾌하게 시작할 수 있는 천혜의 조건(?)을 갖추었건만 본격적으로 아침운동을 시작하기 전인 4개월 전까지는 이러한 주변적 요건을 전혀 활용치 못했다. 불규칙한 생활과 잦은 과음 등으로 운동에 별 신경을 쓰지 못했던 그때와 비교하면 지금은 너무 많은 변화를 맞이

한 셈이다.

출근 시간을 다투지 않아도 되는 일요일엔 특히 많이 걷는다. 만보기를 차고 1시간 30분가량 걷다 보면 최명희 문학공원에서 동물원, 덕진공원까지 거의 일주할 수 있는데, 아쉽게도 만보기엔 5,000에서 6,000보만 찍히기 일쑤다. 만 보를 걷는다는 게 그리 쉬운 일이 아님을 절실히 느끼곤 한다.

어쨌든 여느 해와 달리 올 첫눈은 제법 분위기를 내며 한껏 자태를 뽐내려 든다. 고달픈 직장인들의 출퇴근 교통대란을 피할 수 있게 해 줬다는 점에서 더욱 고맙고 낭만에 젖어 들게까지 한다. 눈 위를 걸으며 새삼 여러 가지 추억들과 사색을 즐겨 볼 수 있었다.

평상시와는 다르게 산책로가 미끄러운지라 속도를 좀처럼 낼 수 없다. 그래도 오늘은 일요일, 마음먹고 설경을 담기 위해 카메라까지 지참했으니 첫눈 쌓인 산책로를 따라 그녀를 만나러 가는 시간이 길게만 느껴진다.

"사랑하는 이여 아직은 돌아오지 말라. 천지에 난만한 꽃 피어나 독하게도 휘황하여 아득한 어질머리 일으킬지라도……."

그녀의 숨결이 느껴지는 문학공원에 도착한 시간이 평상시보다 2시간가량 늦은 때문인지 평소 이른 새벽 중에 만났던 사람들은 찾아볼 수 없었지만 그들의 발자국들은 이미 사방 눈 위에 흩어져 있었다.

올해는 최명희 작가 타계 7주년이 되는 해이다. 『혼불』은 1930년대 전북 남원의 한 양반가문을 배경으로 한 작품이다. 쓰러져가는 종가를 지켜가는 3대 며느리의 이야기를 축으로 해 농민들의 치열한 삶을 서사적으로 그렸다.

『혼불』10권을 미완으로 남겨 놓은 채 50세를 일기로 세상을 떠난 그. 오는 11일이 마침 7주기다. 매년 이맘때면 그의 모교인 전북대학교에서는 『혼불』을 주제로 한 연구발표 모임이 있고, 최명희와 『혼불』을 사랑하는 사람들이 모여 추모 행사를 갖는다. 이 소설의 무대가 1930년대 전북 남원인데다 작가는 전주에서 대학을 다니며 성장했기 때문에 매년 그가 태어난 10월 10일과, 또한 생을 마감한 12월 11일을 전후해서 양 지역에선 『혼불』 기념사업이 다양하게 펼쳐진다.

몰락해가는 한 양반가를 지키는 며느리 3대의 이야기를 통해 당시 사람들의 힘겨웠던 삶과 인간의 보편적인 정신세계를 탁월하게 구현해낸 이 작품은 어둡고 억눌린 시대를 살아온 사람들의 꺼져가는 혼불을 환하게 지펴 올린 해원(解冤)의 한마당이었다는 점에서 문학적 가치를 인정받고 있다.

"우리가 인간의 본원적 고향으로 돌아갔으면 한다"는 그녀의 말은 인간의 각박한 세태를 일깨워 주는 듯 작품으로 표출되기도 했지만, 평론가들은 이 작품을 '우리 민족혼의 원형'이라 부르고 있다. 특히 호남 지방의 세시풍속, 관혼상제, 음식, 노래 등을 결 고운 언어로 생생하게 복원해 냄으로써 우리 풍속의 보고(寶庫), 모국어의 보고라는 평가를 받았다.

1996년 12월 드디어 200자 원고지 1만 2,000장 분량의 『혼불』 10권이 완간되어 세상에 나왔다. 하지만 17년에 걸친 대장정이 마무리되는 순간에 그녀의 건강은 극도로 악화되었고 탈진과 혼절에서 벗어날 수 없었던 애절한 사연은 두고두고 가슴 아프게 한다.

이런 때문에 『혼불』을 읽고 기억하는 일은 주로 문단 밖에서도 펼쳐지고 있다. 지역언론계에서도 그의 추억을 말하기 좋아하는 원로 언론인들과 현역기자들이 이맘때 주로 찾는 곳이 바로 도심에 위치한 그의 묘소와 문학공원이다.

고인의 살아 생전에 열렬한 팬이었다던 한 언론인 선배는 "최명희는 눈물 많고 웃음 많은 정한(情恨)의 여자였다"며 "늘 세상이 낯설어서 몸 둘 곳 없어 했는데 그 낯선 세상을 향하여 인간의 아름다움이 무엇인지를, 무너지고 또 무너져도 마침내 남는 것이 무엇인지를 독백처럼 조용히 이야기했다"고 말하곤 한다. 그 역시 고향이 남원이라는 점에서 작가의 마음과 일맥상통하는지도 모른다.

그러나 아직도 『혼불』 문학을 계승, 심화, 확산시키기 위해서는 주관기관이나 단체들의 통합이 필요하다는 지적이 지역언론계 안팎에서 자주 제기되곤 한다. 『혼불』 소설의 주된 배경지인 남원 사매면에 『혼불』 문학마을이 조성되고, 전주에는 그의 묘소와 문학공원이 조성 중이다. 하지만 관련 행사가 타계한 날인 12월 11일에서 이젠 그가 탄생한 10월 10일로 옮겨지는 등 다소 산만한 느낌을 안겨주고 있다.

『혼불』 기념사업회와 전주시, 남원시 등 해당 자치단체들이 노력하고 있기는 하지만 학계와 언론계에서도 많은 관심과 지원이 뒤따라야 한다는 지적이 팽배하다. 『혼불』은 1990년대 한국 문학의 최고 성과로 평가받아 왔기에 더욱 체계적인 승화, 확산 노력이 절실하다.

이런저런 생각에 그녀의 공간에서 눈을 밟으며 서성이다 믿기지 않을 만큼의 엄청난 눈바람이 갑자기 몰아닥쳐, 우리는 그곳을 마치 혼불처럼 빠져나왔다.

2005년 12월 4일

『혼불』 작가 최명희는?

1947년 10월 10일 전주에서 태어난 작가는 전북대 국문과를 졸업하고 1980년 중앙일보 신춘문예에 단편 「쓰러지는 빛」이 당선되면서 문단에 데뷔했다.

등단 직후 『혼불』을 쓰기 시작해 이듬해 동아일보 창간 60주년 기념 2,000만 원 고료 장편소설 공모에 『혼불』(제1부)이 당선됐다. 그리고 1988년부터 1995년까지 무려 7년 2개월 동안 월간 『신동아』에 『혼불』 제2~5부를 연재했다. 그는 그에 만족하지 않고 다시 1년에 걸쳐 정밀하게 보완, 1996년 10권을 완간했고, 1998년 12월 11일 암으로 별세했다.

'풀뿌리 저널리즘',
그 밑알을 엿보다

한 달 전 뜬금없이 지역 시민기자학교 강사로 나서줄 것을 간곡히 요청하는 전화를 받았다. 목포의 지역인터넷신문인 우리힘닷컴(www.woori-him.com)에서 주관하는 '제1회 시민기자학교'의 수료식 날 예비 시민기자들을 상대로 두 시간 동안 강의를 해 달라는 제의였다.

김동민 한국언론정보학회장과 이창은 대자보(www.jabo.co.kr) 편집국장, 조주현 옥천신문(www.okinews.com) 편집국장 등 훌륭한 강사진 때문에 기죽은 탓도 있지만 대중 앞에 나서서 말하는 걸 썩 좋아하지 않는 성격 탓에 거절하지 않을 수 없었다.

"지역신문사에서 15년 넘도록 근무해 온 현직기자이면서 인터넷신문의 시민기자로도 활동하는 사람이기에 충분한 자격이 될 수 있다"며 막

무가내식 제의를 해왔지만 소속사에 누를 끼치기라도 하면 어쩌나 하는 부담감도 컸다.

더욱이 시민기자에 관심이 있는 학생과 시민들이라고 하지만 불특정 다수를 상대로 강의를 해 본 경험이 전무한 나로서는 무척 당황스런 일이었다. 손사래를 치며 거절했지만 워낙 진지하고 집요한 설득에 끝내 받아들이고 말았다. 곧 후회가 됐지만 피할 수 없는 상황이었다. 이제 시민기자학교 강의를 해 달라는 제의를 받았을 때의 긴장과 설렘은 시간이 흐를수록 초조와 불안감으로 바뀌었다.

마음 약한 탓에 거절을 못하고 결국 강의계획서를 준비하기 시작했지만 무엇을 주제로 해야 할지부터 막막했다. '시민에 의한, 시민을 위한 저널리즘'에 관해 소개한 댄 길모어(Dan Gillmor)의 『우리가 미디어(We Are The Media)』란 책이 문득 머릴 스쳤지만 너무 어려워 보였다.

정보독점과 보도자료 의존 시대가 사라지고 진정한 대화형 저널리즘이 도래할 것을 일찍이 예견한 외국 언론인들과 언론학자들의 주장들을 떠올려 봤지만 쉽고 재미있게 설명할 방법이 문제였다.

결국 예비 시민기자들에겐 풀뿌리 저널리즘과 국내외 대안매체 발전 과정 등에 관한 내용들을 자세히 소개함으로써 '오픈소스 저널리즘'에 보다 관심을 갖도록 하는 게 좋겠다는 데 생각이 미쳤다. 차근차근 원고를 정리하기 시작했다.

그러나 작성된 내용을 예비 시민기자 입장에서 곰곰이 바라보니 지나치게 이론적인 측면을 부각시켜 오히려 혼란만 가중시킬 수 있겠다는 생각이 앞섰다. 다시 '취재 요령'과 '무엇을 어떻게 써야 할 것인지' 등

현실적으로 가장 고민하는 분야에 초점을 모으기로 마음먹고 강의계획
서를 수정해 나갔다.

그런데 이게 웬일인가. 주최 측이 3년째 운영하고 있는 홈페이지를 자
세히 들여다보니 이미 20일 전부터 40여 명의 시민기자학교 학생들이
참석한 가운데 매주 실시한 외부 강사들의 강의 내용들이 사진들과 함
께 자세히 소개돼 있었다.

문제는, 지난주에 강의된 내용이 내가 어렵사리 만들어 놓은 강의계
획서 내용과 너무 흡사한 게 아닌가. '어떤 기자가 훌륭한 기자인가'
'무엇을 써야 하는가' '어떻게 써야 하는가' 등 취재 요령과 기사작성
요령에 대해 이미 상세하게 강의된 것이다.

마지막 날 두 시간을 맡긴 강의여서 다소간의 중복은 있으리라 생각
했지만 너무도 비슷한 강의 내용을 보는 순간의 황당함이란 이루 다 표
현하기도 어려울 지경이었다. 부랴부랴 최초의 원고를 다시 수정하고
또 수정하여 겨우 완성할 즈음엔 이미 강의 날짜가 나흘 앞으로 다가와
있었다.

강단에 서기도 전에 후들거리는 내 모습을 보며 꼭 강단에서도 그럴
것 같다는 생각에 부담은 더욱 커졌다. 강의계획서를 1주일 전에 미리
보내달라는 독촉전화에도 불구하고 이틀이 지난 후에야 강의계획서를
보낸 탓에 마음은 더 초조하고 불안했다. 원고를 외우느라 며칠간 밤잠
을 설치기도 했다. 기대와 설렘, 초조와 불안이 뒤범벅인 채 하루하루가
지나더니 결국 디데이가 오고야 말았다. 토요일 오후임에도 주 5일제 영
향 때문인지 목포행 서해안 고속도로는 무척 한가로웠다. 그러나 시민

기자학교 강단에 서 있을 내 모습을 그리노라면 마음은 불안하기 짝이
없다.

행사장인 목포시 벤처지원센터에 막 도착하자마자 소박한 차림의 젊
은 주최 측 관계자들이 반갑게 맞이해 주었다. 마지막 날이어서 행사장
입구에는 '제1회 시민기자학교 수료식'이라는 현수막이 걸려 있었다.

드디어 오후 2시 50분. 강의 시작 무렵이 되자 고등학생들부터 30~40
대 직장인과 농업인, 60~70세 할아버지까지 각계각층의 시민기자학교
학생들이 자리를 메웠다. 한 달 동안 시민기자학교 교육프로그램을 열
심히 수강해온 예비 시민기자들이어서인지 표정들이 무척이나 진지해
보였다.

나를 보자마자 그동안 열띤 분위기를 전해 주던 주최 측의 한 운영위
원은 살며시 다가와 "오마이뉴스의 '지역언론 별곡'이라는 기사를 여기
에 참석한 학생들이 관심 있게 읽고 있다"고 전한다. 그러더니 "오늘 그
와 관련된 뒷얘기들과 지역언론의 실상을 좀더 자세히 소개해 달라"고
귀띔하는 게 아닌가.

아뿔싸! 그렇다면 그동안 밤잠을 설치며 외웠던 원고며 차를 타고 고
속도로를 달리며 두 시간가량 챙겨 왔던 강의계획서는 어떻게 하란 말
인가. 결국 준비해온 강의 내용을 토대로 한 시간은 시민기자 운영제도
와 풀뿌리 저널리즘에 관한 소개를 하고, 나머지 한 시간은 지역언론의
실무적인 지식과 경험을 전달한 뒤 궁금한 사항들은 허심탄회하게 토론
하는 형식으로 강의를 진행하기로 결심했다.

너무도 진지하기만 한 시민기자학교 학생들의 분위기에 푹 빠진 내

입에서는 원고에도 없는 언론계 주변의 여러 에피소드들이 쏟아져 나왔고, 그 와중에 나도 모르게 사투리가 튀어나오곤 했는데, 그게 오히려 약이 될 줄이야. 진지하기만 하던 표정들이 일순간 웃음바다를 이루는 바람에 여유를 되찾을 수 있었다. 흥이 난 나는 두 번씩이나 시간을 초과하고 말았다. 나이 든 할아버지들의 박수세례를 두어 차례 받으면서 나도 모르게 속력을 계속 내고 만 것이다.

강의가 모두 끝나고 흥분과 안도감이 교차한 순간 이들의 열의 속에서 지역언론의 잠재적 가능성을 다시 한번 엿볼 수 있었다. 그러나 한편으론 아쉬움이 남았다. '풀뿌리 미디어'의 밀알이 되기 위해 노력하는 지역인터넷신문과 시민기자들이 있어 진정한 풀뿌리 저널리즘의 가능성이 엿보이지만 기존 언론매체들의 행태는 너무 자사 이기주의에 함몰돼 있는 게 아닌가 하는 생각 때문이었다. 희망과 아쉬움을 뒤에 남긴 채 목포지역1기 시민기자학교는 막을 내렸다.

2005년 9월 4일

"몇 시간 지나면 부패되는 상품인 줄 알면서도……"

4일 "호우피해액 360억 추정"

5일 "호우피해액 1,000억 넘어"

7일 "도내 호우피해액 2,500억"

8일 "호우피해액 3,000억 넘어서"

9일 "집중호우 피해 3,396억 집계"

자고 나면 눈덩이처럼 커져만가는 호우피해액 집계 기사 제목들이다. 일주일도 채 안 돼 10배 이상으로 부풀려져 보도되었다.

지난 2일과 3일 전북지역에 내린 폭우로 인해 막대한 재산피해가 발생했지만 4일부터 행정 당국에서 발표한 잠정 피해액을 그대로 보도한 지역신문 및 방송사들은 하루가 다르게 늘어나는 피해액을 계속 주된 의제로 다뤘다. 특히, 신문들은 전북도 및 일선 시군들에서 발표한 집계액을 매일 1면 또는 2면에 받아 적기라도 하듯 하루가 다르게 늘려 보도하는 행태를 계속 반복했다.

9개에 달하는 지역일간지들마다 최초 피해액이 360억 원대로 추정된다고 보도한 지 이틀만인 5일에는 1,000억 원을 넘어섰다고 했고, 다시 8일에는 3,000억 원을 넘어섰다고 보도했다. 잠정 집계액이 계속 증가하면서 연일 다르게 발표되자 재해재난사고 발생 시마다 나타나는 발표 저널리즘의 행태가 또 재연된 것이다.

해마다 태풍이 몰아닥치면 그 피해 규모를 놓고 늘 행정에서 발표하는 보도자료에 의존하는 언론사들의 보도행태가 올해는 태풍피해도 아닌 폭우피해를 놓고 해프닝을 벌였다. 가뜩이나 뉴미디어 시대에 종이신문들은 뉴스가 공급된 지 불과 몇 시간 만에 상품이 변질되고 마는 올드미디어의 한계점을 안고 있어 수용자들의 따가운 눈총을 받고 있음에도 금세 부패되는 뉴스를 공급하고 있는 것이다.

취재행위의 윤리와 함께 지역언론인들이 지닌 취재관행의 또 다른 문제는 이른바 발표 저널리즘으로 지적돼왔다. 언론인이 사실 확인과 사실에 대한 분석 또는 해석의 기능을 스스로 포기하고 취재원이 제공한 정보와 그에 대한 분석 및 해석, 취재원이 규정한 현실을 그대로 보도하는 형태를 발표 저널리즘이라 한다. 이러한 발표 저널리즘은 취재원이 제공한 정보의 진실 여부를 확인하지 않거나 그러한 정보에 대한 분석과 해석마저도 취재원에게 크게 의존함으로써 단순 전달자의 구실을 하

게 되기 십상이다. 실제로 지역에서는 기관이나 단체에서 보도자료를
만들어 기자실에 배포하는 이른바 달콤한 '통조림 뉴스(Canned News)'를
그대로 기사화하는 경우를 쉽게 목격할 수 있다.

부랴부랴 눈덩이처럼 호우피해액이 커지자 뒤늦게 일부 언론사들은
"예고된 인재였다" "특별재난지역으로 선정돼야 한다"면서 피해상황을
진단 보도하고 있지만 그 과정에서조차 여전히 시·군에서 발표하는 피
해 규모와 복구상황을 대변하기 바쁘다. 행정의 '나팔수' 또는 '대변자'
역할에 머물고 있다는 것을 알면서도 신문사가 난립된 지역에선 경쟁사
들에게 물을 먹지 않기 위해 그나마 보도자료, 즉 통조림뉴스 보도경쟁
을 벌이는 것이다.

이뿐만이 아니다. 선거철이 다가오면서 각 정당 또는 예비후보들이
포장해서 전달해 주는 보도자료들이 오피니언 동정 및 인물란을 도배하
기 일쑤다. 이른바 얼굴 알리기에 혈안이 된 예비후보들이 고위관료 출
신이거나 유력기관의 전문가들일 경우 사주를 통해 보도압력을 행사하
거나 끊임없이 보도자료를 생산해 밀어넣기 때문이다. 그들은 언론매체
의 현실규정 과정에서 주도적 역할을 하게 되는데, 이럴 때면 언론인과
취재원의 역할 전도현상이 발생한다. '타자수' 또는 '오퍼레이터'라는
호칭도 바로 이러한 현상에서 기인하고 있지만 좀처럼 사라지지 않고
있다.

발표 저널리즘은 여러 가지 언론 내부의 구조적 요인에 의해 관행처
럼 작용해왔다. 예컨대 기자의 전문성 부족이라든지 취재 시스템의 문
제, 인력 부족, 기자들의 직업의식 해이, 관료와 기업 등 권력집단의 홍

보강화 등의 요인이 복합적으로 작용한 결과인 셈이다.

그러나 발표 저널리즘에 의존하는 취재관행은 저널리즘이 설 자리를 스스로 무너뜨리는 결과를 낳게 된다. 언론인들 스스로 인식하고 이를 개선해 나가야 할 것이다.

2005년 8월 12일